合格
テキスト

 よくわかる**簿記**シリーズ

TEXT

1

日商
簿記
商業簿記・会計学

級

❖ はしがき

　現代はＩＴ社会といわれるように，情報・通信技術の飛躍的な発達にはめざましいものがあり，企業経営においても合理化・効率化や，より戦略的な活動の推進のためＩＴ技術の積極的な導入が図られています。とりわけ経理分野では，コンピュータの利用により，簿記の知識はもはや不要とすらいわれることもあります。しかし，これらの情報機器は計算・集計・伝達のツールであり，得られたデータを生かすには簿記会計の知識をもった人の判断が必要であることを忘れてはなりません。

　また，国境という垣根のないグローバル社会を迎え，企業は世界規模での戦略的経営を要求されるようになっています。ビジネスパーソンにとっては財務や経営に関する基礎知識は必須のものとなりつつありますが，簿記会計を学習することによりその土台を習得することができます。

　本書は，日本商工会議所主催簿記検定試験の受験対策用として，ＴＡＣ簿記検定講座で使用中の教室講座，通信講座の教材をもとに，長年蓄積してきたノウハウを集約したものであり，「合格する」ことを第一の目的において編集したものです。特に，読者の皆さんがこの一冊で教室と同じ学習効果を上げられるように，次のような工夫をしています。

1. 学習内容を具体的に理解できるよう図解や表を多く使って説明しています。
2. 各論点の説明に続けて『設例』を設け，論点の理解が問題の解法に直結するように配慮しています。
3. より上級に属する研究的な論点や補足・参考的な論点は別枠で明示し，受験対策上，重要なものを効率よく学習できるように配慮してあります。
4. 本書のテーマに完全準拠した問題集『合格トレーニング』を用意し，基礎力の充実や実践力の養成に役立てるようにしました。

　なお，昨今の会計基準および関係法令の改定・改正にともない，日商簿記検定の出題区分も随時変更されています。本書はＴＡＣ簿記検定講座と連動することで，それらにいちはやく対応し，つねに最新の情報を提供しています。

　本書を活用していただければ，読者の皆さんが検定試験に合格できるだけの実力を必ず身につけられるものと確信しています。また，本書は受験用としてばかりでなく，簿記会計の知識を習得したいと考えている学生，社会人の方にも最適の一冊といえるでしょう。

　現在，日本の企業は国際競争の真っ只中にあり，いずれの企業も実力のある人材，とりわけ簿記会計の知識を身につけた有用な人材を求めています。読者の皆さんが本書を活用することで，簿記検定試験に合格し，将来の日本を担う人材として成長されることを心から願っています。

2023年12月

ＴＡＣ簿記検定講座

Ver. 18. 0 刊行について

　本書は，『合格テキスト日商簿記１級商会Ⅲ』Ver. 17. 0につき，最近の試験傾向に基づき，改訂を行ったものです。

❖ 本書の使い方

　本書は，日商簿記検定試験に合格することを最大の目的として編纂しました。本書は，ＴＡＣ簿記検定講座が教室講座の運営をとおして構築したノウハウの集大成です。

　本書の特徴は次のような点であり，きっと満足のいただけるものと確信しています。

各テーマの冒頭にそのテーマで学習する範囲を示してありますので，事前に学習範囲を知ることができます。

論点などを理解するために必要な内容をテーマごとにまとめましたので，無駄のない学習を行うことができます。

学習論点のまとめや計算公式・規定などは，独立してまとめてありますので暗記をする場合に便利になっています。

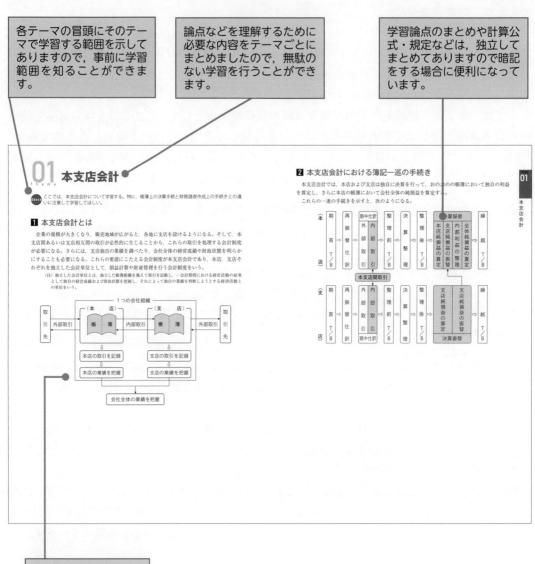

適宜に図解や表を示してありますので，学習内容を容易に理解することができます。

なお，より簿記の理解を高めるため，本書に沿って編集されている問題集『合格トレーニング』を同時に解かれることをおすすめします。

ＴＡＣ簿記検定講座スタッフ一同

発展的な論点の「研究」，理解を助けるための「補足」，予備的な知識の「参考」などにより総合的な理解ができるようになっています。

理論対策には 理論 を本文に入れています。学習の参考にしてください。

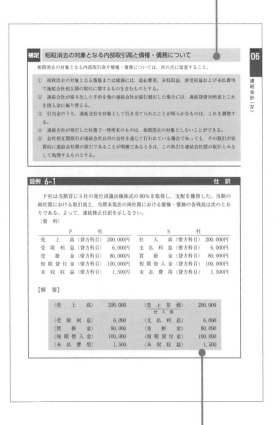

論点説明の確認用に「設例」を示してありますので，これにしたがって学習を進めることで理解度をチェックできます。

❖ 合格までのプロセス

　本書は，合格することを第一の目的として編集しておりますが，学習にあたっては次の点に注意してください。

1．段階的な学習を意識する

　学習方法には個人差がありますが，検定試験における「合格までのプロセス」は，次の3段階に分けることができます。各段階の学習を確実に進めて，合格を勝ち取りましょう。

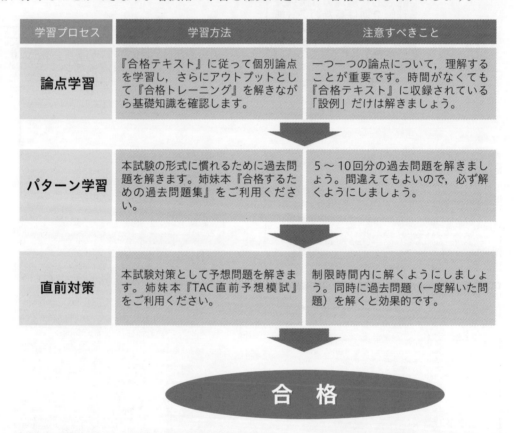

学習プロセス	学習方法	注意すべきこと
論点学習	『合格テキスト』に従って個別論点を学習し，さらにアウトプットとして『合格トレーニング』を解きながら基礎知識を確認します。	一つ一つの論点について，理解することが重要です。時間がなくても『合格テキスト』に収録されている「設例」だけは解きましょう。
パターン学習	本試験の形式に慣れるために過去問題を解きます。姉妹本『合格するための過去問題集』をご利用ください。	5〜10回分の過去問題を解きましょう。間違えてもよいので，必ず解くようにしましょう。
直前対策	本試験対策として予想問題を解きます。姉妹本『TAC直前予想模試』をご利用ください。	制限時間内に解くようにしましょう。同時に過去問題（一度解いた問題）を解くと効果的です。

合　格

2．簿記は習うより慣れろ

　簿記は問題を解くことで理解が深まりますので，読むだけでなく実際にペンを握ってより多くの問題を解くようにしましょう。

論点学習 ▶ 「設　例」を　解　く ▶ 『合格トレーニング』の問題を解く ▶ 次の論点学習

3．学習計画を立てる

　検定試験を受験するにあたり，学習計画は事前に立てておく必要があります。日々の積み重ねが合格への近道です。学習日程を作り，一夜漬けにならないように気をつけましょう（「論点学習計画表」は（11）ページに掲載していますので，ご利用ください）。

学習テーマ		計　画		実　施	
テーマ01	本支店会計	月	日	月	日
テーマ02	企業結合，合併	月	日	月	日
テーマ03	連結会計（Ⅰ）	月	日	月	日
テーマ04	連結会計（Ⅱ）	月	日	月	日
テーマ05	連結会計（Ⅲ）	月	日	月	日
テーマ06	連結会計（Ⅳ）	月	日	月	日
テーマ07	連結会計（Ⅴ）	月	日	月	日
テーマ08		月	日	月	日
		月	日		

● 学習サポートについて ●

　　ＴＡＣ簿記検定講座では，皆さんの学習をサポートするために受験相談窓口を開設しております。ご相談は文書にて承っております。住所，氏名，電話番号を明記の上，返信用切手84円を同封し下記の住所までお送りください。なお，返信までは7〜10日前後必要となりますので，予めご了承ください。

〒101-8383　東京都千代田区神田三崎町3－2－18

資格の学校ＴＡＣ　簿記検定講座講師室　「受験相談係」宛

（注）受験相談窓口につき書籍に関するご質問はご容赦ください。

❖ 効率的な学習方法

これから学習を始めるにあたり，試験の出題傾向にあわせた効率的な学習方法について見ることにしましょう。

1．科目と配点基準

日商簿記１級検定試験は，商業簿記・会計学・工業簿記・原価計算の４科目が出題され，各科目とも25点満点で合計100点満点となります。合計得点が70点以上で合格となりますが，１科目でも得点が10点未満の場合には合計点が70点以上であっても不合格となるため，合否判定においても非常に厳しい試験になっています。したがって各科目をバランスよく学習することが大切であり，苦手科目を極力作らないことが合格のための必要条件といえます。

商業簿記・会 計 学		工業簿記・原価計算	
商業簿記 25 点	会 計 学 25 点	工業簿記 25 点	原価計算 25 点
合　計：100 点			

2．出題傾向と対策

⑴　商業簿記・会計学

①　はじめに

商業簿記・会計学の最近の試験傾向としては，商業簿記の損益計算書または貸借対照表完成の「総合問題」と会計学の「理論問題」を除き，その区別がなくなってきています。

したがって，商業簿記対策，会計学対策というパターンで学習するよりも，「個別問題対策」，「理論問題対策」，「総合問題対策」というパターンで学習するのが，効果的であるといえます。

科　　目	出 題 分 野	出題パターン
商 業 簿 記 会 計 学	個 別 会 計	個 別 問 題 理 論 問 題 総 合 問 題
	企業結合会計	個 別 問 題 理 論 問 題 総 合 問 題

②　各問題ごとの学習法

⑷　個別会計について

この範囲では，個々の企業が行った取引にもとづき，期中の会計処理や個々の企業ごとの財務諸表を作成する手続きなどを学習します。学習項目は，各論点ごとの個別

問題対策が中心となりますが，各論点ごとの学習と並行して，理論問題対策や学習済みの論点を含めた総合問題対策もトレーニングなどで確認するようにしましょう。

　㈑　企業結合会計について

　　この範囲では，本支店会計，合併会計，連結会計といったいわゆる企業結合会計を学習します。この論点についても出題形式としては，個別問題，理論問題，総合問題の3パターンが考えられますが，理論問題や総合問題としての特殊性はあまりないので，個別問題対策をしっかりやっておけば理論問題や総合問題でも通用するはずです。ただし，出題頻度の高い論点なので，十分な学習が必要です。

⑵　工業簿記・原価計算

科　　　目	出題パターン
工　業　簿　記	⎰　勘　定　記　入 ⎱　財務諸表作成
原　価　計　算	数　値　の　算　定

　現在の日商1級の工業簿記・原価計算は科目こそ分かれていますが，出題される内容自体は原価計算です。したがって科目別の対策というよりも，論点ごとに対策を考えたほうが合理的です。

①　個別原価計算

　工業簿記において，勘定記入形式での出題が中心です。

　工業簿記の基本的な勘定体系をしっかりと把握し，原価計算表と勘定記入の関係を押さえましょう。そのうえで，必須の論点である部門別計算を重点的に学習しましょう。

②　総合原価計算

　主に工業簿記において出題されます。

　仕損・減損の処理は1級の総合原価計算においては基本的事項ですから，確実に計算できるようによく練習しておきましょう。

　また，そのうえで，工程別総合原価計算，組別総合原価計算，等級別総合原価計算，連産品の計算などの応用論点をしっかりとマスターしましょう。

③　標準原価計算

　工業簿記において，勘定記入形式での出題が中心です。

　標準原価計算における仕掛品の勘定記入法をしっかりと把握したうえで，仕損・減損が生じる場合の計算，標準工程別総合原価計算，配合差異・歩留差異の分析を勘定記入と併せて重点的にマスターしましょう。

④　直接原価計算

　直接原価計算については，工業簿記において，財務諸表作成での出題が中心です。直接原価計算の計算の仕組みをしっかりとつかんで，特に直接標準原価計算方式の損益計算書のひな型を正確に覚え，スムーズに作成できるようにしましょう。

⑤　ＣＶＰ分析・意思決定など

　ＣＶＰ分析，業績評価，業務執行的意思決定，構造的意思決定については，原価計算において，数値算定形式での出題が中心です。個々の論点における計算方法を一つ一つしっかりとマスターしましょう。

❖ 試験概要

　現在，実施されている簿記検定試験の中で最も規模が大きく，また歴史も古い検定試験が，日本商工会議所が主催する簿記検定試験です（略して日商検定という）。

　日商検定は知名度も高く企業の人事労務担当者にも広く知れ渡っている資格の一つです。一般に履歴書に書ける資格といわれているのは同検定3級からですが，社会的な要請からも今は2級合格が一つの目安になっています。なお，同検定1級合格者には税理士試験の税法科目受験資格が付与されるという特典があり，職業会計人の登竜門となっています。

級　別	科　　目	制限時間	程　　　　　度
1級	商業簿記 会計学 工業簿記 原価計算	〈商・会〉 90分 〈工・原〉 90分	極めて高度な商業簿記・会計学・工業簿記・原価計算を修得し，会計基準や会社法，財務諸表等規則などの企業会計に関する法規を踏まえて，経営管理や経営分析を行うために求められるレベル。
2級	商業簿記 工業簿記	90分	高度な商業簿記・工業簿記（原価計算を含む）を修得し，財務諸表の数字から経営内容を把握できるなど，企業活動や会計実務を踏まえ適切な処理や分析を行うために求められるレベル。
3級	商業簿記	60分	基本的な商業簿記を修得し，小規模企業における企業活動や会計実務を踏まえ，経理関連書類の適切な処理を行うために求められるレベル。
初級	商業簿記	40分	簿記の基本用語や複式簿記の仕組みを理解し，業務に利活用することができる。（試験方式：ネット試験）
原価計算 初　級	原価計算	40分	原価計算の基本用語や原価と利益の関係を分析・理解し，業務に利活用することができる。 （試験方式：ネット試験）

　各級とも100点満点のうち70点以上を得点すれば合格となります。ただし，1級については各科目25点満点のうち，1科目の得点が10点未満であるときは，たとえ合計が70点以上であっても不合格となります。

主催団体	日本商工会議所，各地商工会議所
受験資格	特に制限なし
試　験　日	統一試験：年3回　6月（第2日曜日）／11月（第3日曜日）／2月（第4日曜日） ネット試験：随時（テストセンターが定める日時）
試　験　級	1級・2級・3級・初級・原価計算初級
申込方法	統一試験：試験の約2か月前から開始。申込期間は，各商工会議所によって異なります。 ネット試験：テストセンターの申込サイトより随時。
受験料(税込)	1級 ¥8,800　2級 ¥5,500　3級 ¥3,300　初級・原価計算初級 ¥2,200 ※　2024年4月1日より。 ※　一部の商工会議所およびネット試験では事務手数料がかかります。
問い合せ先	最寄りの各地商工会議所にお問い合わせください。 検定試験ホームページ：https://www.kentei.ne.jp/

※　刊行時のデータです。最新の情報は検定試験ホームページをご確認ください。

❖ 論点学習計画表

学習テーマ	計　画		実　施	
テーマ01 本支店会計	月	日	月	日
テーマ02 企業結合，合併	月	日	月	日
テーマ03 連結会計（Ⅰ）	月	日	月	日
テーマ04 連結会計（Ⅱ）	月	日	月	日
テーマ05 連結会計（Ⅲ）	月	日	月	日
テーマ06 連結会計（Ⅳ）	月	日	月	日
テーマ07 連結会計（Ⅴ）	月	日	月	日
テーマ08 連結会計（Ⅵ）	月	日	月	日
テーマ09 株式交換・会社の分割など	月	日	月	日
テーマ10 外貨建財務諸表項目	月	日	月	日
テーマ11 キャッシュ・フロー計算書	月	日	月	日

※　おおむね1～2か月程度で論点学習を終えるようにしましょう。

合格テキスト　日商簿記1級　商業簿記・会計学Ⅲ　**CONTENTS**

理論：理論対策

合格テキスト

日商簿記 **1** 級

商業簿記・会計学Ⅲ

01 本支店会計
Theme

Check ここでは，本支店会計について学習する。特に，帳簿上の決算手続と財務諸表作成上の手続きとの違いに注意して学習してほしい。

1 本支店会計とは

　企業の規模が大きくなり，販売地域が広がると，各地に支店を設けるようになる。そして，本支店間あるいは支店相互間の取引が必然的に生じることから，これらの取引を処理する会計制度が必要になる。さらには，支店独自の業績を調べたり，会社全体の経営成績や財政状態を明らかにすることも必要になる。これらの要請にこたえる会計制度が本支店会計であり，本店，支店それぞれを独立した会計単位として，損益計算や財産管理を行う会計制度をいう。

　　(注) 独立した会計単位とは，独立した帳簿組織を備えて取引を記帳し，一会計期間における経営活動の結果
　　　　として独自の経営成績および財政状態を把握し，それによって独自の業績を判断しようとする経済活動上
　　　　の単位をいう。

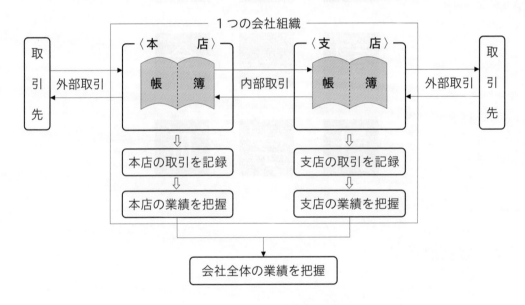

❷ 本支店会計における簿記一巡の手続き

　本支店会計では，本店および支店は独自に決算を行って，おのおのの帳簿において独自の利益を算定し，さらに本店の帳簿において会社全体の純損益を算定する。

　これらの一連の手続きを示すと，次のようになる。

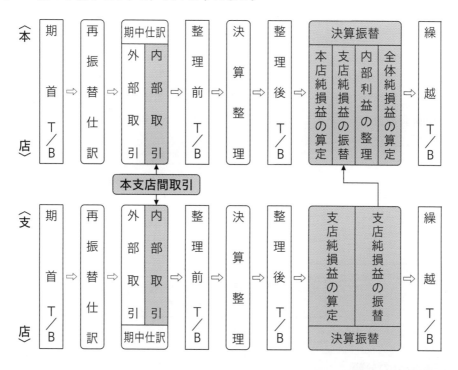

3 本支店間取引

1. 支店勘定と本店勘定

　本支店会計においては，本支店間に生じる取引（本支店間取引）は，企業内部における貸借関係，つまり債権・債務の関係とみなされ，本店では「支店」を，支店では「本店」を設けて処理する。「支店」・「本店」は，それぞれ独立した会計単位を構成する本店と支店の帳簿を結びつける役割を果たしている。また，この両勘定は，本支店間の貸借関係を処理するためのものであり，その残高は貸借逆で必ず一致することから照合勘定といわれる。

　「支店」は通常，借方残高となり，支店に対する債権（貸し）を示すが，その本質は投資額を意味する。また，「本店」は通常，貸方残高となり，本店に対する債務（借り）を示すが，その本質は支店の純資産額を表すため，支店の純資産（資本）に相当する。

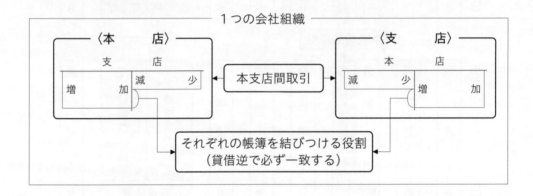

2. 本支店間取引の分類

　本支店間の取引を分類すると，次のようになる。

4

次の各取引について，本店および支店のそれぞれの仕訳を示しなさい。

⑴　本店は支店に現金10,000円を送金し，支店はこれを受け取った。

⑵　本店は支店の売掛金4,000円を支店の代わりに現金で受け取り，支店はその連絡を受けた。

⑶　支店は本店の買掛金5,000円を本店の代わりに現金で支払い，本店はその連絡を受けた。

⑷　支店は本店の受取家賃3,000円を本店の代わりに現金で受け取り，本店はその連絡を受けた。

⑸　支店は本店の出張社員の旅費1,000円を現金で立替払いし，本店はその連絡を受けた。

⑹　本店は広告宣伝費5,000円を現金で支払い，このうち1,000円を支店に負担させるために割り当てた。

【解答・解説】

	本 店 の 仕 訳	支 店 の 仕 訳
(1)	(支 店) 10,000 (現 金) 10,000	(現 金) 10,000 (本 店) 10,000
(2)	(現 金) 4,000 (支 店) 4,000	(本 店) 4,000 (売 掛 金) 4,000
(3)	(買 掛 金) 5,000 (支 店) 5,000	(本 店) 5,000 (現 金) 5,000
(4)	(支 店) 3,000 (受取家賃) 3,000	(現 金) 3,000 (本 店) 3,000
(5)	(旅費交通費) 1,000 (支 店) 1,000	(本 店) 1,000 (現 金) 1,000
(6)	(広告宣伝費) 5,000 (現 金) 5,000	仕 訳 な し
	(支 店) 1,000 (広告宣伝費) 1,000	(広告宣伝費) 1,000 (本 店) 1,000

〈本　店〉

支		店	
(1)	10,000	(2)	4,000
(4)	3,000	(3)	5,000
(6)	1,000	(5)	1,000
		残高	4,000

〈支　店〉

本		店	
(2)	4,000	(1)	10,000
(3)	5,000	(4)	3,000
(5)	1,000	(6)	1,000
残高	4,000		

一致

3. 商品の発送取引（振替価格法）

　本店から支店へ商品を発送する場合または支店から本店へ商品を発送する場合には，本店，支店それぞれの経営成績を把握するために，商品の原価に一定の利益を加算した価格（振替価格）で振り替えることがある。これを振替価格法という。この場合には，外部取引による「売上」，「仕入」と区別するために，次のような勘定科目を用いることが一般的である。

> 発送側（売上）⇨「支 店 へ 売 上」（本店側），「本 店 へ 売 上」（支店側）
> 受入側（仕入）⇨「本 店 よ り 仕 入」（支店側），「支 店 よ り 仕 入」（本店側）

　なお，「支店へ売上」と「本店より仕入」，「本店へ売上」と「支店より仕入」のそれぞれの残高は，貸借逆で一致することから照合勘定である。

設例 1-2　　　　　　　　　　　　　　　　　　　　　　　　　　　　仕　訳

　次の各取引について，本店および支店のそれぞれの仕訳を示しなさい。

⑴　本店は仕入先から商品1,000円を掛けで仕入れた。

⑵　本店は支店へ⑴の商品に25％の利益を加算して発送し，支店はこれを受け取った。

【解答・解説】

	本 店 の 仕 訳	支 店 の 仕 訳
⑴	（仕　　　　入）1,000（買　掛　金）1,000	仕　訳　な　し
⑵	（支　　　　店）1,250（支店へ売上）1,250	（本店より仕入）1,250（本　　　　店）1,250

⑵　1,000円 × $\underset{1.25}{(1+0.25)}$ ＝1,250円

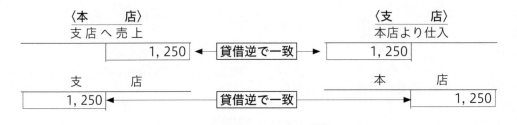

〈本　店〉　　　　　　　　　　　　　　　　　　〈支　店〉
支 店 へ 売 上　　　　　　　　　　　　　　　　本 店 よ り 仕 入
　　　　　　　1,250 ◀ ─ 貸借逆で一致 ─ ▶ 1,250
支　　　　店　　　　　　　　　　　　　　　　　本　　　　店
　1,250 ◀ ─ 貸借逆で一致 ─ ▶ 　　　　　　　1,250

研究 振替取引

1. 商品の直接仕入取引

　本来，本店を通じて仕入れている商品を，支店が本店の仕入先から直接仕入れることがある。このような場合でも，処理の一貫性を考慮して，本店を通じて仕入れた場合と同様に，本店，支店それぞれで処理を行う。

〈例〉支店は本来，本店を通じて仕入れている商品を直接本店の仕入先から1,000円で掛けにより仕入れた。支店はこの旨を本店に報告した。なお，本店は支店へ商品を発送する際に，原価に25％の利益を加算している。よって，本店および支店のそれぞれの仕訳を示しなさい。

本　店	（仕　　　　　入）	1,000	（買　掛　金）	1,000
	（支　　　　　店）	1,250	（支店へ売上）（＊）	1,250
支　店	（本店より仕入）（＊）	1,250	（本　　　店）	1,250

（＊）1,000円×(1 + 0.25) = 1,250円
　　　　　　　1.25

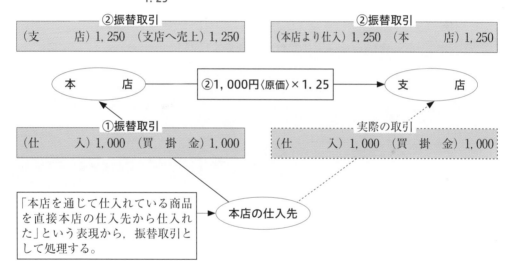

「本店を通じて仕入れている商品を直接本店の仕入先から仕入れた」という表現から，振替取引として処理する。

2．商品の直接発送取引

　本来，支店へ発送している商品を，本店が支店の得意先へ直接販売することがある。このような場合でも，処理の一貫性を考慮して，支店へ発送した場合と同様に，本店，支店それぞれで処理を行う。

〈例〉本店は本来，支店に発送している商品を直接支店の得意先に1,500円（原価1,000円）で掛販売した。本店はこの旨を支店に報告した。なお，本店は支店へ商品を発送する際に，原価に25％の利益を加算している。よって，本店および支店のそれぞれの仕訳を示しなさい。

本　　店	（支　　　　　店）	1,250	（支店へ売上）（＊）	1,250
支　　店	（本店より仕入）（＊）	1,250	（本　　　　　店）	1,250
	（売　掛　金）	1,500	（売　　　　　上）	1,500

（＊）1,000円 × (1 + 0.25) = 1,250円
　　　　　　　　1.25

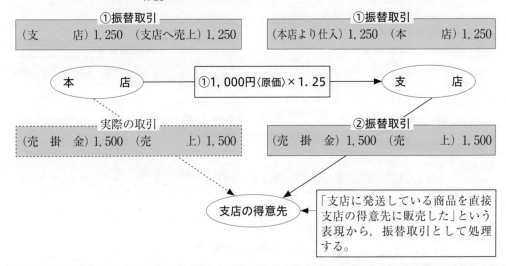

①振替取引
（支　　　店）1,250 （支店へ売上）1,250

①振替取引
（本店より仕入）1,250 （本　　　店）1,250

本　　店 ——①1,000円〈原価〉×1.25—→ 支　　店

実際の取引
（売　掛　金）1,500 （売　　上）1,500

②振替取引
（売　掛　金）1,500 （売　　　上）1,500

支店の得意先

「支店に発送している商品を直接支店の得意先に販売した」という表現から，振替取引として処理する。

　支店間取引とは，支店が複数ある場合において，支店相互間で行われる企業内部の取引のことであり，会計処理方法には，支店分散計算制度と本店集中計算制度がある。

1．支店分散計算制度

　支店分散計算制度とは，支店相互間の取引を本店を通さずに，それぞれの支店で相手方の支店名の勘定を用いて処理する方法である。したがって，各支店には本店勘定と各支店勘定が設けられる。

2．本店集中計算制度

　本店集中計算制度とは，支店相互間の取引を本店と各支店の取引とみなして処理する方法であり，各支店では本店勘定のみが設けられ，本店では各支店の勘定が設けられる。

〈例〉大宮支店は，横浜支店に対して原価100,000円の商品に20％の利益を加算して送付した。よって，支店分散計算制度および本店集中計算制度による場合の東京本店，大宮支店ならびに横浜支店の仕訳を示しなさい。

1．支店分散計算制度

東京本店

仕　訳　な　し

大宮支店

（横　浜　支　店）	120,000	（横浜支店へ売上）（＊）	120,000

横浜支店

（大宮支店より仕入）（＊）	120,000	（大　宮　支　店）	120,000

（＊）100,000円×$\underset{1.2}{(1+0.2)}$＝120,000円

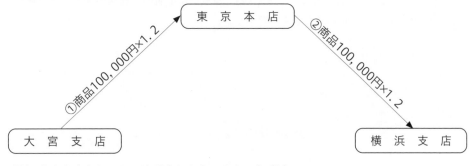

2．本店集中計算制度

東京本店

①（仕　　入）	120,000	（大宮支店）	120,000	③（横浜支店）	120,000	（大宮支店）	120,000
②（横浜支店）	120,000	（仕　　入）	120,000				

大宮支店

（東　京　本　店）	120,000	（東京本店へ売上）	120,000

横浜支店

（東京本店より仕入）	120,000	（東　京　本　店）	120,000

（注）東京本店をとおして取引をしたとみなして処理する。

9

4 決算手続（帳簿上の手続き）

1. 決算手続の流れ

本支店会計における決算手続を示すと，次のようになる。

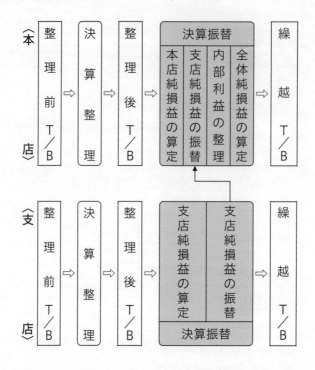

研究 **未達整理**

　本支店間取引は企業内部における貸借関係とみなされ，本店では「支店」，支店では「本店」で処理することになる。このため，「支店」と「本店」の残高は貸借逆で一致するはずである。ところが，決算にあたって調べてみると，これらの勘定の残高は一致しないことがある。この不一致は，決算日の直前に行われた本支店間取引で，送付先に商品などが到着していないためや取引の通知が届いていないために，一方は記帳しているが，他方ではまだ記帳していないものがあるからである。このような取引を未達取引という。

　未達取引があった場合には，通常，決算整理を行う前に未達整理として未処理の側で修正を行う。未達整理後の，本店の「支店」と支店の「本店」，ならびに本店の「支店へ売上」と支店の「本店より仕入」などの照合勘定は貸借逆で必ず一致する。

〈例〉次の資料にもとづいて，未達整理の仕訳を示しなさい。なお，会計期間は1年，当期は×1年4月1日から×2年3月31日までである。

（資料1）決算整理前残高試算表（一部）

決算整理前残高試算表
×2年3月31日　　　　　　　　　　　　　　　（単位：円）

借 方 科 目	本 店	支 店	貸 方 科 目	本 店	支 店
支　　　　店	30,800	――	本　　　　店	――	21,400
本 店 よ り 仕 入	――	12,600	支 店 へ 売 上	15,000	――

（資料2）未達整理事項等

⑴　本店は支店に現金10,000円を送金したが，支店に未着である。

⑵　本店は支店の売掛金4,000円を支店の代わりに現金で受け取ったが，支店に未達である。

⑶　支店は本店の出張社員の旅費1,000円を現金で立替払いしたが，本店に未達である。

⑷　本店が支店へ発送した商品2,400円（振替価格）が支店に未着である。

⑸　本店の支払った広告費のうち200円は，支店が負担することになったが，本店，支店ともに未処理である。

⑴　送金取引 ⇨ 支店の未達整理

本 店 の 仕 訳	支 店 の 仕 訳
（支　　　店）10,000　（現　　　金）10,000	未　処　理
⇧	⇩
処理済み	（現　　　金）10,000　（本　　　店）10,000

⑵　債権の決済取引 ⇨ 支店の未達整理

本 店 の 仕 訳	支 店 の 仕 訳
（現　　　金）4,000　（支　　　店）4,000	未　処　理
⇧	⇩
処理済み	（本　　　店）4,000　（売　掛　金）4,000

⑶　諸費用の立替取引 ⇨ 本店の未達整理

本 店 の 仕 訳	支 店 の 仕 訳
未　処　理	（本　　　店）1,000　（現　　　金）1,000
⇩	⇧
（旅費交通費）1,000　（支　　　店）1,000	処理済み

⑷　商品の発送取引 ⇨ 支店の未達整理

本 店 の 仕 訳	支 店 の 仕 訳
（支　　　店）2,400　（支店へ売上）2,400	未　処　理
⇧	⇩
処理済み	（本店より仕入）2,400　（本　　　店）2,400

(5) 費用の割当取引 ⇨ 本店，支店とも未処理

本 店 の 仕 訳				支 店 の 仕 訳			
未 処 理				未 処 理			
⇩				⇩			
（支 店）	200	（広 告 費）	200	（広 告 費）	200	（本 店）	200

〈本　　　店〉

支		店	
整理前T/B	30,800	(3)	1,000
(5)	200		
		整理後T/B	30,000

◄─ 一致 ─►

〈支　　　店〉

本		店	
(2)	4,000	整理前T/B	21,400
		(1)	10,000
		(4)	2,400
整理後T/B	30,000	(5)	200

支店へ売上		本店より仕入	
整理後T/B 15,000	整理前T/B 15,000	整理前T/B 12,600	整理後T/B 15,000
	◄─ 一致 ─►	(4) 2,400	

補足 **売上原価の計算方法**

　商品売買の取引を三分法で処理している場合には，期末に売上原価を「仕入」勘定で計算することが一般的であるが，このほかにも「売上原価」勘定で計算する方法，「損益」勘定で計算する方法などがある。

〈例〉期首商品棚卸高 1,000円，当期商品仕入高 4,000円，期末商品棚卸高 2,000円，
　　　売上原価 3,000円

	「仕入」勘定で計算	「売上原価」勘定で計算	「損益」勘定で計算
決算整理	（仕　　入）1,000（繰越商品）1,000 （繰越商品）2,000（仕　　入）2,000	（売上原価）1,000（繰越商品）1,000 （売上原価）4,000（仕　　入）4,000 （繰越商品）2,000（売上原価）2,000	（損　　益）1,000（繰越商品）1,000 （損　　益）4,000（仕　　入）4,000 （繰越商品）2,000（損　　益）2,000
決算振替	（損　　益）3,000（仕　　入）3,000	（損　　益）3,000（売上原価）3,000	

勘定記入

仕　　入	
諸　　口4,000	繰越商品2,000
繰越商品1,000	損　　益3,000

損　　益	
仕　　入3,000	売上原価3,000

売上原価	
繰越商品1,000	繰越商品2,000
仕　　入4,000	損　　益3,000

損　　益	
売上原価3,000	売上原価3,000

損　　益	
繰越商品1,000	繰越商品2,000
仕　　入4,000	売上原価3,000

2. 純損益の振替え

　本店，支店のそれぞれが必要な決算整理を行い，決算整理後の収益および費用をそれぞれの帳簿ごとに設けた「損益」に振り替えることにより，本店・支店独自の純損益が算定される。本店はこれらの純損益を合算して会社全体の純損益を算定することになる。

　そこで，支店は支店の純損益を本店に振り替え，本店がこれを受け入れることになるが，この場合に本店が会社全体の純損益をどの勘定で算定するかによって，支店の純損益の受入仕訳が変わってくる。本店が会社全体の純損益を算定する方法には次の3つがある。

> ① 本店に「総合損益」を設定し，「総合損益」で会社全体の純損益を算定する方法
> ② 本店の「損益」で会社全体の純損益を算定する方法（中間締切あり）
> ③ 本店の「損益」で会社全体の純損益を算定する方法（中間締切なし）

①「総合損益」で会社全体の純損益を算定する方法によった場合の勘定連絡は，次のとおりである。なお，金額は仮のものとする。

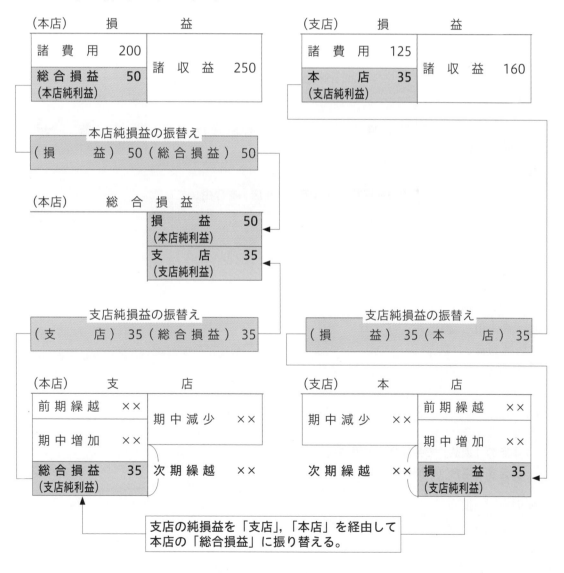

13

②本店の「損益」で会社全体の純損益を算定する方法（中間締切あり）または③本店の「損益」で会社全体の純損益を算定する方法（中間締切なし）によった場合の勘定連絡は，次のとおりである。なお，金額は仮のものとする。

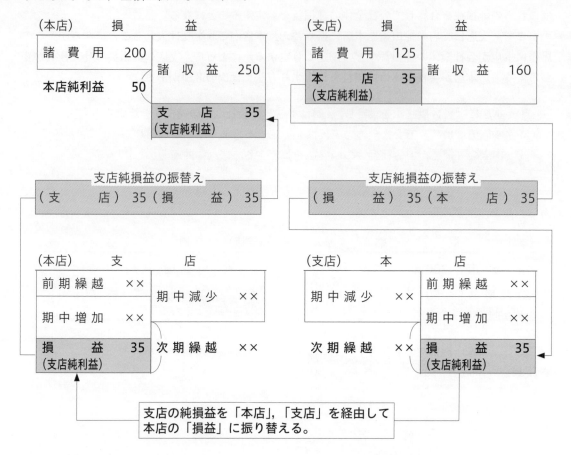

②本店の「損益」で会社全体の損益を
　算定する場合（中間締切あり）

（本店）		損		益	
諸 費 用	200	諸 収 益	250		
本店純利益	50				
	250		250		
		本店純利益	50		
		支 店	35		

③本店の「損益」で会社全体の損益を
　算定する場合（中間締切なし）

（本店）		損		益	
諸 費 用	200	諸 収 益	250		
		支 店	35		

14

3. 内部利益の整理

⑴ 内部利益とは

内部利益とは，企業内部において，商品の発送側が受入側に対して原価に利益を加算した価格（振替価格）で送付した場合，受入側で企業外部に販売されずに売れ残っている商品に含まれている未実現の利益をいう。内部利益は，会社全体の純損益の計算上これを控除しなければならない。

⑵ 期末商品に含まれている内部利益の整理

① 決算整理仕訳（本店の仕訳）

期末商品に含まれている内部利益を当期の利益から控除するとともに，次期に繰り延べるための決算整理仕訳を本店で行う。

内部利益の計算は次のように行う。

$$内部利益＝期末商品に含まれる内部仕入分×内部利益率$$
$$または$$
$$内部利益＝期末商品に含まれる内部仕入分×\frac{内部利益加算率}{1＋内部利益加算率}$$

② 決算振替仕訳（本店の仕訳）

「繰延内部利益控除」を「総合損益」（または「損益」）へ振り替える。

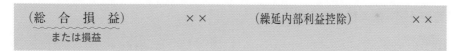

⑶ 期首商品に含まれている内部利益の整理

① 決算整理仕訳（本店の仕訳）

期首商品（前期末の商品）に含まれている内部利益は，すべて当期に販売されたことにより実現したと仮定して，前期末に控除し繰り延べられてきた「繰延内部利益」を当期の利益として戻し入れるための決算整理仕訳を本店で行う。

② 決算振替仕訳（本店の仕訳）

「繰延内部利益戻入」から「総合損益」（または本店の「損益」）へ振り替える。

〈例〉 1．内部利益整理前の本店純利益は50円，支店純利益は35円である。

2．支店の期首商品棚卸高に含まれる内部利益は10円，期末商品棚卸高に含まれる内部利益は25円であった。

3．課税所得70円に対して30％の法人税等を計上する。

4．全体純損益は「総合損益」で算定する。

(1) **決算整理仕訳（内部利益の整理）**

（繰延内部利益）(＊1)	10	（繰延内部利益戻入）	10
（繰延内部利益控除）(＊2)	25	（繰延内部利益）	25

（＊1）期首内部利益
（＊2）期末内部利益

(2) **決算振替仕訳（内部利益の整理）**

（繰延内部利益戻入）	10	（総合損益）	10
（総合損益）	25	（繰延内部利益控除）	25

(3) **決算整理仕訳（法人税等の計上）**

（法人税等）(＊)	21	（未払法人税等）	21

（＊）70円×30％＝21円

(4) **決算振替仕訳（法人税等の計上）**

（総合損益）	21	（法人税等）	21

(5) **決算振替仕訳（当期純利益の振替え）**

（総合損益）(＊)	49	（繰越利益剰余金）	49

（＊）70円−21円＝49円

4. 勘定記入のまとめ

① 「総合損益」で会社全体の損益を算定する場合

(本店)	総　合　損　益		
繰延内部利益控除	××	損　　　　益	××
法　人　税　等	××	支　　　店	××
繰越利益剰余金	××	繰延内部利益戻入	××
	××		××

② 「損益」で会社全体の損益を算定する場合（中間締切あり）

(本店)	損　　　　益		
諸　費　用	××	諸　収　益	××
本　店　純　利　益	××		
	××		××
繰延内部利益控除	××	本　店　純　利　益	××
法　人　税　等	××	支　　　店	××
繰越利益剰余金	××	繰延内部利益戻入	××
	××		××

③ 「損益」で会社全体の損益を算定する場合（中間締切なし）

(本店)	損　　　　益		
諸　費　用	××	諸　収　益	××
繰延内部利益控除	××	支　　　店	××
法　人　税　等	××	繰延内部利益戻入	××
繰越利益剰余金	××		
	××		××

5 本支店合併財務諸表（合併F/S）の作成

1. 本支店合併財務諸表（合併F/S）の作成

　本店と支店は，法律上は1つの会社組織であり，一定期間における経営成績および一定時点における財政状態に関する外部への報告は，1つの会社として行わなければならない。そこで，本店と支店の独立した帳簿をもとに，本店では本支店合併の損益計算書（合併P/L）および貸借対照表（合併B/S）を作成する。

　簿記検定1級では，決算整理前残高試算表（整理前T/B）からスタートして本支店合併の損益計算書および貸借対照表を作成する問題が多く出題される。

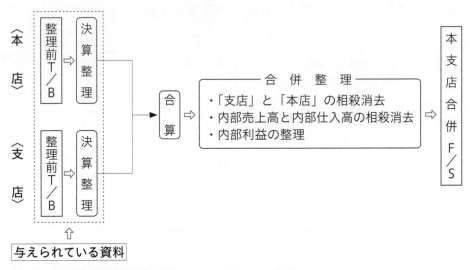

　（注）本支店合併財務諸表作成上の合併整理は，帳簿外の合併精算表上で行う。

2. 本支店合併財務諸表の作成手順

　本支店合併財務諸表の作成上の留意点は次のとおりである。

> ①　本店と支店の損益計算書および貸借対照表の同一項目を合算して，本支店合併損益計算書および合併貸借対照表を作成する。
> ②　本店の「支店」と支店の「本店」とは，会社内部の債権・債務を示すものであるから，対外的には意味がない。したがって「支店」，「本店」は本支店合併貸借対照表に表示しない。

　合併精算表の合併整理欄で行う仕訳を示すと，次のようになる。

　（注）この仕訳は，合併精算表上の仕訳であり，仕訳帳および総勘定元帳の勘定には記録されない。

③ 内部売上高（支店へ売上）および内部仕入高（本店より仕入）は会社内部の取引であり，単に商品が移転したにすぎず，対外的には売上高・仕入高として計上できない。したがって，内部売上高と内部仕入高は，本支店合併損益計算書に表示しない。

合併精算表の合併整理欄で行う仕訳を示すと，次のようになる。

（注）この仕訳は，合併精算表上の仕訳であり，仕訳帳および総勘定元帳の勘定には記録されない。

④ 本支店合併損益計算書上の「期首商品棚卸高」・「期末商品棚卸高」および本支店合併貸借対照表上の「商品」より内部利益の額を直接控除する。したがって，帳簿上の科目である「繰延内部利益戻入」および「繰延内部利益控除」は，本支店合併損益計算書に表示されず，「繰延内部利益」は本支店合併貸借対照表に表示されない。

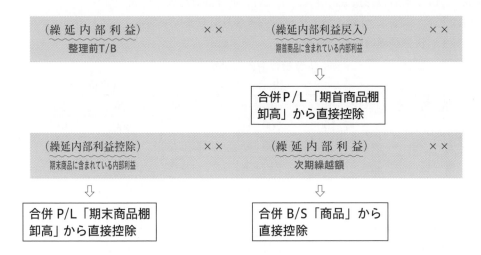

3. 売上高と売上原価

本支店合併損益計算書における売上高および売上原価は，次のようになる。

Ⅰ 売　　上　　高	××	⇦ 内部売上高（支店へ売上）は表示しない
Ⅱ 売　上　原　価		
1. 期首商品棚卸高	××	⇦ 内部利益（繰延内部利益戻入）を直接控除
2. 当期商品仕入高	××	⇦ 内部仕入高（本店より仕入）は表示しない
合　　　計	××	
3. 期末商品棚卸高	××	⇦ 内部利益（繰延内部利益控除）を直接控除

（注）期首商品に含まれている内部利益を期首商品棚卸高から直接控除すると売上原価が減少し，結果として売上総利益が増加するので，内部利益を戻し入れたことになる。また，期末商品に含まれる内部利益を期末商品棚卸高から直接控除すると売上原価が増加し，結果として売上総利益が減少するので，内部利益を控除したことになる。

設例 1-3

　次の資料により，(1)本店の損益勘定，総合損益勘定および(2)支店の損益勘定の記入を完成し，(3)本支店合併損益計算書，本支店合併貸借対照表を作成しなさい。なお，会計期間は1年，当期は×1年4月1日から×2年3月31日までである。

（資料1）決算整理前残高試算表

決算整理前残高試算表
×2年3月31日　　　　　　（単位：円）

借　方　科　目	本　店	支　店	貸　方　科　目	本　店	支　店
現　金　預　金	1,100	700	買　　掛　　金	500	240
売　　掛　　金	500	300	繰延内部利益	10	——
繰　越　商　品	300	210	本　　　　　店	——	800
支　　　　　店	800	——	資　　本　　金	1,000	
仕　　　　　入	4,000	1,000	繰越利益剰余金	260	——
本店より仕入	——	1,210	売　　　　　上	4,000	2,580
販売費・管理費	280	200	支店へ売上	1,210	——
	6,980	3,620		6,980	3,620

（資料2）決算整理事項

(1) 期末商品棚卸高は次のとおりである。

　　本　店　　600円

　　支　店　　320円（うち本店仕入分220円）

　なお，本店は支店に毎期仕入原価の10%増しの価格で商品を発送している。

　また，本店・支店ともに売上原価は損益勘定で算定する方法による。

(2) 課税所得1,500円に対して30%の法人税等を計上する。

【解　答】

(1)　本店の損益勘定，総合損益勘定

(本店)	損		益	(単位：円)
繰 越 商 品	300	売　　　　上		4,000
仕　　　入	4,000	支 店 へ 売 上		1,210
販売費・管理費	280	繰 越 商 品		600
総 合 損 益	1,230			
	5,810			5,810

(2)　支店の損益勘定

(支店)	損		益	(単位：円)
繰 越 商 品	210	売　　　　上		2,580
仕　　　入	1,000	繰 越 商 品		320
本 店 よ り 仕 入	1,210			
販売費・管理費	200			
本　　　店	280			
	2,900			2,900

(本店)	総 合	損 益	(単位：円)
繰延内部利益控除	20	損　　　益	1,230
法 人 税 等	450	支　　　店	280
繰越利益剰余金	1,050	繰延内部利益戻入	10
	1,520		1,520

(3)　本支店合併損益計算書，本支店合併貸借対照表

本支店合併損益計算書
自×1年4月1日　至×2年3月31日 (単位：円)

Ⅰ　売　上　高			6,580
Ⅱ　売　上　原　価			
1．期首商品棚卸高		500	
2．当期商品仕入高		5,000	
合　　　計		5,500	
3．期末商品棚卸高		900	4,600
売 上 総 利 益			1,980
Ⅲ　販売費及び一般管理費			
1．販売費・管理費			480
税引前当期純利益			1,500
法 人 税 等			450
当 期 純 利 益			1,050

本支店合併貸借対照表
×2年3月31日　　　　　　(単位：円)

現 金 預 金	1,800	買 掛 金	740
売 掛 金	800	未 払 法 人 税 等	450
商　　品	900	資 本 金	1,000
		繰越利益剰余金	1,310
	3,500		3,500

【解　説】

<table>
<tr><td colspan="2" align="center">〈本　　店〉</td><td colspan="2" align="center">〈支　　店〉</td></tr>
</table>

〈本　店〉

1．本店固有の決算整理

　売上原価は「損益」で算定するため，本設例では決算整理は行わずに後述する決算振替時に整理する。

2．決算整理後試算表（前 T/B と同じ）

決算整理後残高試算表

×2年3月31日　（単位：円）

現金預金	1,100	買　掛　金	500
売　掛　金	500	繰延内部利益	10
繰越商品	300	資　本　金	1,000
支　　店	800	繰越利益剰余金	260
仕　　入	4,000	売　　上	4,000
販売費・管理費	280	支店へ売上	1,210
	6,980		6,980

3．決算振替（一部決算整理含む）

(1)　収益の振替え

（売　　　上）	4,000	（損　　益）	5,210
（支店へ売上）	1,210		

(2)　売上原価の算定と費用の振替え

（損　　益）	4,300	（繰越商品）	300
		（仕　　入）	4,000
（繰越商品）	600	（損　　益）	600
（損　　益）	280	（販売費・管理費）	280

(3)　本店純損益の振替え

（損　　益）	1,230	（総合損益）	1,230

損　　　　益

繰越商品	300	売　　上	4,000
仕　　入	4,000	支店へ売上	1,210
販売費・管理費	280	繰越商品	600
総合損益	1,230		
	5,810		5,810

〈支　店〉

1．支店固有の決算整理

　売上原価は「損益」で算定するため，本設例では決算整理は行わずに後述する決算振替時に整理する。

2．決算整理後試算表（前 T/B と同じ）

決算整理後残高試算表

×2年3月31日　（単位：円）

現金預金	700	買　掛　金	240
売　掛　金	300	本　　店	800
繰越商品	210	売　　上	2,580
仕　　入	1,000		
本店より仕入	1,210		
販売費・管理費	200		
	3,620		3,620

3．決算振替

(1)　収益の振替え

（売　　　上）	2,580	（損　　益）	2,580

(2)　売上原価の算定と費用の振替え

（損　　益）	2,420	（繰越商品）	210
		（仕　　入）	1,000
		（本店より仕入）	1,210
（繰越商品）	320	（損　　益）	320
（損　　益）	200	（販売費・管理費）	200

(4) 支店純損益の振替え

（支 店）	280	（総合損益）	280

<u>　　　　総　合　損　益　　　　</u>
		損　　益	1,230
		支　　店	280 ◀

<u>　　　　　　　支　　　　店　　　　　　　</u>
整 理 後 T/B	800	1,080 ◀
総 合 損 益	**280**	

(5) 期首商品に含まれる内部利益の戻入れ

（繰延内部利益）（＊）10	（繰延内部利益戻入）	10

（＊） 整理前 T/B「繰延内部利益」

(6) 期末商品に含まれる内部利益の控除

（繰延内部利益控除）（＊）20	（繰延内部利益）	20

（＊） $220円 \times \dfrac{0.1}{\underset{1.1}{1+0.1}} = 20円$

(7) 戻入れ・控除の振替え

　　「繰延内部利益戻入」および「繰延内部利益控除」を「総合損益」へ振り替える。

（繰延内部利益戻入）	10	（総合損益）	10
（総合損益）	20	（繰延内部利益控除）	20

(8) 法人税等の計上と振替え

（法人税等）（＊）450	（未払法人税等）	450
（総合損益） 450	（法人税等）	450

（＊） $1,500円 \times 30\% = 450円$

---

(4) 支店純損益の振替え

（損 益）	280	（本 店）	280

<u>　　　　　　損　　　　　　益　　　　　　</u>
繰越商品	210	売　上	2,580
仕　入	1,000	繰越商品	320
本店より仕入	1,210		
販売費・管理費	200		
本　　店	**280**		
	2,900		2,900

<u>　　　　　　本　　　　店　　　　　　</u>
▶ 1,080	整 理 後 T/B	800
	損　　益	**280** ◀

(9) 会社全体純損益の振替え

(総合損益) 1,050　(繰越利益剰余金) 1,050

総 合 損 益

繰延内部利益控除	20	損　　益	1,230
法 人 税 等	450	(本店純利益)	
繰越利益剰余金	1,050	支　店	280
(当期純利益)		(支店純利益)	
		繰延内部利益戻入	10

繰越利益剰余金

	整 理 後 T/B　260
1,310	総 合 損 益 1,050
	(当期純利益)

4. 本支店合併財務諸表上の金額

売 上 原 価

本店T/B繰越商品	300		
支店T/B繰越商品	210		
繰延内部利益戻入 △	10	売 上 原 価	4,600
合併P/L期首商品	500		
本　店 T/B 仕　入	4,000	本 店 期 末 商 品	600
支　店 T/B 仕　入	1,000	支 店 期 末 商 品	320
合 併 P/L 仕 入 高	5,000	繰延内部利益控除 △	20
		合 併 P/L 期 末 商 品	900

本店 T/B 売上　4,000
支店 T/B 売上　2,580
合併P/L売上高　6,580

B/S 商品：600円〈本店〉＋320円〈支店〉－20円〈繰延内部利益〉＝900円

（注）その他のP/L科目およびB/S科目は，本店の金額と支店の金額の合計となる。
　　　ただし，内部取引により生じた「支店へ売上」と「本店より仕入」は本支店合併損益計算書には記載されず，また，「支店」と「本店」は本支店合併貸借対照表には記載されない。

4. 棚卸減耗損と商品評価損の計算

期末商品棚卸高に内部利益が含まれている場合の棚卸減耗損と商品評価損の計算は，内部利益控除後の原価にもとづき計算する。

設例 1-4

次の本支店残高試算表および決算整理事項にもとづいて，本支店合併損益計算書（経常損益計算まで）を作成するとともに，本支店合併貸借対照表に記載される商品の価額を求めなさい。なお，会計期間は1年，当期は×1年4月1日から×2年3月31日までである。

（資料1）本支店残高試算表

本 支 店 残 高 試 算 表
×2年3月31日
（単位：円）

借 方 科 目	本 店	支 店	貸 方 科 目	本 店	支 店
繰 越 商 品	12,600	9,400	流 動 負 債	14,750	2,150
その他の流動資産	27,225	9,405	繰 延 内 部 利 益		750	—
固 定 資 産	15,550	2,575	固 定 負 債	10,000	—
支 店	17,000	—	資 本 金	25,000	—
仕 入	107,000	15,000	繰 越 利 益 剰 余 金	5,505	
本 店 よ り 仕 入	—	36,000	本 店	—	17,000
販売費及び一般管理費	13,300	4,250	売 上	101,600	57,500
営 業 外 費 用	1,155	20	支 店 へ 売 上	36,000	
			営 業 外 収 益	225	—
	193,830	76,650		193,830	76,650

（資料2）決算整理事項

(1) 本店の期末商品棚卸高は，帳簿数量100個（実地数量90個），単価（原価）140円（正味売却価額135円）。支店の期末商品棚卸高は，総額（原価）11,750円，うち外部からの仕入分は，帳簿数量50個（実地数量40個），単価（原価）115円（正味売却価額110円）。なお，支店の棚卸高のうち，本店からの仕入分は，帳簿数量50個（実地数量40個），単価（正味売却価額）95円である（内部利益を控除後の原価（単価）は各自計算のこと）。

(2) 本店から支店へ売り上げた商品については，原価に20％の利益が加算されている。

【解　答】

本支店合併損益計算書
自×1年4月1日　至×2年3月31日　　（単位：円）

科　　目	金	額
Ⅰ　売　　上　　高		159,100
Ⅱ　売　上　原　価		
1．期首商品棚卸高	21,250	
2．当期商品仕入高	122,000	
合　　計	143,250	
3．期末商品棚卸高	24,750	
差　　引	118,500	
4．棚卸減耗損	3,550	
5．商品評価損	850	122,900
売上総利益		36,200
Ⅲ　販売費及び一般管理費		17,550
営　業　利　益		18,650
Ⅳ　営　業　外　収　益		225
Ⅴ　営　業　外　費　用		1,175
経　常　利　益		17,700

商品の貸借対照表価額	20,350　円

【解　説】

⑴　**売上高の計算**

　101,600円〈本店T/B〉＋57,500円〈支店T/B〉＝159,100円

⑵　**売上原価の計算**

①　**期首商品に含まれている内部利益の計算**

　　本店残高試算表の「繰延内部利益」750円が，支店の「期首商品棚卸高」（支店残高試算表の「繰越商品」9,400円）に含まれている内部利益であり，本支店合併損益計算書上の「期首商品棚卸高」から直接控除する。したがって，「繰延内部利益戻入」は本支店合併損益計算書には表示されない。

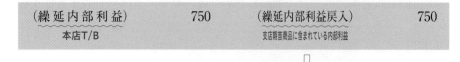

（繰延内部利益）　　　750　　　（繰延内部利益戻入）　　　750
　　　本店T/B　　　　　　　　　　支店期首商品に含まれている内部利益

　　　　　　　　　　　⬇

　　　　　合併P/L「期首商品棚
　　　　　卸高」から直接控除

② 期末商品に含まれている内部利益と商品評価損等の計算

　(a) 本　店

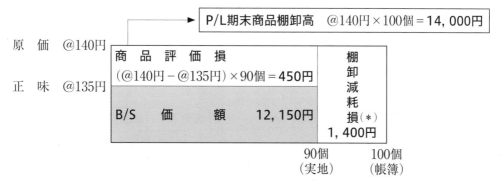

　　　　　　　　　　　　　　→ P/L期末商品棚卸高　@140円×100個＝14,000円

原　価　@140円

商　品　評　価　損
(@140円 − @135円)×90個＝450円

棚
卸
減
耗
損(＊)
1,400円

正　味　@135円

B/S　価　　額　　12,150円

90個
(実地)

100個
(帳簿)

（＊）@140円×(100個 − 90個)＝1,400円〈棚卸減耗損〉

　(b) 支　店

　　ⓐ 外部仕入分

　　　　　　　　　　　　　　→ P/L期末商品棚卸高　@115円×50個＝5,750円

原　価　@115円

商　品　評　価　損
(@115円 − @110円)×40個＝200円

棚
卸
減
耗
損(＊)
1,150円

正　味　@110円

B/S　価　　額　　4,400円

40個
(実地)

50個
(帳簿)

（＊）@115円×(50個 − 40個)＝1,150円〈棚卸減耗損〉

　　ⓑ 本店仕入分

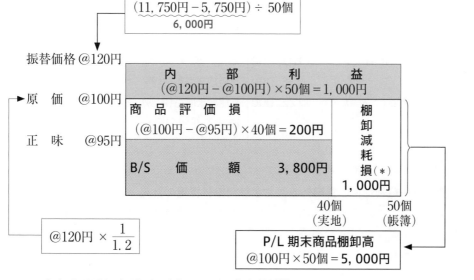

(11,750円 − 5,750円)÷ 50個
6,000円

振替価格 @120円

内　　部　　利　　益
(@120円 − @100円)×50個＝1,000円

原　価　@100円

商　品　評　価　損
(@100円 − @95円)×40個＝200円

棚
卸
減
耗
損(＊)
1,000円

正　味　@95円

B/S　価　　額　　3,800円

40個
(実地)

50個
(帳簿)

@120円 × $\frac{1}{1.2}$

P/L 期末商品棚卸高
@100円×50個＝5,000円

（＊）@100円×(50個 − 40個)＝1,000円〈棚卸減耗損〉

支店の「期末商品棚卸高」に含まれている内部利益は，本支店合併損益計算書上の「期末商品棚卸高」および本支店合併貸借対照表上の「商品」から直接控除する。したがって，「繰延内部利益控除」および「繰延内部利益」は，本支店合併損益計算書および本支店合併貸借対照表に表示されない。

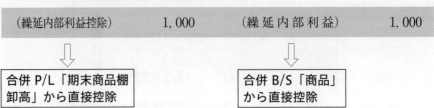

③ まとめ

P/L 期首商品棚卸高：12,600円〈本店T/B繰商〉＋9,400円〈支店T/B繰商〉
－750円〈T/B繰延内部利益〉＝21,250円

P/L 当期商品仕入高：107,000円〈本店T/B〉＋15,000円〈支店T/B〉＝122,000円

P/L 期末商品棚卸高：14,000円〈本店〉＋5,750円〈支店：外部〉＋5,000円〈支店：内部〉
＝24,750円

P/L 棚 卸 減 耗 損：1,400円〈本店〉＋1,150円〈支店：外部〉＋1,000円〈支店：内部〉
＝3,550円

P/L 商 品 評 価 損：450円〈本店〉＋200円〈支店：外部〉＋200円〈支店：内部〉＝850円

B/S 商　　　　品：12,150円〈本店〉＋4,400円〈支店：外部〉＋3,800円〈支店：内部〉
＝20,350円

売 上 原 価

本店T/B繰越商品	12,600		
支店T/B繰越商品	9,400	売　上　原　価	118,500
繰延内部利益戻入（注）	△　750	（棚卸減耗損・評価損除く）	
合併P/L期首商品	21,250		
本 店 T/B 仕 入	107,000	本 店 期 末 商 品	14,000
支 店 T/B 仕 入	15,000	支店期末商品(外部)	5,750
合 併 P/L 仕 入 高	122,000	支店期末商品(内部)	6,000
		繰延内部利益控除	△ 1,000
		合併P/L期末商品	24,750

（注）本店残高試算表「繰延内部利益」

(3) 販売費及び一般管理費と営業外収益および営業外費用の計算

P/L 販売費及び一般管理費：13,300円〈本店T/B〉＋4,250円〈支店〉＝17,550円

P/L 営業外収益：225円〈本店T/B〉

P/L 営業外費用：1,155円〈本店T/B〉＋20円〈支店T/B〉＝1,175円

6 内部利益

「損益計算書原則三E」および「企業会計原則注解【注11】」では，内部利益について次のように規定している。

「損益計算書原則　三E」

同一企業の各経営部門の間における商品等の移転によって発生した内部利益は，売上高及び売上原価を算定するに当たって除去しなければならない。

「企業会計原則注解【注11】」

内部利益とは，原則として，本店，支店，事業部等の企業内部における独立した会計単位相互間の内部取引から生ずる未実現の利益をいう。従って，会計単位内部における原材料，半製品等の振替から生ずる振替損益は内部利益ではない。

内部利益の除去は，本支店等の合併損益計算書において売上高から内部売上高を控除し，仕入高（又は売上原価）から内部仕入高（又は内部売上原価）を控除するとともに，期末たな卸高から内部利益の額を控除する方法による。これらの控除に際しては，合理的な見積概算額によることも差支えない。

(注)「企業会計原則注解【注11】」では「期末たな卸高から内部利益の額を控除」とあるが，期首棚卸高に対する内部利益の除去については触れていない。これは，期首棚卸高から内部利益の額を控除しなくてもよいという意味ではなく，期首棚卸高が存在しないことを前提にしているからである。したがって，期首棚卸高が存在し，内部利益が含まれている場合には，当然，内部利益の額を控除しなければならない。

補足　内部利益と振替損益の違い

内部利益とは，本店，支店，事業部など，企業内部における独立した会計単位相互間の内部取引から生じる未実現の利益のことである。

これに対して，会計単位内部における原材料，半製品などの振替えから生じる振替損益は，内部利益ではなく，原価差額（原価差異）の一種である。

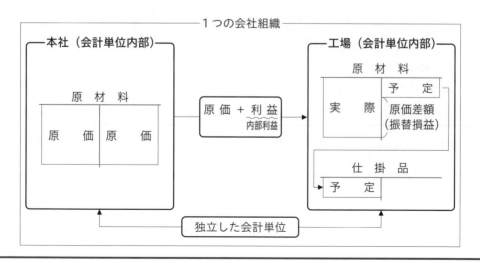

02 企業結合，合併
Theme

Check ここでは，企業結合の総論と企業結合の中でも重要な合併の会計処理について学習する。合併については，その会計処理と併せて企業評価額の算定方法を十分に理解してほしい。

◢1 企業結合

1. 企業結合とは

企業結合とは，ある企業またはある企業を構成する事業と他の企業または他の企業を構成する事業とが1つの報告単位に統合されることをいい，次のような取引が該当する。

(1) 合併
(2) 株式交換および株式移転
(3) 共同支配企業の形成
(4) 子会社株式の取得など

補足 企業結合に該当する取引

(1) 合併

合併とは，株式の交換等をとおして2つ以上の会社が合体して1つの会社になることをいう。

(2) 株式交換および株式移転

株式交換とは，株式の交換等をとおして2つ以上の会社が完全親会社，完全子会社となることをいう。詳しくは「テーマ9」で学習する。

株式移転とは，純粋持株会社を新設し，純粋持株会社が完全親会社となり，既存の会社が完全子会社となることをいう。詳しくは「テーマ9」で学習する。

(3) 共同支配企業の形成

共同支配とは，複数の独立した企業が契約等にもとづき，ある企業を共同で支配することをいい，共同支配企業の形成とは，複数の独立した企業が共同で支配する企業を形成することをいう（合弁会社の設立などが該当する）。詳しくは「テーマ9」で学習する。

(4) 子会社株式の取得

会社が他の会社の株式を取得することにより，他の会社を子会社として支配することになった場合には，原則として連結会計の対象となる。詳しくは「テーマ3」で学習する。

2. 企業結合の分類

企業結合は，その形態により，次の３つに分類される。

取　　　　　得	「取得」とは，ある企業が他の企業または企業を構成する事業に対する「支配」を獲得することをいう。 　ある企業または企業を構成する事業を「取得」する企業を「取得企業」といい，「取得」される企業を「被取得企業」という。「取得」とされた企業結合では，いずれかの結合当事企業を「取得企業」として決定しなければならない。
共同支配企業の形成	「共同支配企業」とは，複数の独立した企業により共同で支配される企業をいい，「共同支配企業の形成」とは，複数の独立した企業が契約等にもとづき，「共同支配企業」を形成する企業結合をいう（合弁会社の設立など）。
共通支配下の取引	「共通支配下の取引」とは，結合当事企業または事業が，企業結合の前後で同一の株主により最終的に支配され，かつ，その支配が一時的ではない場合の企業結合をいう（子会社同士の合併など）。

「共同支配企業の形成」および「共通支配下の取引」以外の企業結合は，「取得」となる。簿記検定１級では，「取得」の会計処理が重要であるため，本テキストでは，「取得」の会計処理を中心に説明する。

3. 取得企業の決定

他の結合当事企業の支配を獲得する結合当事企業が明確である場合（現金を支払って株式を取得し，親子関係が形成された場合など）には，原則として，当該結合当事企業が「取得企業」となる。また，どの結合当事企業が「取得企業」となるかが明確ではない場合には，次の要素を考慮して「取得企業」を決定する。

⑴　主な対価の種類として，現金もしくは他の資産を引き渡すまたは負債を引き受けることとなる企業結合の場合には，通常，その現金もしくは他の資産を引き渡すまたは負債を引き受ける企業が「取得企業」となる。

⑵　主な対価の種類が株式である企業結合の場合には，通常，その株式を交付する企業が「取得企業」となる。

⑶　結合当事企業のうち，いずれかの企業の相対的な規模（純資産額，売上高など）が著しく大きい場合には，通常，その相対的な規模が著しく大きい結合当事企業が「取得企業」となる。

　結合当事企業が３社以上である場合の「取得企業」の決定にあたっては，上記に加えて，いずれの企業がその企業結合を最初に提案したかについても考慮する。

　（注）上記⑵については，必ずしも株式を交付した企業が「取得企業」にならない場合（いわゆる逆取得）もあることから，①ある結合当事企業の総体としての株主が占める結合後企業の議決権比率の大きさや②もっとも大きな議決権比率を有する株主または株主グループの存在などさまざまな要素を総合的に勘案して「取得企業」を決定する。

4. 取得の会計処理（パーチェス法）

　「取得」（逆取得を除く）となる企業結合は，「パーチェス法」により処理する。パーチェス法による基本的な会計処理は，次のとおりである。

パーチェス法	(1) 被取得企業または事業の取得原価は，原則として，取得の対価（支払対価）となる財（現金および株式など）の企業結合日における時価で算定する。 (2) 取得原価は，被取得企業から受け入れた資産および引き受けた負債のうち企業結合日時点において識別可能な資産および負債の企業結合日時点の時価を基礎として，その資産および負債に対して配分する。 (3) 取得原価が，受け入れた資産および引き受けた負債に配分された純額を上回る場合には，その超過額は「のれん」として処理し，下回る場合には，その不足額を「負ののれん」として処理する。

まとめると次のようになる。

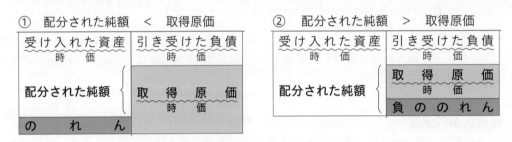

また，「のれん」および「負ののれん」は，次のように処理する。

のれん	「のれん」は，無形固定資産に計上し，20年以内のその効果の及ぶ期間にわたって，定額法その他の合理的な方法により規則的に償却する。ただし，「のれん」の金額に重要性が乏しい場合には，「のれん」が生じた事業年度の費用とすることができる。 「のれん」（B／S 無形固定資産） 「のれん償却額」（P／L 販売費及び一般管理費）
負ののれん	「負ののれん」は，「負ののれん」が生じた事業年度の利益として処理する。 「負ののれん発生益」（P／L 特別利益）

補足　取得原価の算定および取得原価の配分方法

(1) 取得原価の算定

取得原価は，次のように算定する。

① 取得原価は，原則として，支払対価となる財の企業結合日における時価で算定する。支払対価が現金以外の資産の引渡し，負債の引受けまたは株式の交付の場合には，支払対価となる財の時価と被取得企業または取得した事業の時価のうち，より高い信頼性をもって測定可能な時価で算定する。

② 市場価格のある取得企業等の株式が取得の対価として交付される場合には，取得の対価となる財の時価は，原則として，企業結合日における株価を基礎として算定する。

③ 取得関連費用（外部のアドバイザー等に支払った特定の報酬・手数料等）は発生した事業年度の費用として処理する。

(注) 企業結合のさいの株式の交付に伴い発生する費用は，財務的な支出としての性格が強いため，株式交付費として処理（費用処理または繰延資産処理）し，取得原価には含めない。

(2) 取得原価の配分方法

取得原価は，次のように配分する。

① 取得原価は，被取得企業から受け入れた資産および引き受けた負債のうち企業結合日時点において識別可能な資産および負債の企業結合日時点の時価を基礎として，それらの資産および負債に配分する。

② 受け入れた資産に法律上の権利など分離して譲渡可能な無形資産が含まれる場合には，その無形資産は識別可能なものとして取り扱う。

③ 取得後に発生することが予測される特定の事象に対応した費用または損失であって，その発生の可能性が取得の対価の算定に反映されている場合には，負債（企業結合に係る特定勘定）として認識し，原則として，固定負債として表示する。

(注) 企業結合日において一般に公正妥当な企業会計の基準のもとで引当金または未払金などの他の負債として認識できるものは識別可能な負債に該当するため，企業結合に係る特定勘定には該当しない。

補足　共通支配下の取引

共通支配下の取引（子会社同士の合併など）により企業集団内を移転する資産および負債は，原則として，移転直前に付されていた適正な帳簿価額により計上し，移転された資産および負債の差額は，純資産として処理する。また，移転された資産および負債の対価として交付された株式の取得原価は，移転された資産および負債の適正な帳簿価額にもとづいて算定する。

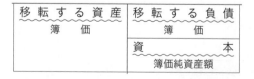

移転する資産（簿価）／移転する負債（簿価）／資本（簿価純資産額）

2 合　併

　合併とは，株式等の交換をとおして2つ以上の会社が合体して1つの会社になることをいう。合併が行われる理由としては，市場における過当競争の回避，経営組織の合理化，市場支配の拡大などがある。なお，合併の形態には，「吸収合併」と「新設合併」の2つがある。

吸 収 合 併	吸収合併とは，合併当事会社のうちのある会社が他の会社を吸収する合併の形態をいう。この場合，他の会社を吸収して存続する会社を存続会社（合併会社）といい，吸収されて消滅する会社を消滅会社（被合併会社）という。
新 設 合 併	新設合併とは，すべての合併当事会社が消滅し，新しい会社を設立する合併の形態をいう。この場合，新設され存続する会社を存続会社（新設会社，合併会社）といい，消滅する会社を消滅会社（被合併会社）という。

　わが国では，合併の形態として，吸収合併を採用することが多いため，本テキストでは，吸収合併について学習する。

3 吸収合併の流れ

　吸収合併では，存続会社が，消滅会社の株主が所有する消滅会社株式と引換えに存続会社の株式等を交付するとともに，消滅会社から消滅会社の資産および負債等を引き継ぐ。

〈例〉A社（存続会社）がB社（消滅会社）を吸収合併した。

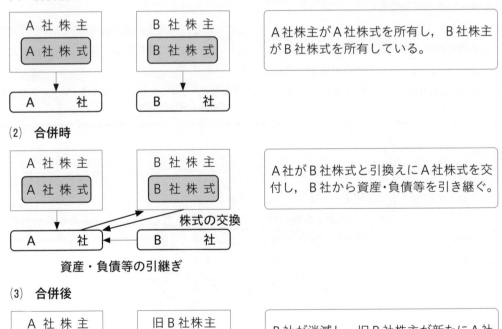

(1) **合併前**

A社株主がA社株式を所有し，B社株主がB社株式を所有している。

(2) **合併時**

A社がB社株式と引換えにA社株式を交付し，B社から資産・負債等を引き継ぐ。

(3) **合併後**

B社が消滅し，旧B社株主が新たにA社の株主となる。

4 会計処理（存続会社の会計処理）

吸収合併では，存続会社が消滅会社から資産・負債を引き継ぎ，その対価として，消滅会社の株主に消滅会社の株式と引換えに存続会社の株式等を交付する。存続会社が取得企業となる場合のパーチェス法による会計処理（合併引継仕訳）は次のとおりである。なお，存続会社の新株の発行により増加する株主資本は，「払込資本（資本金，資本準備金，その他資本剰余金）」として処理するが，その内訳は，合併契約等にもとづき会社が決定できるため，学習上は問題の指示に従うこと。

〈例１〉 A社（存続会社）はB社（消滅会社）を吸収合併（A社を取得企業とする）し，B社株式と引換えにA社株式を発行して交付した。合併直前のB社の諸資産は400,000円（時価450,000円），諸負債は200,000円（時価220,000円），交付したA社株式の時価は240,000円である。なお，増加する払込資本のうち３分の１ずつを資本金，資本準備金およびその他資本剰余金とする。

諸 資 産	450,000	諸 負 債	220,000
	時 価		時 価
配分された純額	230,000	資 本 金（＊２）	80,000
の れ ん（＊１）	10,000	資本準備金（＊２）	80,000
無形固定資産		その他資本剰余金（＊２）	80,000

取得原価＝増加する払込資本
240,000
時 価

（＊１）240,000円〈A社株式の時価＝取得原価〉−（450,000円〈諸資産の時価〉−220,000円〈諸負債の時価〉）

230,000円〈配分された純額〉

＝10,000円〈のれん〉

（＊２）240,000円〈増加する払込資本〉× $\frac{1}{3}$ ＝80,000円〈資本金・資本準備金・その他資本剰余金〉

〈例２〉 A社（存続会社）はB社（消滅会社）を吸収合併（A社を取得企業とする）し，B社株式と引換えにA社株式を発行して交付した。合併直前のB社の諸資産は400,000円（時価450,000円），諸負債は200,000円（時価220,000円），交付したA社株式の時価は210,000円である。なお，増加する払込資本のうち３分の１ずつを資本金，資本準備金およびその他資本剰余金とする。

諸 資 産	450,000	諸 負 債	220,000
	時 価		時 価
		資 本 金（＊２）	70,000
		資本準備金（＊２）	70,000
配分された純額	230,000	その他資本剰余金（＊２）	70,000
		負ののれん発生益（＊１）	20,000
		P/L特別利益	

取得原価＝増加する払込資本
210,000
時 価

（＊１）210,000円〈A社株式の時価＝取得原価〉−（450,000円〈諸資産の時価〉−220,000円〈諸負債の時価〉）

230,000円〈配分された純額〉

＝△20,000円〈負ののれん〉

（注）負ののれんは，「負ののれん」として計上した後で，「負ののれん発生益」に振り替えることもある。

（＊２）210,000円〈増加する払込資本〉× $\frac{1}{3}$ ＝70,000円〈資本金・資本準備金・その他資本剰余金〉

A社（発行済株式総数2,500株）はB社（発行済株式総数2,000株）を×1年4月1日に吸収合併した。次の資料にもとづいてパーチェス法により処理した場合（A社を取得企業とする）の合併後のA社貸借対照表を作成しなさい。

（資料1）合併直前の両社の貸借対照表

貸 借 対 照 表
×1年3月31日現在　　　　　　　　　　（単位：円）

資　　産	A　社	B　社	負債・純資産	A　社	B　社
諸　資　産	800,000	400,000	諸　負　債	500,000	200,000
			資　本　金	50,000	50,000
			資本準備金	60,000	30,000
			その他資本剰余金	50,000	50,000
			利益準備金	40,000	20,000
			任意積立金	40,000	20,000
			繰越利益剰余金	60,000	30,000
	800,000	400,000		800,000	400,000

（資料2）合併に関する事項

1．A社はB社株主が所有するB社株式2,000株と引換えにA社株式2,000株を発行して交付する。A社株式の時価は1株あたり120円である。なお，A社の増加する払込資本のうち3分の1ずつを資本金，資本準備金およびその他資本剰余金とする。

2．B社の諸資産の時価（公正価値）は450,000円であり，諸負債の時価（公正価値）は220,000円である。

【解　答】

貸 借 対 照 表
×1年4月1日現在　　　　　（単位：円）

資　　産	金　額	負債・純資産	金　額
諸　資　産	1,250,000	諸　負　債	720,000
の　れ　ん	10,000	資　本　金	130,000
		資本準備金	140,000
		その他資本剰余金	130,000
		利益準備金	40,000
		任意積立金	40,000
		繰越利益剰余金	60,000
	1,260,000		1,260,000

【解　説】
(1)　合併引継仕訳

(諸　　資　　産)(＊1)	450,000	(諸　　負　　債)(＊1)	220,000
(の　　れ　　ん)(＊2)	10,000	(資　　本　　金)(＊3)	80,000
		(資 本 準 備 金)(＊3)	80,000
		(その他資本剰余金)(＊3)	80,000

（＊1）時価（公正価値）で引き継ぐ。
（＊2）@120円〈A社株式の時価〉×2,000株＝240,000円〈取得原価＝増加する払込資本〉
　　　450,000円〈諸資産〉－220,000円〈諸負債〉＝230,000円〈配分された純額〉
　　　240,000円〈取得原価〉－230,000円〈配分された純額〉＝10,000円〈のれん〉
（＊3）240,000円〈増加する払込資本〉× $\frac{1}{3}$ ＝80,000円〈資本金・資本準備金・その他資本剰余金〉

(2)　合併精算表

（単位：円）

科　　　　　目	合併前貸借対照表 借方	合併前貸借対照表 貸方	合併引継仕訳 借方	合併引継仕訳 貸方	合併後貸借対照表 借方	合併後貸借対照表 貸方
諸　　資　　産	800,000		450,000		1,250,000	
の　　れ　　ん	──		10,000		10,000	
諸　　負　　債		500,000		220,000		720,000
資　　本　　金		50,000		80,000		130,000
資 本 準 備 金		60,000		80,000		140,000
その他資本剰余金		50,000		80,000		130,000
利 益 準 備 金		40,000				40,000
任 意 積 立 金		40,000				40,000
繰越利益剰余金		60,000				60,000
合　　　　　計	800,000	800,000	460,000	460,000	1,260,000	1,260,000

研究　逆取得となる場合

　消滅会社が取得企業となる場合，存続会社は消滅会社の資産および負債を合併直前の適正な帳簿価額で計上し，適正な帳簿価額による株主資本の額は，原則として，払込資本（資本金，資本準備金，その他資本剰余金）として処理する。［設例2－1］において，B社（消滅会社）が取得企業となる場合のA社（存続会社）の処理は次のとおりである。なお，A社の増加する払込資本のうち2分の1ずつを資本金と資本準備金とする。

(諸　　資　　産)(＊1)	400,000	(諸　　負　　債)(＊1)	200,000
		(資　　本　　金)(＊2)	100,000
		(資 本 準 備 金)(＊2)	100,000

（＊1）帳簿価額
（＊2）50,000円＋30,000円＋50,000円＋20,000円＋20,000円＋30,000円＝200,000円〈B社株主資本〉
　　　200,000円× $\frac{1}{2}$ ＝100,000円〈資本金・資本準備金〉

Theme
02

企業結合、合併

37

5 取得が複数の取引により達成された場合（段階取得）

　取得が複数の取引により達成された場合（段階取得）には，支配を獲得するにいたった個々の取引ごとの原価の合計額をもって，被取得企業の取得原価とする。

　たとえば，吸収合併において存続会社（取得企業とする）が消滅会社の株式をあらかじめ保有していた場合には，存続会社が保有する消滅会社の株式には，存続会社の株式を割り当てずに，存続会社以外の消滅会社の株主（外部株主）が保有する消滅会社の株式にのみ，存続会社の株式を割り当てる。この場合には，最初に存続会社が消滅会社の株式を取得した時点で，消滅会社に対する権利の一部を取得し，吸収合併時に残りの株式を取得することによって，消滅会社に対する支配を段階的に取得したと考えることができる。

　この場合の取得原価は，存続会社が交付する存続会社の株式の時価と存続会社が保有する消滅会社の株式の合併期日における帳簿価額を合算して算定する。

> 取得原価 ＝ 保有する消滅会社株式の帳簿価額 ＋ 交付する株式の時価

　（注）存続会社が保有する消滅会社株式をその他有価証券としている場合の帳簿価額は，時価による評価前の金額とする（時価評価している場合には，評価前の金額に戻すための修正が必要）。ただし，部分純資産直入法により処理し，評価損を計上している場合には，時価による評価後の金額とする。

設例 2-2

A社（発行済株式総数2,500株）はB社（発行済株式総数2,000株）を×1年4月1日に吸収合併した。次の資料にもとづいて，パーチェス法（A社を取得企業とし，増加する払込資本の3分の1ずつを資本金，資本準備金およびその他資本剰余金とする）により処理した場合の合併後のA社貸借対照表を作成しなさい。

（資料1）合併直前の両社の貸借対照表

貸 借 対 照 表
×1年3月31日現在　　　　　　　　　　　　　（単位：円）

資　　　産	A　　社	B　　社	負債・純資産	A　　社	B　　社
諸　資　産	777,000	400,000	諸　　負　　債	500,000	200,000
B　社　株　式	23,000	——	資　　本　　金	50,000	50,000
			資　本　準　備　金	60,000	30,000
			その他資本剰余金	50,000	50,000
			利　益　準　備　金	40,000	20,000
			任　意　積　立　金	40,000	20,000
			繰越利益剰余金	60,000	30,000
	800,000	400,000		800,000	400,000

（資料2）合併に関する事項
1．A社はB社株式を200株（発行済株式総数の10%）所有している。なお，評価差額は計上されていない。
2．A社はB社株主（A社を除く）が所有するB社株式1株につき1株のA社株式を発行して交付する。A社株式の時価は1株あたり120円である。
3．B社の諸資産の時価（公正価値）は450,000円であり，諸負債の時価（公正価値）は220,000円である。

【解　答】

貸 借 対 照 表
×1年4月1日現在　　　　　　（単位：円）

資　　　　　産	金　　額	負債・純資産	金　　額
諸　　資　　産	1,227,000	諸　　　負　　　債	720,000
の　　れ　　ん	9,000	資　　　本　　　金	122,000
		資　本　準　備　金	132,000
		その他資本剰余金	122,000
		利　益　準　備　金	40,000
		任　意　積　立　金	40,000
		繰越利益剰余金	60,000
	1,236,000		1,236,000

【解 説】

(1) 合併引継仕訳

(諸　資　産)(＊1) 450,000	(諸　負　債)(＊1) 220,000
(の　れ　ん)(＊3)　9,000	(B　社　株　式)(＊2)　23,000
	(資　本　金)(＊4)　72,000
	(資　本　準　備　金)(＊4)　72,000
	(その他資本剰余金)(＊4)　72,000

(＊1) 時価（公正価値）で引き継ぐ。

(＊2) B社株式の帳簿価額

(＊3) @120円〈A社株式の時価〉×（2,000株－200株）＝216,000円〈増加する払込資本〉

　　23,000円〈B社株式の帳簿価額〉＋216,000円〈増加する払込資本〉＝239,000円〈取得原価〉

　　450,000円〈諸資産〉－220,000円〈諸負債〉＝230,000円〈配分された純額〉

　　239,000円〈取得原価〉－230,000円〈配分された純額〉＝9,000円〈のれん〉

(＊4) 216,000円〈増加する払込資本〉× $\frac{1}{3}$ ＝72,000円〈資本金・資本準備金・その他資本剰余金〉

(2) 合併精算表

(単位：円)

科　　　目	合併前貸借対照表 借方	合併前貸借対照表 貸方	合併引継仕訳 借方	合併引継仕訳 貸方	合併後貸借対照表 借方	合併後貸借対照表 貸方
諸　　資　　産	777,000		450,000		1,227,000	
B　社　株　式	23,000			23,000	0	
の　れ　ん	──		9,000		9,000	
諸　　負　　債		500,000		220,000		720,000
資　　本　　金		50,000		72,000		122,000
資　本　準　備　金		60,000		72,000		132,000
その他資本剰余金		50,000		72,000		122,000
利　益　準　備　金		40,000				40,000
任　意　積　立　金		40,000				40,000
繰　越　利　益　剰　余　金		60,000				60,000
合　　　計	800,000	800,000	459,000	459,000	1,236,000	1,236,000

補足　消滅会社が存続会社の株式を所有する場合

　消滅会社が存続会社の株式を所有している場合には，存続会社は合併により「自己株式」を取得したことになる。したがって，存続会社では，消滅会社から受け入れた存続会社の株式を「自己株式」として処理する。

6 自己株式の処分

存続会社は，合併にさいして新株の発行に代えて，存続会社が保有する自己株式を処分して消滅会社の株主に交付することができる。

存続会社（取得企業とする）が新株を発行するとともに保有する自己株式を処分して消滅会社の株主に交付した場合には，処分した自己株式を含む交付株式の時価にもとづいて取得原価を算定し，取得原価（＝増加する資本の額）から処分した自己株式の帳簿価額を控除した額を「払込資本（資本金，資本準備金，その他資本剰余金）」として処理するが，その内訳は，合併契約等にもとづき会社が決定できるため，学習上は問題の指示に従うこと。

---

① 取得原価 ＝ 交付する株式（自己株式を含む）の時価
② 増加する払込資本 ＝ 取得原価（ ＝ 増加する資本の額）－ 自己株式の帳簿価額

設例 2-3

A社（発行済株式総数2,500株）はB社（発行済株式総数2,000株）を×1年4月1日に吸収合併した。次の資料にもとづいて，パーチェス法（A社を取得企業とし，増加する払込資本の3分の1ずつを資本金，資本準備金およびその他資本剰余金とする）により処理した場合の合併後のA社貸借対照表を作成しなさい。

（資料1）合併直前の両社の貸借対照表

貸 借 対 照 表
×1年3月31日現在
（単位：円）

資　　産	A　社	B　社	負債・純資産	A　社	B　社
諸　資　産	800,000	400,000	諸　　負　　債	500,000	200,000
			資　　本　　金	50,000	50,000
			資 本 準 備 金	60,000	30,000
			その他資本剰余金	50,000	50,000
			利 益 準 備 金	40,000	20,000
			任 意 積 立 金	40,000	20,000
			繰越利益剰余金	96,000	30,000
			自 己 株 式	△ 36,000	――
	800,000	400,000		800,000	400,000

（資料2）合併に関する事項
1．A社はA社株式2,000株をB社株主に交付する。そのうち400株はA社が所有する自己株式（帳簿価額は1株あたり90円）を処分して交付し，1,600株は新株を発行して交付する。A社株式の時価は1株あたり120円である。
2．B社の諸資産の時価（公正価値）は450,000円であり，諸負債の時価（公正価値）は220,000円である。

【解　答】

貸 借 対 照 表
×1年4月1日現在　　　　　　（単位：円）

資　　　産	金　　額	負債・純資産	金　　額
諸　資　産	1,250,000	諸　　負　　債	720,000
の　れ　ん	10,000	資　　本　　金	118,000
		資　本　準　備　金	128,000
		その他資本剰余金	118,000
		利　益　準　備　金	40,000
		任　意　積　立　金	40,000
		繰越利益剰余金	96,000
	1,260,000		1,260,000

【解　説】

(1)　合併引継仕訳

（諸　　資　　産）(＊1) 450,000	（諸　　負　　債）(＊1) 220,000
（の　　れ　　ん）(＊4) 10,000	（自　己　株　式）(＊5) 36,000
	（資　　本　　金）(＊7) 68,000
	（資　本　準　備　金）(＊7) 68,000
	（その他資本剰余金）(＊7) 68,000

（＊1）時価（公正価値）で引き継ぐ。

（＊2）@120円〈A社株式の時価〉× 2,000株 = 240,000円〈取得原価 = 増加する資本の額〉

（＊3）450,000円〈諸資産〉− 220,000円〈諸負債〉= 230,000円〈配分された純額〉

（＊4）240,000円〈取得原価〉− 230,000円〈配分された純額〉= 10,000円〈のれん〉

（＊5）@90円〈自己株式の帳簿価額〉× 400株〈自己株式〉= 36,000円〈自己株式〉

（＊6）240,000円〈増加する資本の額〉− 36,000円〈自己株式〉= 204,000円〈増加する払込資本〉

（＊7）204,000円〈増加する払込資本〉× $\frac{1}{3}$ = 68,000円〈資本金・資本準備金・その他資本剰余金〉

諸　資　産(＊1) 450,000	諸　負　債(＊1) 220,000		
配分された純額 (＊3) 230,000	自　己　株　式(＊5) 36,000	自己株式 (＊5) 36,000	増加する資本の額 (＊2) 240,000
	資　本　金(＊7) 68,000 資本準備金(＊7) 68,000	払込資本 (＊6) 204,000	
の　れ　ん(＊4) 10,000	その他資本剰余金(＊7) 68,000		

⑵ 合併精算表

(単位：円)

科　　　目	合併前貸借対照表		合 併 引 継 仕 訳		合併後貸借対照表	
	借　方	貸　方	借　方	貸　方	借　方	貸　方
諸　　資　　産	800,000		450,000		1,250,000	
の　　れ　　ん	――		10,000		10,000	
諸　　負　　債		500,000		220,000		720,000
資　　本　　金		50,000		68,000		118,000
資　本　準　備　金		60,000		68,000		128,000
その他資本剰余金		50,000		68,000		118,000
利　益　準　備　金		40,000				40,000
任　意　積　立　金		40,000				40,000
繰　越　利　益　剰　余　金		96,000				96,000
自　己　株　式	△ 36,000			36,000		0
合　　　　　計	800,000	800,000	460,000	460,000	1,260,000	1,260,000

7 合併相殺仕訳

　合併相殺仕訳とは，合併当事会社間において債権・債務などがある場合に，これを相殺消去するための仕訳である。合併引継仕訳により，消滅会社の資産・負債を引き継いだ後で，内部の債権・債務を相殺消去する。なお，消去した債権に対して貸倒引当金が設定されている場合には，貸倒引当金も減額修正する。

(買　　掛　　金)	×××	(売　　掛　　金)	×××
(支　払　手　形)	×××	(受　取　手　形)	×××
(借　　入　　金)	×××	(貸　　付　　金)	×××
(貸　倒　引　当　金)	×××	(繰越利益剰余金)	×××
		貸倒引当金繰入	

8 合併比率

合併比率とは，消滅会社の株式と存続会社の株式との交換比率であり，消滅会社の株式1株につき交付する存続会社の株式の割当比率を表している。この合併比率を使用して交付する存続会社の株式数が算定される。また，合併比率を算定するためには，合併当事企業の価値（企業評価額）を算定しておく必要がある。一連の計算手順は次のとおりである。

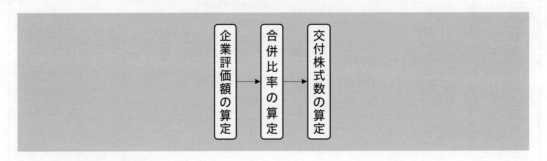

1. 企業評価額の算定

企業評価額とは，合併当事企業の価値であり，おもに株主の持分である企業の純資産（株主資本）の部分の価値がいくらであるかを評価することにより算定する。合併当事企業は，合併比率の算定を行うために，会社ごとの企業評価額をあらかじめ算定する必要がある。具体的な算定方法には，(1)純資産額法，(2)収益還元価値法（稼高式評価法），(3)株式市価法，(4)折衷法（平均法）などがある。

(1) 純資産額法

純資産額法とは，企業の財産価値に注目して評価する方法であり，企業の純資産額（株主資本）を企業評価額とする。純資産額法は，さらに帳簿価額で評価する方法（簿価純資産額法）と時価等の公正な評価額で評価する方法（時価純資産額法）とに分けられる。

$$企業評価額 ＝ 資産 － 負債 ＝ 純資産額（株主資本）$$

(注) 貸借対照表の純資産の部には，株主資本以外の項目（評価・換算差額等，新株予約権）が含まれており，また，株主資本であっても，現在の株主の持分に属さない項目（新株式申込証拠金，自己株式申込証拠金）が含まれているため，企業評価額としての純資産額の算定にあたっては，これらの項目をどのように扱うかが問題となる。これらの項目の扱いに関する規定は存在しないが，理論的には，評価・換算差額等は純資産額に含め，新株予約権，新株式申込証拠金および自己株式申込証拠金は，純資産額から控除することが合理的であると考えられる。

(2) 収益還元価値法（稼高式評価法）

　収益還元価値法とは，企業の収益力に注目して評価する方法であり，企業の過去数年間の平均利益額を資本還元率で割って求めた価額（収益還元価値）を企業評価額とする。

$$\text{企業評価額} = \underline{\text{株主資本} \times \text{平均株主資本利益率}} \div \text{資本還元率} = \text{収益還元価値}$$
　　　　　　　　　　　　　　　　平均利益

　（注1）資本還元率とは，平均利益から収益還元価値を求めるために使われる割合であり，簿記検定1級では，同種企業の平均株主資本利益率を資本還元率として使用することが多い。

　（注2）平均総資本利益率が資料に与えられた場合には，総資本（＝総資産）に平均総資本利益率を掛けて平均利益を計算する。

補足 収益還元価値について

　収益還元価値とは，その企業の平均利益と同額の利益を獲得するために必要な資本（元手）の平均額を表すものであり，いいかえれば，当社と同じ利益を獲得するためには，他の会社であれば，いくらの資本（元手）が必要なのかを表している。

〈例〉当社の株主資本（純資産額）は400円，平均株主資本利益率は10％，同種企業の平均株主資本利益率（資本還元率）は8％である。

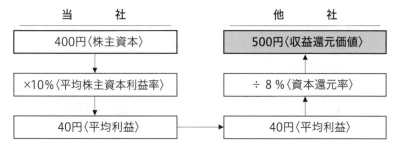

　当社は，400円の元手で40円の利益を獲得する能力を有しているが，他社が当社と同じ40円の利益を獲得するためには，500円の元手が必要である。したがって，当社は，収益力に注目するならば500円の元手があるのと同等の価値があるといえる。

(3) 株式市価法

　株式市価法とは，株式の市場価格（時価）に注目した評価方法であり，発行済株式の市場価格の総額（株価総額，時価総額）を企業評価額とする。

$$\text{企業評価額} = \text{株式の市場価格〈単価〉} \times \text{発行済株式総数} = \text{市場価格の総額}$$

(4) 折衷法（平均法）

　折衷法（平均法）とは，複数の方法で計算された企業評価額の平均値を企業評価額とする方法である。簿記検定1級では，純資産額法による企業評価額と収益還元価値法による企業評価額の平均値を使う方法が多く出題されている。

$$\text{企業評価額} = (\text{純資産額} + \text{収益還元価値}) \div 2 = \text{平均値}$$

2. 合併比率の算定

　合併比率とは，消滅会社の株式と存続会社の株式との交換比率であり，消滅会社の株式1株につき交付する存続会社の株式の割当比率を表している。

　合併比率は，一定の方法で算定された企業評価額を発行済株式総数で割って求めた「1株あたりの企業評価額」にもとづいて算定する。

$$\text{合併比率} = \frac{\text{消滅会社の} \div \text{消滅会社の}}{\text{存続会社の} \div \text{存続会社の}} = \frac{\text{消滅会社の}}{\text{存続会社の}}$$

$$\text{合併比率} = \cfrac{\begin{array}{c}\text{消滅会社の}\\\text{企業評価額}\end{array} \div \begin{array}{c}\text{消滅会社の}\\\text{発行済株式総数}\end{array}}{\begin{array}{c}\text{存続会社の}\\\text{企業評価額}\end{array} \div \begin{array}{c}\text{存続会社の}\\\text{発行済株式総数}\end{array}} = \cfrac{\begin{array}{c}\text{消滅会社の}\\\text{1株あたりの企業評価額}\end{array}}{\begin{array}{c}\text{存続会社の}\\\text{1株あたりの企業評価額}\end{array}}$$

3. 交付株式数の算定

　消滅会社の株主に対して交付する株式の総数（交付株式数）は，消滅会社の発行済株式総数に合併比率を掛けることにより算定する。

$$\text{交付株式数} = \text{消滅会社の発行済株式総数} \times \text{合併比率}$$

設例 2-4

A社（発行済株式総数5,000株）はB社（発行済株式総数2,500株）を×1年4月1日に吸収合併した。次の資料にもとづいて，パーチェス法により処理した場合（A社を取得企業とする）の合併後のA社貸借対照表を作成しなさい。

（資料1）合併直前の両社の貸借対照表

貸 借 対 照 表
×1年3月31日現在 （単位：円）

資　　産	A　社	B　社	負債・純資産	A　社	B　社
諸　資　産	800,000	400,000	諸　負　債	400,000	200,000
			資　本　金	250,000	125,000
			資 本 準 備 金	60,000	30,000
			利 益 準 備 金	40,000	20,000
			繰越利益剰余金	50,000	25,000
	800,000	400,000		800,000	400,000

（資料2）合併に関する事項

1. A社の諸資産の時価（公正価値）は950,000円であり，諸負債の時価（公正価値）は450,000円である。B社の諸資産の時価（公正価値）は470,000円であり，諸負債の時価（公正価値）は220,000円である。

2. 合併比率の算定は，時価による純資産額と収益還元価値の平均による。両社の平均株主資本利益率はA社が15%，B社が12%であり，同種企業の平均株主資本利益率（資本還元率）は10%である。なお，A社は，B社株主に交付するA社株式のすべてを新株を発行して交付し，B社の取得にともなう取得原価は，A社株式の1株あたりの企業評価額により算定し，A社の増加する払込資本のうち2分の1ずつを資本金と資本準備金とする。

【解　答】

貸 借 対 照 表
×1年4月1日現在 （単位：円）

資　　産	金　額	負債・純資産	金　額
諸　資　産	1,270,000	諸　負　債	620,000
の　れ　ん	25,000	資　本　金	387,500
		資 本 準 備 金	197,500
		利 益 準 備 金	40,000
		繰越利益剰余金	50,000
	1,295,000		1,295,000

【解　説】
1．企業評価額の算定（純資産額と収益還元価値の平均）
（1）　A社（存続会社）
①　純　資　産　額：950,000円〈諸資産の時価〉－450,000円〈諸負債の時価〉＝500,000円
②　収益還元価値：500,000円×15％÷10％＝750,000円
③　平　　　　　均：（500,000円＋750,000円）÷2＝625,000円〈企業評価額〉
（2）　B社（消滅会社）
①　純　資　産　額：470,000円〈諸資産の時価〉－220,000円〈諸負債の時価〉＝250,000円
②　収益還元価値：250,000円×12％÷10％＝300,000円
③　平　　　　　均：（250,000円＋300,000円）÷2＝275,000円〈企業評価額〉

2．合併比率の算定

$$\frac{275,000円÷2,500株}{625,000円÷5,000株}＝\frac{@110円\langle B社の1株あたりの企業評価額\rangle}{@125円\langle A社の1株あたりの企業評価額\rangle}＝0.88\langle 合併比率\rangle$$

3．交付株式数の算定

2,500株〈B社株式〉×0.88〈合併比率〉＝2,200株〈交付するA社株式〉

4．合併引継仕訳

（諸　資　産）（＊1） 470,000	（諸　負　債）（＊1） 220,000
	（資　本　金）（＊3） 137,500
（の　れ　ん）（＊2）　25,000	（資本準備金）（＊3） 137,500

（＊1）時価（公正価値）で引き継ぐ。
（＊2）@125円〈A社の1株あたりの企業評価額〉×2,200株＝275,000円〈取得原価＝増加する払込資本〉
　　　　470,000円〈諸資産〉－220,000円〈諸負債〉＝250,000円〈配分された純額〉
　　　　275,000円〈取得原価〉－250,000円〈配分された純額〉＝25,000円〈のれん〉
（＊3）275,000円〈増加する払込資本〉×$\frac{1}{2}$＝137,500円〈資本金・資本準備金〉

5．合併精算表

（単位：円）

科　　　目	合併前貸借対照表 借方	合併前貸借対照表 貸方	合併引継仕訳 借方	合併引継仕訳 貸方	合併後貸借対照表 借方	合併後貸借対照表 貸方
諸　　資　　産	800,000		470,000		1,270,000	
の　　れ　　ん	――		25,000		25,000	
諸　　負　　債		400,000		220,000		620,000
資　　本　　金		250,000		137,500		387,500
資　本　準　備　金		60,000		137,500		197,500
利　益　準　備　金		40,000				40,000
繰越利益剰余金		50,000				50,000
合　　　　計	800,000	800,000	495,000	495,000	1,295,000	1,295,000

補足 合併交付金

　合併交付金とは，合併にあたって存続会社が消滅会社の株主に対して支払う現金のことであり，合併比率の計算または交付する株式数の計算にあたって生ずる端数を調整する目的などで支払われる。パーチェス法による会計処理は次のようになる。

〈例〉　A社（存続会社）はB社（消滅会社）を吸収合併（A社を取得企業とする）した。B社の発行済株式総数は2,000株であり，B社株式1株と引換えにA社株式1株（すべて新株を発行）と現金5円を交付する。合併直前のB社の諸資産は400,000円（時価450,000円），諸負債は200,000円（時価220,000円），交付したA社株式の時価は1株あたり120円である。よって，A社を取得企業とするパーチェス法による仕訳を示しなさい。なお，B社の取得にともなう取得原価は，A社株式の時価および交付した現金により算定する。また，増加する払込資本のうち2分の1ずつを資本金と資本準備金とする。

（諸	資	産）(＊1)	450,000	（諸		負	債）(＊1)	220,000
（の	れ	ん）(＊3)	20,000	（現			金）(＊2)	10,000
				（資		本	金）(＊4)	120,000
				（資 本 準 備 金）(＊4)				120,000

（＊1）時価（公正価値）で引き継ぐ。

（＊2）@5円〈合併交付金〉×2,000株＝10,000円〈合併交付金〉

（＊3）@120円〈A社株式の時価〉×2,000株＝240,000円〈増加する払込資本〉

　　　　240,000円＋10,000円＝250,000円〈取得原価〉

　　　　450,000円〈諸資産〉－220,000円〈諸負債〉＝230,000円〈配分された純額〉

　　　　250,000円〈取得原価〉－230,000円〈配分された純額〉＝20,000円〈のれん〉

（＊4）240,000円〈増加する払込資本〉×$\frac{1}{2}$＝120,000円〈資本金・資本準備金〉

（注）合併交付金を後日支払う場合には，「未払合併交付金」などの負債の勘定で処理する。

03 連結会計（I）
Theme

> **Check** ここでは，連結会計の基礎として，連結財務諸表の概略について学習する。特に，連結財務諸表の作成方法および支配獲得日の連結についてしっかり確認してほしい。

1 連結財務諸表

1. 連結財務諸表とは

　連結財務諸表（連結F/S）とは，支配従属関係（親会社と子会社の関係）にある2つ以上の企業（会社に準じる被支配事業体を含む）からなる企業集団（親会社グループ）を単一の組織体とみなして，親会社（支配会社）が，個別財務諸表（個別F/S）のほかに，その企業集団の財政状態，経営成績およびキャッシュ・フローの状況を総合的に報告するために作成する財務諸表である。

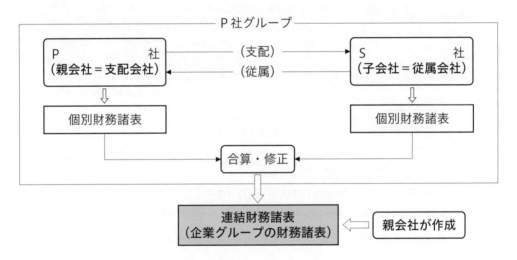

（注）親会社＝ペアレント・カンパニー，子会社＝サブシディアリー・カンパニー

2. 連結財務諸表の作成目的

　連結財務諸表の作成目的には，次のようなものがある。

> ① 株主その他の利害関係者（特に親会社の利害関係者）に対して，企業集団の財政状態，経営成績およびキャッシュ・フローの状況を総合的に報告するため
> ② 親子関係にある会社の財務諸表監査を充実させ，粉飾決算を防止するため
> ③ 経営者（特に親会社の経営者）に対して必要な会計情報を提供するため
> ④ 連結納税制度の導入により課税の合理化を図るため

2 連結財務諸表の作成方法

1. 個別財務諸表と連結財務諸表

　親会社および子会社においてそれぞれ作成される個別財務諸表は，正確な会計帳簿にもとづいて作成される（正規の簿記の原則）。

　それに対して連結財務諸表は，連結用の会計帳簿にもとづいて作成されるのではなく，親会社および子会社の個別財務諸表を基礎として作成される（基準性の原則）。

　具体的には，連結精算表（連結W/S）上で親会社および子会社の個別財務諸表を合算したうえで連結修正仕訳を行うことにより連結財務諸表を作成する。

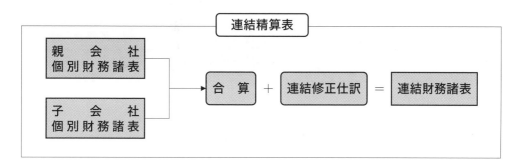

　なお，連結精算表にはさまざまな様式があるが，その一例をあげれば次のとおりである。

連 結 精 算 表

科　　目	個別貸借対照表			連結修正仕訳		連結貸借対照表
	P　社	S　社	合　計	借　方	貸　方	
諸　資　産	××	××	××	××		××
S　社　株　式	××		××		××	
資　産　合　計	××	××	××	××	××	××
諸　負　債	(××)	(××)	(××)		××	(××)
資　本　金	(××)	(××)	(××)	××		(××)
資 本 剰 余 金	(××)	(××)	(××)	××		(××)
利 益 剰 余 金	(××)	(××)	(××)	××		(××)
負債・純資産合計	(××)	(××)	(××)	××	××	(××)

（注）（　　）は貸方金額を示す。

2. 連結修正仕訳

(1) 連結修正仕訳とは

　　個別会計上実際に行った会計処理（個別会計上の仕訳）が，連結会計上必要な会計処理（連結会計上あるべき仕訳）と異なる場合，その差異を連結精算表で修正しなければならない。このために行われる仕訳を連結修正仕訳という。

　　したがって，連結精算表において個別会計上の仕訳にもとづき作成された個別財務諸表を合算し，これに連結修正仕訳を行うことにより作成される連結財務諸表は，結果として，連結会計上あるべき仕訳により作成されるものと同じ結果になる。

　　連結修正仕訳は，連結精算表上のみで行われ，個別会計上の帳簿にはいっさい影響を与えない点に注意すること。

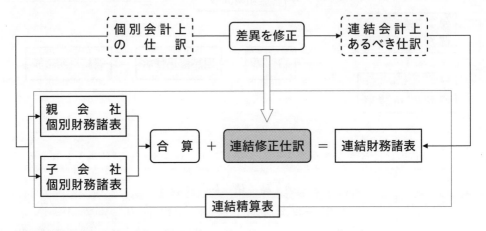

(2) 連結修正仕訳の分類

　　連結修正仕訳は以下のように分類される。

① 連結会計の基本構造に係る分類

　(a) 開始仕訳（前期以前の差異を修正するための仕訳）
　(b) 期中仕訳（当期に発生した差異を修正するための仕訳）

② 仕訳対象に係る分類

　(a) 資本連結手続の仕訳（親会社の投資と子会社の資本の相殺消去など）
　(b) 連結会社相互間の債権と債務の相殺消去仕訳　┐
　(c) 連結会社相互間の内部取引高の相殺消去仕訳　├ 成果連結(b)〜(d)
　(d) 未実現損益の消去仕訳　　　　　　　　　　　┘
　(e) 持分法の適用による修正仕訳など

3 連結財務諸表の構成

連結財務諸表は，連結貸借対照表（連結B/S），連結損益計算書（連結P/L），連結包括利益計算書（連結C/I），連結株主資本等変動計算書（連結S/S），連結キャッシュ・フロー計算書（連結C/F）および連結附属明細表の6つで構成されている。

① 連結貸借対照表（連結B/S）
② 連結損益計算書（連結P/L）
③ 連結包括利益計算書（連結C/I）
④ 連結株主資本等変動計算書（連結S/S）
⑤ 連結キャッシュ・フロー計算書（連結C/F）
⑥ 連結附属明細表

（注1）連結損益計算書と連結包括利益計算書をあわせて，連結損益及び包括利益計算書とすることもある。

（注2）連結包括利益計算書については，「テーマ7」で学習する。連結キャッシュ・フロー計算書については，「テーマ11」で学習する。また，連結附属明細表については省略する。

（注3）C/I = Statement of Comprehensive Income
S/S = Statement of Shareholders' Equity
C/F = Statement of Cash Flows

連結会計（Ⅰ）

1. 連結貸借対照表（連結B/S）

連結貸借対照表は，企業集団の財政状態を報告するものであり，その様式は次のとおりである。

連 結 貸 借 対 照 表

×年×月×日現在

資 産 の 部

Ⅰ　流　動　資　産		×××
Ⅱ　固　定　資　産		
1．有 形 固 定 資 産	×××	
2．無 形 固 定 資 産		
………………	×××	
の　　れ　　ん	×××	×××
3．投資その他の資産	×××	×××
Ⅲ　繰　延　資　産		×××
資　産　合　計		×××

負 債 の 部

Ⅰ　流　動　負　債	×××
Ⅱ　固　定　負　債	×××
負　債　合　計	×××

純 資 産 の 部

Ⅰ　株　主　資　本		
1．資　　本　　金	×××	
2．**資 本 剰 余 金** (注1)	×××	
3．**利 益 剰 余 金** (注1)	×××	
4．自　己　株　式	△×××	×××
Ⅱ　その他の包括利益累計額 (注2)		
1．その他有価証券評価差額金	×××	
2．繰 延 ヘ ッ ジ 損 益	×××	
3．為 替 換 算 調 整 勘 定	×××	
4．退職給付に係る調整累計額	×××	×××
Ⅲ　株　式　引　受　権		×××
Ⅳ　新　株　予　約　権		×××
Ⅴ　非　支　配　株　主　持　分		×××
純　資　産　合　計		×××
負債及び純資産合計		×××

（注1）「資本剰余金」および「利益剰余金」は，一括して記載し，その内訳は表示しない。

（注2）「評価・換算差額等」の区分は，「その他の包括利益累計額」の区分とする。
　　　　なお，各科目の詳細については後述する。

2. 連結損益計算書（連結P/L）

連結損益計算書は，企業集団の経営成績を報告するものであり，その様式は次のとおりである。

連 結 損 益 計 算 書

自×年×月×日　至×年×月×日

Ⅰ　売　　上　　高		×××
Ⅱ　**売　上　原　価**（注1）		×××
売上総利益（または売上総損失）		×××
Ⅲ　販売費及び一般管理費		
⋮		
の れ ん 償 却 額（注2）	×××	×××
営業利益（または営業損失）		×××
Ⅳ　営　業　外　収　益		
⋮		
持分法による投資利益（注3）	×××	×××
Ⅴ　営　業　外　費　用		
⋮		
持分法による投資損失（注3）	×××	×××
経常利益（または経常損失）		×××
Ⅵ　特　　別　　利　　益		
⋮		
負ののれん発生益（注2）	×××	×××
Ⅶ　特　　別　　損　　失		×××
税金等調整前当期純利益（注4）		
（または税金等調整前当期純損失）		×××
法 人 税，住 民 税 及 び 事 業 税	×××	
法 人 税 等 調 整 額	×××	×××
当期純利益（または当期純損失）（注4）		×××
非支配株主に帰属する当期純利益		×××
（または非支配株主に帰属する当期純損失）（注5）		
親会社株主に帰属する当期純利益		×××
（または親会社株主に帰属する当期純損失）		

（注1）売上原価については，内訳を表示しないで，一括して表示する。

（注2）「資産の部」に計上された「のれん」の当期償却額は，「販売費及び一般管理費」の区分に表示し，「負ののれん発生益」は，「特別利益」の区分に表示する。

（注3）「持分法による投資損益」は，「営業外収益（持分法による投資利益）」または「営業外費用（持分法による投資損失）」の区分に一括して表示する。

（注4）「税引前当期純利益」は「税金等調整前当期純利益」として表示し，法人税等を控除後の利益は「当期純利益」として表示する。

（注5）「当期純利益」から「非支配株主に帰属する当期純利益」を控除して「親会社株主に帰属する当期純利益」を表示する。

3. 連結株主資本等変動計算書（連結S/S）

　連結株主資本等変動計算書は，連結貸借対照表の純資産の一会計期間における変動額のうち，主として株主に帰属する部分である株主資本の各項目の変動事由を報告するものである。

　なお，連結株主資本等変動計算書に記載される各項目のうち，主な項目だけを横にならべる様式で記載すると次のようになる（横の合計は省略する）。

連結株主資本等変動計算書
自×年×月×日　至×年×月×日　　　　　　　（単位：円）

	株　　主　　資　　本			その他の包括利益累計額 その他有価証券評価差額金	非　支　配 株　主　持　分
	資　本　金	資本剰余金	利益剰余金		
当 期 首 残 高	×× ×	×× ×	×× ×	×× ×	×× ×
当 期 変 動 額					
剰 余 金 の 配 当			△×× ×		
親会社株主に帰属する 　当 期 純 利 益			×× ×		
株主資本以外の項目 　の当期変動額(純額)				×× ×	×× ×
当 期 変 動 額 合 計			×× ×	×× ×	×× ×
当 期 末 残 高	×× ×	×× ×	×× ×	×× ×	×× ×

❹ 支配獲得日の連結（連結貸借対照表の作成）

　一方の会社が他方の会社の支配を獲得し，支配従属関係（親会社と子会社の関係）が成立した日から連結財務諸表は作成される。

　この場合，支配従属関係が成立した日（支配獲得日）には，連結財務諸表のうち，連結貸借対照表のみを作成する。その作成手順は次に示すとおりである。

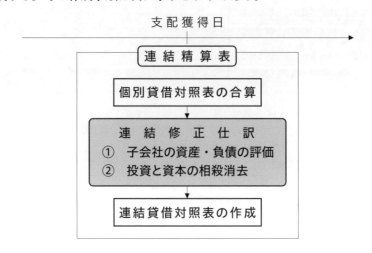

5 投資と資本の相殺消去

1. 子会社資産・負債の評価（評価差額の計上）

　連結貸借対照表の作成にあたっては，支配獲得日において，子会社の資産および負債のすべて
を支配獲得日の時価により評価する方法（全面時価評価法）により評価しなければならない。

　子会社の資産および負債の時価による評価額とその資産および負債の個別貸借対照表上の金額
との差額（「評価差額」という）は，子会社の資本とし，投資と資本の相殺消去にあたって，他
の資本の項目と同様に相殺消去する。よって，実際の連結貸借対照表には計上されない。

　また，「評価差額」は，連結会計固有の一時差異として税効果会計を適用し，「評価差額」が貸
方に生じた場合には，「繰延税金負債」を計上し，「評価差額」が借方に生じた場合には，「繰延
税金資産」を計上し，「評価差額」から控除する。

　　　（注）評価差額に重要性が乏しい子会社の資産および負債については，個別貸借対照表の金額によることも容
　　　　　認されている。

補足　連結会計固有の一時差異について

　連結財務諸表の作成にあたっては，個別財務諸表と同様に税効果会計を適用しなければならない。
なお，連結財務諸表の作成にあたって税効果会計を適用しなければならない連結会計固有の一時差異
には，次のようなものがある。

　① 資本連結に際し，子会社の資産および負債の時価評価により評価差額が生じた場合
　② 連結会社相互間の取引から生ずる未実現損益を消去した場合
　③ 連結会社相互間の債権・債務の相殺消去により貸倒引当金を減額修正した場合

　　　（注）「未実現損益の消去」と「貸倒引当金の減額修正」については，「テーマ６」で学習する。

　なお，連結会計固有の一時差異について税効果会計を適用した場合に計上された「繰延税金資産」
および「繰延税金負債」は，個別会計と同様に，相殺後の純額で「投資その他の資産」または「固定
負債」に記載する。ただし，異なる納税主体（親会社と子会社など）の「繰延税金資産」と「繰延税
金負債」は，相殺してはならない。

---

2. 投資と資本の相殺消去の基礎

　連結貸借対照表は，親会社と子会社の個別貸借対照表を合算することにより作成する。しか
し，単純に合算しただけでは，親会社の投資（子会社株式など）と子会社の資本が重複し，二重
計上されてしまう。そこで連結貸借対照表を作成するにあたり，親会社の投資（子会社株式な
ど）と子会社の資本を相殺消去しなければならない。

　なお，相殺消去する子会社の資本には，純資産の部の株主資本の各勘定とその他の包括利益累
計額（評価・換算差額等）の各勘定および前述した「評価差額」が含まれる。ただし，新株予約
権は含めないことに注意すること。

3. 投資消去差額の処理（のれんの計上）

　親会社の投資と子会社の資本の額が異なる場合には，投資と資本の相殺消去にあたって差額が生じることがある。この差額を投資消去差額という。

　投資消去差額は，借方に生じた場合には「のれん」として「無形固定資産」の区分に表示し，貸方に生じた場合には「負ののれん発生益」として「特別利益」の区分に表示する。ただし，支配獲得日の連結では，連結貸借対照表のみを作成することを前提としているので「負ののれん発生益」は，連結貸借対照表の「利益剰余金」に加算する。

4. 部分所有の連結（非支配株主持分の計上）

　親会社が他の会社等の議決権を部分的に所有している場合でも支配している一定の事実が認められる場合には，連結子会社として連結の範囲に含めなければならない。このような場合を部分所有の連結という。部分所有の連結では，子会社に親会社以外の外部株主（以下，非支配株主という）が存在する。

　部分所有の連結では，投資と資本の相殺消去にあたって，子会社の資本を持分割合に応じて親会社の持分と非支配株主の持分に按分し，親会社の持分は親会社の投資と相殺消去し，非支配株主の持分は「非支配株主持分」として処理し，純資産の部に区分して表示する。

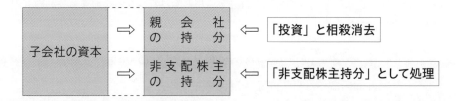

研究　親会社説と経済的単一体説

　連結財務諸表を作成するための基本的な概念には諸説があるが，「親会社説」と「経済的単一体説」の2つが一般的である。

①　親　会　社　説	②　経済的単一体説
親会社説では，連結財務諸表を親会社の個別財務諸表の延長線上に位置づけている。この説によれば，連結会計上の株主は，親会社の株主と考えているので，連結貸借対照表の資本は，親会社の資本と子会社の資本のうち親会社に帰属する部分だけとなり，非支配株主の持分は資本に含まれないことになる。	経済的単一体説では，連結財務諸表を親会社とは区別した企業集団全体の財務諸表と位置づけている。この説によれば，連結会計上の株主は，親会社の株主だけでなく，非支配株主までが含まれると考えているので，連結貸借対照表の資本には，非支配株主の持分も含まれることになる。

　平成25年の改正前の「連結財務諸表に関する会計基準」では，上記の2つの説のうち，連結財務諸表が提供する情報は主として親会社の投資者（株主）を対象としている点などを考慮して，「親会社説」を採用していた。

　したがって，子会社の資本のうち非支配株主の持分は，連結貸借対照表上の株主資本から除外し，「非支配株主持分」として処理することとしている。また，「親会社説」によった場合の「非支配株主持分」の表示区分は，「負債の部に表示する方法」と「負債の部と純資産の部の中間に独立の項目と

して表示する方法」および「純資産の部に株主資本と区別して表示する方法」が考えられるが，「非支配株主持分」は，返済義務のある負債ではなく，連結固有の項目であること，および従来の資本の部から純資産の部に表示区分名を変更したことにより，純資産の部に株主資本以外の項目を表示できるようになったことなどから，平成17年の改正後の基準では，「純資産の部に株主資本と区別して表示する方法」が採用されている。

　また，平成25年の改正以前から「経済的単一体説」の考え方にもとづいた処理が取り入れられていたが，さらに平成25年の改正では，国際的な会計基準との比較可能性を向上させるために，当期純利益に非支配株主に帰属する利益を含めて表示することとなったり，支配獲得後に支配を喪失しない持分の変動（子会社株式の追加取得や一部売却など）があった場合の差額を資本剰余金として処理することとなるなど，「経済的単一体説」の考え方にもとづいた処理がより多く取り入れられた。

設例 3-1

　P社は×1年3月31日に，S社の発行済議決権株式の60%を130,000円で取得し，支配を獲得した。×1年3月31日現在におけるP社およびS社の貸借対照表は次のとおりである。なお，S社の諸資産の時価は430,000円，諸負債の時価は207,200円である。よって，×1年3月31日現在における連結貸借対照表を作成しなさい。なお，税効果会計（法定実効税率30%）を適用する。

（資　料）

貸　借　対　照　表
×1年3月31日現在　　　　　　　　　（単位：円）

資　　産	P　社	S　社	負債・純資産	P　社	S　社
諸　資　産	570,000	400,000	諸　負　債	300,000	202,200
S 社 株 式	130,000	──	繰延税金負債	600	300
			資　本　金	200,000	100,000
			資 本 剰 余 金	100,000	50,000
			利 益 剰 余 金	98,000	46,800
			その他有価証券評価差額金	1,400	700
	700,000	400,000		700,000	400,000

【解　答】

連 結 貸 借 対 照 表

×1年3月31日現在　　　　（単位：円）

資　　　産	金　　額	負債・純資産	金　　額
諸　　資　　産	1,000,000	諸　　負　　債	507,200
の　　れ　　ん	1,000	繰 延 税 金 負 債	8,400
		資　　本　　金	200,000
		資 本 剰 余 金	100,000
		利 益 剰 余 金	98,000
		その他有価証券評価差額金	1,400
		非 支 配 株 主 持 分	86,000
	1,001,000		1,001,000

【解　説】

1．連結修正仕訳

(1) 子会社（S社）資産・負債の評価（評価差額の計上）

（諸　　資　　産）(＊1)	30,000	（諸　　負　　債）(＊2)	5,000
		（繰 延 税 金 負 債）(＊3)	7,500
		（評 価 差 額）(＊4)	17,500

(＊1) 430,000円〈時価〉－400,000円〈帳簿価額〉＝30,000円 ⎫
(＊2) 207,200円〈時価〉－202,200円〈帳簿価額〉＝ 5,000円 ⎭ 25,000円〈評価差額〉

(＊3) 25,000円〈評価差額〉×30％＝7,500円〈繰延税金負債〉

(＊4) 25,000円〈評価差額〉－7,500円〈繰延税金負債〉＝17,500円〈税効果後の評価差額〉

(2) 投資と資本の相殺消去

資　本　金	100,000	60,000	40,000
資本剰余金	50,000	30,000	20,000
利益剰余金	46,800	28,080	18,720
その他有価証券評価差額金	700	420	280
評 価 差 額	17,500	10,500	7,000
合　　計	215,000	Ⓟ60%	㊁40%
		129,000	86,000
		⇧	⇧
		投資と相殺消去	「非支配株主持分」

（資　　本　　金）	100,000	（S　社　株　式）	130,000
（資 本 剰 余 金）	50,000	（非支配株主持分）（＊6）	86,000
（利 益 剰 余 金）	46,800		
（その他有価証券評価差額金）	700		
（評　価　差　額）（＊4）	17,500		
（の　　れ　　ん）（＊5）	1,000		

（＊5）$\underset{\text{215,000円〈S社資本〉}}{(100,000円＋50,000円＋46,800円＋700円＋17,500円)}×60\%＝129,000円〈P社持分〉$

　　　130,000円〈S社株式〉－129,000円〈P社持分〉＝1,000円〈のれん〉

（＊6）$\underset{\text{215,000円〈S社資本〉}}{(100,000円＋50,000円＋46,800円＋700円＋17,500円)}×40\%＝86,000円〈非支配株主持分〉$

2．連結精算表

連　結　精　算　表　　　　　　　　　（単位：円）

科　　　　　目	個別貸借対照表			連結修正仕訳		連　　結貸借対照表
	P　社	S　社	合　計	借　方	貸　方	
諸　資　産	570,000	400,000	970,000	30,000		1,000,000
の　れ　ん	──	──	──	1,000		1,000
S 社 株 式	130,000	──	130,000		130,000	0
合　計	700,000	400,000	1,100,000	31,000	130,000	1,001,000
諸　負　債	300,000	202,200	502,200		5,000	507,200
繰延税金負債	600	300	900		7,500	8,400
資　本　金	200,000	100,000	300,000	100,000		200,000
資 本 剰 余 金	100,000	50,000	150,000	50,000		100,000
利 益 剰 余 金	98,000	46,800	144,800	46,800		98,000
その他有価証券評価差額金	1,400	700	2,100	700		1,400
評　価　差　額	──	──	──	17,500	17,500	0
非支配株主持分	──	──	──		86,000	86,000
合　計	700,000	400,000	1,100,000	215,000	116,000	1,001,000

補足 個別財務諸表の組替え・修正

　個別財務諸表と連結財務諸表では，記載される科目等が異なるため，個別財務諸表を連結財務諸表と同一の形式および科目に組み替える。また，連結財務諸表では，子会社の資産および負債を時価に評価替えするが，連結修正仕訳（合算後に行う仕訳）ではなく，個別財務諸表の修正として行うことがある。

〈例〉次の資料にもとづき，組替え・修正後の個別貸借対照表を作成しなさい。

（資　料）個別貸借対照表

貸 借 対 照 表
×1年3月31日現在　　　　　　　　　（単位：円）

資　　産	P　社	S　社	負債・純資産	P　社	S　社
諸　資　産	570,000	400,000	諸　負　債	300,000	202,200
S　社　株　式	130,000	——	繰延税金負債	600	300
			資　本　金	200,000	100,000
			資 本 準 備 金	60,000	30,000
			その他資本剰余金	40,000	20,000
			利 益 準 備 金	30,000	15,000
			繰越利益剰余金	68,000	31,800
			その他有価証券評価差額金	1,400	700
	700,000	400,000		700,000	400,000

　P社は×1年3月31日に，S社の発行済議決権株式の60％を取得し，支配を獲得した。×1年3月31日現在のP社およびS社の貸借対照表は次のとおりであり，S社の諸資産の時価は430,000円，諸負債の時価は207,200円である。なお，税効果会計（法定実効税率30％）を適用する。

1．組替え

　　資本剰余金＝資本準備金＋その他資本剰余金

　　利益剰余金＝利益準備金＋繰越利益剰余金

2．子会社の資産・負債を時価に評価替え

（諸　　資　　産）（＊1）　30,000	（諸　　負　　債）（＊2）　5,000
	（繰 延 税 金 負 債）（＊3）　7,500
	（評　価　差　額）（＊4）　17,500

（＊1）430,000円 － 400,000円 ＝ 30,000円 ⎫
　　　　　　　　　　　　　　　　　　　　⎬ 25,000円〈評価差額〉
（＊2）207,200円 － 202,200円 ＝ 5,000円 ⎭

（＊3）25,000円 × 30％ ＝ 7,500円

（＊4）25,000円 － 7,500円 ＝ 17,500円〈税効果後の評価差額〉

3．組替え・修正後の個別貸借対照表

貸借対照表
×1年3月31日現在 （単位：円）

資　　産	P　社	S　社	負債・純資産	P　社	S　社
諸　資　産	570,000	430,000	諸　負　債	300,000	207,200
S　社　株　式	130,000	——	繰延税金負債	600	7,800
			資　本　金	200,000	100,000
			資本剰余金	100,000	50,000
			利益剰余金	98,000	46,800
			その他有価証券評価差額金	1,400	700
			評　価　差　額	——	17,500
	700,000	430,000		700,000	430,000

補足 取得関連費用の取扱い

子会社株式を取得した際に，外部のアドバイザー等に支払った特定の報酬・手数料等の取得関連費用が生じている場合には，連結会計上，発生した事業年度の費用として処理する。

ただし，この取得関連費用は個別会計上では，子会社株式の取得原価に含まれているため，連結修正消去仕訳において費用に振り替える仕訳が必要となる。

〈例〉P社は，S社の発行済議決権株式の100％を130,000円（なお，取得関連費用10,000円を含む）で取得し，支配を獲得した。支配獲得日のS社の資本の額は100,000円であった。なお，税効果会計は考慮しない。よって，連結修正仕訳を行いなさい。

1．取得関連費用の計上（S社株式の取得原価の修正）

（取得関連費用）	10,000	（S　社　株　式）	10,000
利益剰余金の減少			

2．投資と資本の相殺消去

（S　社　資　本）	100,000	（S　社　株　式）（＊1）	120,000
（の　れ　ん）（＊2）	20,000		

（＊1）130,000円〈個別会計上の取得原価〉－10,000円＝120,000円〈連結会計上の取得原価〉

（＊2）120,000円－100,000円＝20,000円

連結会計（Ⅰ）

63

「連結財務諸表に関する会計基準」

用語の定義

5. 「企業」とは，会社及び会社に準ずる事業体をいい，会社，組合その他これらに準ずる事業体（外国におけるこれらに相当するものを含む。）を指す。

6. 「親会社」とは，他の企業の財務及び営業又は事業の方針を決定する機関（株主総会その他これに準ずる機関をいう。以下「意思決定機関」という。）を支配している企業をいい，「子会社」とは，当該他の企業をいう。親会社及び子会社又は子会社が，他の企業の意思決定機関を支配している場合における当該他の企業も，その親会社の子会社とみなす。

7. 「他の企業の意思決定機関を支配している企業」とは，次の企業をいう。ただし，財務上又は営業上若しくは事業上の関係からみて他の企業の意思決定機関を支配していないことが明らかであると認められる企業は，この限りでない。

   (1) 他の企業（更生会社，破産会社その他これらに準ずる企業であって，かつ，有効な支配従属関係が存在しないと認められる企業を除く。下記(2)及び(3)においても同じ。）の議決権の過半数を自己の計算において所有している企業

   (2) 他の企業の議決権の100分の40以上，100分の50以下を自己の計算において所有している企業であって，かつ，次のいずれかの要件に該当する企業

   ① 自己の計算において所有している議決権と，自己と出資，人事，資金，技術，取引等において緊密な関係があることにより自己の意思と同一の内容の議決権を行使すると認められる者及び自己の意思と同一の内容の議決権を行使することに同意している者が所有している議決権とを合わせて，他の企業の議決権の過半数を占めていること

   ② 役員若しくは使用人である者，又はこれらであった者で自己が他の企業の財務及び営業又は事業の方針の決定に関して影響を与えることができる者が，当該他の企業の取締役会その他これに準ずる機関の構成員の過半数を占めていること

   ③ 他の企業の重要な財務及び営業又は事業の方針の決定を支配する契約等が存在すること

   ④ 他の企業の資金調達額（貸借対照表の負債の部に計上されているもの）の総額の過半について融資（債務の保証及び担保の提供を含む。以下同じ。）を行っていること（自己と出資，人事，資金，技術，取引等において緊密な関係のある者が行う融資の額を合わせて資金調達額の総額の過半となる場合を含む。）

   ⑤ その他他の企業の意思決定機関を支配していることが推測される事実が存在すること

   (3) 自己の計算において所有している議決権（当該議決権を所有していない場合を含む。）と，自己と出資，人事，資金，技術，取引等において緊密な関係があることにより自己の意思と同一の内容の議決権を行使すると認められる者及び自己の意思と同一の内容の議決権を行使することに同意している者が所有している議決権とを合わせて，他の企業の議決権の過半数を占めている企業であって，かつ，上記(2)の②から⑤までのいずれかの要件に該当する企業

7－2．前項にかかわらず，特別目的会社（資産の流動化に関する法律（平成10年法律第105号）第2条第3項に規定する特定目的会社及び事業内容の変更が制限されているこれと同様の事業を営む事業体をいう。以下同じ。）については，適正な価額で譲り受けた資産から生ずる収益を当該特別目的会社が発行する証券の所有者に享受させることを目的として設立されており，当該特別目的会社の事業がその目的に従って適切に遂行されているときは，当該特別目的会社に資産を譲渡した企業から独立しているものと認め，当該特別目的会社に資産を譲渡した企業の子会社に該当しないものと推定する。

8．「連結会社」とは，親会社及び連結される子会社をいう。

連結財務諸表作成における一般原則

9．連結財務諸表は，企業集団の財政状態，経営成績及びキャッシュ・フローの状況に関して真実な報告を提供するものでなければならない（注1）。

10．連結財務諸表は，企業集団に属する親会社及び子会社が一般に公正妥当と認められる企業会計の基準に準拠して作成した個別財務諸表を基礎として作成しなければならない（注2）。

11．連結財務諸表は，企業集団の状況に関する判断を誤らせないよう，利害関係者に対し必要な財務情報を明瞭に表示するものでなければならない（注1）。

12．連結財務諸表作成のために採用した基準及び手続は，毎期継続して適用し，みだりにこれを変更してはならない。

（注1）重要性の原則の適用について

連結財務諸表を作成するにあたっては，企業集団の財政状態，経営成績及びキャッシュ・フローの状況に関する利害関係者の判断を誤らせない限り，連結の範囲の決定，子会社の決算日が連結決算日と異なる場合の仮決算の手続，連結のための個別財務諸表の修正，子会社の資産及び負債の評価，のれんの処理，未実現損益の消去，連結財務諸表の表示等に関して重要性の原則が適用される。

（注2）連結のための個別財務諸表の修正について

親会社及び子会社の財務諸表が，減価償却の過不足，資産や負債の過大又は過小計上等により当該企業の財政状態及び経営成績を適正に示していない場合には，連結財務諸表の作成上これを適正に修正して連結決算を行う。ただし，連結財務諸表に重要な影響を与えないと認められる場合には，修正しないことができる。

連結財務諸表作成における一般基準

連結の範囲

13．親会社は，原則としてすべての子会社を連結の範囲に含める。

14．子会社のうち次に該当するものは，連結の範囲に含めない（注3）。

⑴ 支配が一時的であると認められる企業

⑵ ⑴以外の企業であって，連結することにより利害関係者の判断を著しく誤らせるおそれのある企業

（注3）小規模子会社の連結の範囲からの除外について

子会社であって，その資産，売上高等を考慮して，連結の範囲から除いても企業集団の財政状態，経営成績及びキャッシュ・フローの状況に関する合理的な判断を妨げない程度に重要性の乏しいものは，連結の範囲に含めないことができる。

連結決算日

15. 連結財務諸表の作成に関する期間は1年とし，親会社の会計期間に基づき，年1回一定の日をもって連結決算日とする。

16. 子会社の決算日が連結決算日と異なる場合には，子会社は，連結決算日に正規の決算に準ずる合理的な手続により決算を行う（注4）。

（注4）決算期の異なる子会社がある場合の取扱いについて

子会社の決算日と連結決算日の差異が3か月を超えない場合には，子会社の正規の決算を基礎として連結決算を行うことができる。ただし，この場合には，子会社の決算日と連結決算日が異なることから生じる連結会社間の取引に係る会計記録の重要な不一致について，必要な整理を行うものとする。

親会社及び子会社の会計方針

17. 同一環境下で行われた同一の性質の取引等について，親会社及び子会社が採用する会計方針は，原則として統一する。

連結貸借対照表の作成基準
連結貸借対照表の基本原則

18. 連結貸借対照表は，親会社及び子会社の個別貸借対照表における資産，負債及び純資産の金額を基礎とし，子会社の資産及び負債の評価，連結会社相互間の投資と資本及び債権と債務の相殺消去等の処理を行って作成する。

19. 連結貸借対照表の作成に関する会計処理における企業結合及び事業分離等に関する事項のうち，本会計基準に定めのない事項については，企業会計基準第21号「企業結合に関する会計基準」（以下「企業結合会計基準」という。）や企業会計基準第7号「事業分離等に関する会計基準」（以下「事業分離等会計基準」という。）の定めに従って会計処理する。

子会社の資産及び負債の評価

20. 連結貸借対照表の作成にあたっては，支配獲得日において，子会社の資産及び負債のすべてを支配獲得日の時価により評価する方法（全面時価評価法）により評価する（注5）。

21. 子会社の資産及び負債の時価による評価額と当該資産及び負債の個別貸借対照表上の金額との差額（以下「評価差額」という。）は，子会社の資本とする。

22. 評価差額に重要性が乏しい子会社の資産及び負債は，個別貸借対照表上の金額によることができる。

（注5）支配獲得日，株式の取得日又は売却日等が子会社の決算日以外の日である場合の取扱いについて

　　　支配獲得日，株式の取得日又は売却日等が子会社の決算日以外の日である場合には，当該日の前後いずれかの決算日に支配獲得，株式の取得又は売却等が行われたものとみなして処理することができる。

投資と資本の相殺消去

23. 親会社の子会社に対する投資とこれに対応する子会社の資本は，相殺消去する（注6）。

⑴　親会社の子会社に対する投資の金額は，支配獲得日の時価による。

⑵　子会社の資本は，子会社の個別貸借対照表上の純資産の部における株主資本及び評価・換算差額等と評価差額からなる。

24. 親会社の子会社に対する投資とこれに対応する子会社の資本との相殺消去にあたり，差額が生じる場合には，当該差額をのれん（又は負ののれん）とする。なお，のれん（又は負ののれん）は，企業結合会計基準第32項（又は第33項）に従って会計処理する。

25. 子会社相互間の投資とこれに対応する他の子会社の資本とは，親会社の子会社に対する投資とこれに対応する子会社の資本との相殺消去に準じて相殺消去する。

（注6）投資と資本の相殺消去について

　　　支配獲得日において算定した子会社の資本のうち親会社に帰属する部分を投資と相殺消去し，支配獲得日後に生じた子会社の利益剰余金及び評価・換算差額等のうち親会社に帰属する部分は，利益剰余金及び評価・換算差額等として処理する。

非支配株主持分

26. 子会社の資本のうち親会社に帰属しない部分は，非支配株主持分とする（注7）。

27. 子会社の欠損のうち，当該子会社に係る非支配株主持分に割り当てられる額が当該非支配株主の負担すべき額を超える場合には，当該超過額は，親会社の持分に負担させる。この場合において，その後当該子会社に利益が計上されたときは，親会社が負担した欠損が回収されるまで，その利益の金額を親会社の持分に加算する。

（注7）非支配株主持分について

⑴　支配獲得日の子会社の資本は，親会社に帰属する部分と非支配株主に帰属する部分とに分け，前者は親会社の投資と相殺消去し，後者は非支配株主持分として処理する。

⑵　支配獲得日後に生じた子会社の利益剰余金及び評価・換算差額等のうち非支配株主に帰属する部分は，非支配株主持分として処理する。

子会社株式の追加取得及び一部売却等（注5）

28. 子会社株式（子会社出資金を含む。以下同じ。）を追加取得した場合には，追加取得した株式（出資金を含む。以下同じ。）に対応する持分を非支配株主持分から減額し，追加取得により増加した親会社の持分（以下「追加取得持分」という。）を追加投資額と相殺消去する。追加取得持分と追加投資額との間に生じた差額は，資本剰余金とする（注8）。

（注8）子会社株式の追加取得について

    (1)　追加取得持分及び減額する非支配株主持分は，追加取得日における非支配株主持分の額により計算する。

    (2)　（削　除）

29.　子会社株式を一部売却した場合（親会社と子会社の支配関係が継続している場合に限る。）には，売却した株式に対応する持分を親会社の持分から減額し，非支配株主持分を増額する。売却による親会社の持分の減少額（以下「売却持分」という。）と売却価額との間に生じた差額は，資本剰余金とする（注9）。

    なお，子会社株式の売却等により被投資会社が子会社及び関連会社に該当しなくなった場合には，連結財務諸表上，残存する当該被投資会社に対する投資は，個別貸借対照表上の帳簿価額をもって評価する。

（注9）子会社株式の一部売却等について

    (1)　売却持分及び増額する非支配株主持分については，親会社の持分のうち売却した株式に対応する部分として計算する。

    (2)　子会社株式の一部売却において，関連する法人税等（子会社への投資に係る税効果の調整を含む。）は，資本剰余金から控除する。

    (3)　子会社の時価発行増資等に伴い生じる差額の計算については，(1)に準じて処理する。

30.　子会社の時価発行増資等に伴い，親会社の払込額と親会社の持分の増減額との間に差額が生じた場合（親会社と子会社の支配関係が継続している場合に限る。）には，当該差額を資本剰余金とする（注9）。

30－2.　第28項，第29項及び第30項の会社処理の結果，資本剰余金が負の値となる場合には，連結会計年度末において，資本剰余金を零とし，当該負の値を利益剰余金から減額する。

債権と債務の相殺消去

31.　連結会社相互間の債権と債務とは，相殺消去する（注10）。

（注10）債権と債務の相殺消去について

    (1)　相殺消去の対象となる債権又は債務には，前払費用，未収収益，前受収益及び未払費用で連結会社相互間の取引に関するものを含むものとする。

    (2)　連結会社が振り出した手形を他の連結会社が銀行割引した場合には，連結貸借対照表上，これを借入金に振り替える。

    (3)　引当金のうち，連結会社を対象として引き当てられたことが明らかなものは，これを調整する。

    (4)　連結会社が発行した社債で一時所有のものは，相殺消去の対象としないことができる。

表示方法（注11）

32.　連結貸借対照表には，資産の部，負債の部及び純資産の部を設ける。

  (1)　資産の部は，流動資産，固定資産及び繰延資産に区分し，固定資産は有形固定資産，無形固定資産及び投資その他の資産に区分して記載する。

(2) 負債の部は，流動負債及び固定負債に区分して記載する。

(3) 純資産の部は，企業会計基準第5号「貸借対照表の純資産の部の表示に関する会計基準」（以下「純資産会計基準」という。）に従い，区分して記載する。

33. 流動資産，有形固定資産，無形固定資産，投資その他の資産，繰延資産，流動負債及び固定負債は，一定の基準に従い，その性質を示す適当な名称を付した科目に明瞭に分類して記載する（注11－2）。特に，非連結子会社及び関連会社に対する投資は，他の項目と区別して記載し，又は注記の方法により明瞭に表示する。

利益剰余金のうち，減債積立金等外部者との契約による特定目的のために積み立てられたものがあるときは，その内容及び金額を注記する。

（注11）連結貸借対照表の表示方法について

連結貸借対照表の科目の分類は，個別財務諸表における科目の分類を基礎とするが，企業集団の財政状態について誤解を生じさせない限り，科目を集約して表示することができる。

（注11－2）特別目的会社に係る債務の表示について

連結の範囲に含めた特別目的会社に関して，当該特別目的会社の資産及び当該資産から生じる収益のみを返済原資とし，他の資産及び収益へ遡及しない債務（以下「ノンリコース債務」という。）については，連結貸借対照表上，他の項目と区別して記載する。なお，当該記載に代えて，注記によることもできる。

連結損益及び包括利益計算書又は連結損益計算書及び連結包括利益計算書の作成基準
連結損益及び包括利益計算書又は連結損益計算書及び連結包括利益計算書の基本原則

34. 連結損益及び包括利益計算書又は連結損益計算書及び連結包括利益計算書は，親会社及び子会社の個別損益計算書等における収益，費用等の金額を基礎とし，連結会社相互間の取引高の相殺消去及び未実現損益の消去等の処理を行って作成する。

連結会社相互間の取引高の相殺消去

35. 連結会社相互間における商品の売買その他の取引に係る項目は，相殺消去する（注12）。

（注12）会社相互間取引の相殺消去について

会社相互間取引が連結会社以外の企業を通じて行われている場合であっても，その取引が実質的に連結会社間の取引であることが明確であるときは，この取引を連結会社間の取引とみなして処理する。

未実現損益の消去

36. 連結会社相互間の取引によって取得した棚卸資産，固定資産その他の資産に含まれる未実現損益は，その全額を消去する。ただし，未実現損失については，売手側の帳簿価額のうち回収不能と認められる部分は，消去しない。

37. 未実現損益の金額に重要性が乏しい場合には，これを消去しないことができる。

38. 売手側の子会社に非支配株主が存在する場合には，未実現損益は，親会社と非支配株主の持分比率に応じて，親会社の持分と非支配株主持分に配分する。

表示方法（注13）

38-2. 企業会計基準第25号「包括利益の表示に関する会計基準」（以下「企業会計基準第25号」という。）に従って，1計算書方式により，連結損益及び包括利益計算書を作成する場合は，当期純利益までの計算を次項に従って表示するとともに，企業会計基準第25号に従い，包括利益の計算を表示する。

　また，2計算書方式による場合は，連結損益計算書を次項に従って表示するとともに，企業会計基準第25号に従い，連結包括利益計算書を作成する。

39. 連結損益及び包括利益計算書又は連結損益計算書における，営業損益計算，経常損益計算及び純損益計算の区分は，下記のとおり表示する。

(1) 営業損益計算の区分は，売上高及び売上原価を記載して売上総利益を表示し，さらに販売費及び一般管理費を記載して営業利益を表示する。

(2) 経常損益計算の区分は，営業損益計算の結果を受け，営業外収益及び営業外費用を記載して経常利益を表示する。

(3) 純損益計算の区分は，次のとおり表示する。

① 経常損益計算の結果を受け，特別利益及び特別損失を記載して税金等調整前当期純利益を表示する。

② 税金等調整前当期純利益に法人税額等（住民税額及び利益に関連する金額を課税標準とする事業税額を含む。）を加減して，当期純利益を表示する。

③ 2計算書方式の場合は，当期純利益に非支配株主に帰属する当期純利益を加減して，親会社株主に帰属する当期純利益を表示する。1計算書方式の場合は，当期純利益の直後に親会社株主に帰属する当期純利益及び非支配株主に帰属する当期純利益を付記する。

40. 販売費及び一般管理費，営業外収益，営業外費用，特別利益及び特別損失は，一定の基準に従い，その性質を示す適当な名称を付した科目に明瞭に分類して記載する。

（注13）連結損益及び包括利益計算書又は連結損益計算書及び連結包括利益計算書の表示方法について

(1) 連結損益及び包括利益計算書又は連結損益計算書及び連結包括利益計算書の科目の分類は，個別財務諸表における科目の分類を基礎とするが，企業集団の経営成績について誤解を生じさせない限り，科目を集約して表示することができる。

(2) 主たる営業として製品又は商品の販売と役務の給付とがある場合には，売上高及び売上原価を製品等の販売に係るものと役務の給付に係るものとに区分して記載する。

連結株主資本等変動計算書の作成

41. 企業会計基準第6号「株主資本等変動計算書に関する会計基準」（以下「株主資本等変動計算書会計基準」という。）に従い，連結株主資本等変動計算書を作成する。

連結キャッシュ・フロー計算書の作成

42. 「連結キャッシュ・フロー計算書等の作成基準」（平成10年3月企業会計審議会）に従い，連結キャッシュ・フロー計算書を作成する。

連結財務諸表の注記事項

43. 連結財務諸表には，次の事項を注記する。
   (1) 連結の範囲等
      連結の範囲に含めた子会社，非連結子会社に関する事項その他連結の方針に関する重要な事項及びこれらに重要な変更があったときは，その旨及びその理由
   (2) 決算期の異なる子会社
      子会社の決算日が連結決算日と異なるときは，当該決算日及び連結のため当該子会社について特に行った決算手続の概要
   (3) 会計方針等
      ① 重要な資産の評価基準及び減価償却方法等並びにこれらについて変更があったときは，企業会計基準第24号「会計上の変更及び誤謬の訂正に関する会計基準」（以下「企業会計基準第24号」という。）に従った注記事項
      ② 子会社の採用する会計方針で親会社及びその他の子会社との間で特に異なるものがあるときは，その概要
   (4) 企業集団の財政状態，経営成績及びキャッシュ・フローの状況を判断するために重要なその他の事項（注14）（注15）（注16）

（注14）重要な後発事象の注記について
      連結財務諸表には，連結財務諸表を作成する日までに発生した重要な後発事象を注記する。
      後発事象とは，連結決算日後に発生した事象（連結決算日と異なる決算日の子会社については，当該子会社の決算日後に発生した事象）で，次期以後の財政状態，経営成績及びキャッシュ・フローの状況に影響を及ぼすものをいう。

（注15）企業結合及び事業分離等に関する注記事項
      当期において，新たに子会社を連結に含めることとなった場合や子会社株式の追加取得及び一部売却等があった場合には，その連結会計年度において，重要性が乏しいときを除き，企業結合会計基準第49項から第55項及び事業分離等会計基準第54項から第56項に定める事項を注記する。

（注16）ノンリコース債務に対応する資産に関する注記事項
      （注11－2）で示したノンリコース債務に対応する資産については，当該資産の科目及び金額を注記する。

具体的な会計処理については後述するが，理論問題としてのポイントは，次のとおりである。

1. 基準性の原則（個別財務諸表基準性の原則）

連結財務諸表は，個別財務諸表を基礎として作成しなければならない。

2. 連結の範囲

親会社は，原則としてすべての子会社を連結の範囲に含めなければならない。

3. 親会社と子会社

親　会　社	他の企業の意思決定機関を支配している企業
子　会　社	他の企業に意思決定機関を支配されている企業

4. 連結子会社と非連結子会社

連結子会社	連結の範囲に含まれる子会社	
非連結子会社	連結の範囲から除外（強制）	支配が一時的であると認められる子会社
		利害関係者の判断を著しく誤らせるおそれのある子会社
	連結の範囲から除外（容認）	重要性が乏しい子会社

5. 連結会計期間と連結決算日

連結会計期間＝親会社の会計期間
連結決算日　＝親会社の決算日

子会社の決算日が連結決算日（親会社の決算日）と異なる場合には，次のとおりとする。

⑴　子会社は，連結決算日に正規の決算に準じる合理的な手続きにより決算を行わなければならない。
⑵　子会社の決算日と連結決算日の差異が３か月を超えない場合には，子会社の正規の決算を基礎として連結決算を行うことができる。この場合には，決算日が異なることから生じる連結会社間の取引に係る会計記録の重要な不一致（未達取引）について，必要な整理を行う。

6. 会計方針の統一

同一環境下で行われた同一の性質の取引等について，親会社および子会社が採用する会計方針は，原則として統一しなければならない。

7. みなし取得日

株式取得日が子会社の決算日以外の日である場合には，その取得日の前後いずれかの決算日に株式取得が行われたものとみなして連結決算を行うことができる。この場合のその決算日をみなし取得日という。

MEMO

04 連結会計（Ⅱ）

Theme

Check ここでは，支配獲得日後の連結について学習する。開始仕訳および期中仕訳の基礎についてしっかりと理解してほしい。

1 支配獲得日後の連結

1. 連結財務諸表の作成

　支配獲得日には，連結財務諸表のうち連結貸借対照表のみを作成したが，支配獲得日後の連結会計期間においては，すべての連結財務諸表（連結貸借対照表，連結損益計算書，連結包括利益計算書，連結株主資本等変動計算書，連結キャッシュ・フロー計算書）を作成する。なお，ここでは，連結貸借対照表，連結損益計算書および連結株主資本等変動計算書の作成を中心に説明する。

　　（注）連結包括利益計算書については，「テーマ7」で学習する。また，連結キャッシュ・フロー計算書については，「テーマ11」で学習する。

2. 連結財務諸表の関係

　連結包括利益計算書および連結キャッシュ・フロー計算書を除く3つの連結財務諸表には，次のような関係がある。

---

(1) 連結損益計算書で計算された親会社株主に帰属する当期純利益は，利益剰余金の増加額であるため，連結株主資本等変動計算書において利益剰余金に加算する。

(2) 連結株主資本等変動計算書で計算された純資産の部の各項目の当期末残高が，連結貸借対照表の純資産の部に記載される。

連結損益計算書

諸　費　用	×××	諸　収　益	×××
親会社株主に帰属する **当期純利益**	×××		

連結株主資本等変動計算書

	株主資本			その他の包括利益累計額	非支配株主持分
	資　本　金	資本剰余金	利益剰余金	その他有価証券評価差額金	
当 期 首 残 高	×××	×××	×××	×××	×××
剰 余 金 の 配 当			△×××		
親会社株主に帰属する **当 期 純 利 益**			×××		
株主資本以外の項目の当期変動額（純額）				×××	×××
当 期 末 残 高	×××	×××	×××	×××	×××

連結貸借対照表

諸　資　産	×××	諸　負　債	×××
		資　本　金	×××
		資本剰余金	×××
		利益剰余金	×××
		その他有価証券評価差額金	×××
		非支配株主持分	×××

2 支配獲得日後1期目

1．個別財務諸表の合算
2．開始仕訳（支配獲得日における連結修正仕訳）
3．期中仕訳
　⑴　のれんの償却
　⑵　子会社当期純利益の非支配株主持分への振替え
　⑶　子会社配当金の修正
　⑷　その他有価証券評価差額金の増減額の非支配株主持分への振替え
4．連結財務諸表の作成

Theme
04

連結会計（Ⅱ）

75

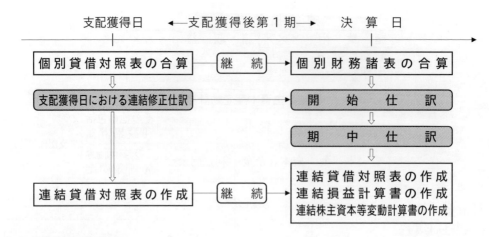

1. 個別財務諸表の合算

　当期の連結財務諸表の作成にあたって，連結精算表において親会社および子会社の個別財務諸表を合算する。

2. 開始仕訳（支配獲得日における連結修正仕訳）

　連結修正仕訳は連結精算表のみで行われ，個別会計上の会計帳簿にいっさい影響を与えない。したがって，前期以前において連結精算表で連結修正仕訳を適切に行ったとしても，当期における個別会計上の会計帳簿およびその結果にもとづいて作成される個別財務諸表にはまったく反映されていない。そこで，支配獲得日にすでに行った連結修正仕訳を，当期の連結精算表で再び行う必要がある。これを開始仕訳という。

　連結財務諸表を作成するための開始仕訳では，支配獲得日（前期末）における連結貸借対照表の「純資産の部の各科目」を連結株主資本等変動計算書の科目である「各科目ごとの当期首残高」に置き換える必要がある。支配獲得日（前期末）に行った「子会社の資産・負債の評価」と「投資と資本の相殺消去」を「開始仕訳」として行うと次のようになる。

(1)　**子会社の資産・負債の評価**

(2)　**投資と資本の相殺消去**

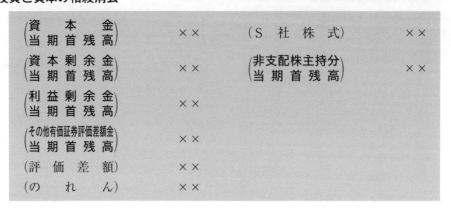

3. 期中仕訳

(1) のれんの償却

のれんは，原則として計上後20年以内に定額法その他，合理的な方法により償却しなければならない。「のれん償却額」は，連結損益計算書の「販売費及び一般管理費」に表示する。ただし，のれんの金額に重要性が乏しい場合は，その勘定が生じた期の損益として処理（一時償却）することができる。

（のれん償却額）	××	（の れ ん）	××
販売費及び一般管理費			

(2) 子会社当期純利益の非支配株主持分への振替え

子会社の当期純利益（利益剰余金の増加高）は，株式の持分比率に応じて親会社に帰属する部分と非支配株主に帰属する部分とに按分し，このうち，親会社に帰属する部分は，そのまま，連結上の利益（利益剰余金）とするが，非支配株主に帰属する部分は，連結上の利益（利益剰余金）から控除し，非支配株主持分を増額させる。

親 会 社 持 分	非 支 配 株 主 持 分
子会社当期純利益（利益剰余金の増加高）のうち，親会社に帰属する部分（親会社持分）は，そのまま，企業集団が獲得した利益（利益剰余金）として計上される。したがって，連結修正仕訳は不要である。	子会社当期純利益（利益剰余金の増加高）のうち，非支配株主に帰属する部分は，連結損益計算書上「非支配株主に帰属する当期純利益」を計上し，当期純利益から控除するとともに，非支配株主持分を増加させる。

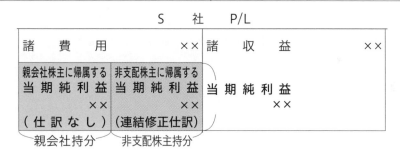

子会社が利益を計上した場合および損失を計上した場合の連結修正仕訳は，次のとおりである。

① 子会社が利益を計上した場合（連結上の利益を減額し，非支配株主持分を増額する）

（非支配株主に帰属する 当 期 純 利 益）	×××	（非支配株主持分 当 期 変 動 額）	×××
連結上の費用		非支配株主持分の増加	

(注) 非支配株主持分が，当期に変動した場合には，連結株主資本等変動計算書の非支配株主持分の区分に「株主資本以外の項目の当期変動額」として記載されるが，本テキストでは，学習の便宜上，仕訳では「非支配株主持分当期変動額」としている。

② 子会社が損失を計上した場合（連結上の損失を減額し，非支配株主持分を減額する）

（非支配株主持分 当 期 変 動 額）	×××	（非支配株主に帰属する 当 期 純 損 失）	×××
非支配株主持分の減少		連結上の収益	

(3) 子会社配当金の修正

子会社が利益剰余金による配当（中間配当を含む）を支払った場合には，以下の修正が必要になる。

① 子会社の配当金のうち親会社に帰属する部分

子会社の配当金のうち親会社に対して支払われた配当金については，内部取引に該当する。したがって，子会社の計上した「利益剰余金・剰余金の配当」（連結S/S）と親会社の計上した「受取配当金」（連結P/L営業外収益）を相殺消去する。

（受 取 配 当 金）	×××	利 益 剰 余 金剰余金の配当	×××

(注)「利益剰余金・剰余金の配当」は，仕訳上は「配当金」とすることもある。

② 子会社の配当金のうち非支配株主に帰属する部分

子会社が配当金を支払った場合には，子会社の利益剰余金が減少するため，非支配株主に負担させるために「利益剰余金・剰余金の配当」を減額するとともに，非支配株主持分を減額する。

非支配株主持分当 期 変 動 額	×××	利 益 剰 余 金剰余金の配当	×××
非支配株主持分の減少			

③ まとめ（①＋②）

①と②をまとめると子会社の配当金の全額が消去され，結果として連結株主資本等変動計算書上の剰余金の配当は，親会社の支払った配当金だけが記載される。

（受 取 配 当 金）	×××	利 益 剰 余 金剰余金の配当	×××
非支配株主持分当 期 変 動 額	×××		

〈例〉P社はS社の発行済議決権株式の60％を所有している。当期にP社は40,000円，S社は20,000円の利益剰余金の配当を支払っている。

（受 取 配 当 金）(*2)	12,000	利 益 剰 余 金剰余金の配当(*1)	20,000
非支配株主持分当 期 変 動 額(*3)	8,000		

(*1) S社配当金
(*2) 20,000円×60％＝12,000円〈P社受取配当金〉
(*3) 20,000円×40％＝ 8,000円〈非支配株主負担額〉
∴ 連結株主資本等変動計算書の剰余金の配当：40,000円〈P社〉＋20,000円〈S社〉－20,000円〈S社〉
＝40,000円〈P社〉

その他資本剰余金による配当

　子会社が，その他資本剰余金を財源として配当金を支払っている場合には，親会社では，配当金受取時に「受取配当金」を計上せずに「子会社株式」を減額する処理を行っている。この場合には，連結修正仕訳は次のようになる。

(子 会 社 株 式)	×××	(資 本 剰 余 金 剰 余 金 の 配 当)	×××
(非支配株主持分 当 期 変 動 額)	×××		

(4)　その他有価証券評価差額金の増減額の非支配株主持分への振替え

　支配獲得日後に子会社のその他有価証券評価差額金が増減した場合には，その増減額（当期変動額）のうち非支配株主に帰属する部分を非支配株主持分へ振り替える。

①　その他有価証券評価差額金が増加した場合＝非支配株主持分の増加

(その他有価証券評価差額金 当 期 変 動 額)	×××	(非支配株主持分 当 期 変 動 額)	×××

　（注）その他有価証券評価差額金が，当期に増減した場合には，連結株主資本等変動計算書のその他有価証券評価差額金の区分に「株主資本以外の項目の当期変動額」として記載されるが，本テキストでは，学習の便宜上，仕訳では「その他有価証券評価差額金当期変動額」としている。

②　その他有価証券評価差額金が減少した場合＝非支配株主持分の減少

(非支配株主持分 当 期 変 動 額)	×××	(その他有価証券評価差額金 当 期 変 動 額)	×××

4. まとめ

開始仕訳	資産・負債の評価	(諸 資 産)	××	(諸 負 債)	××	
				(繰延税金負債)	××	
				(評 価 差 額)	××	
	投資と資本の相殺消去	(資 本 金 当 期 首 残 高)	××	(S 社 株 式)	××	
		(資 本 剰 余 金 当 期 首 残 高)	××	(非支配株主持分 当 期 首 残 高)	××	
		(利 益 剰 余 金 当 期 首 残 高)	××			
		(その他有価証券評価差額金 当 期 首 残 高)	××			
		(評 価 差 額)	××			
		(の れ ん)	××			
期中仕訳	のれんの償却	(のれん償却額)	××	(の れ ん)	××	
	当期純利益の振替え	(非支配株主に帰属する 当 期 純 利 益)	××	(非支配株主持分 当 期 変 動 額)	××	
	配当金の修正	(受 取 配 当 金)	××	(利 益 剰 余 金 剰 余 金 の 配 当)	××	
		(非支配株主持分 当 期 変 動 額)	××			
	その他有価証券評価差額金の振替え	(その他有価証券評価差額金 当 期 変 動 額)	××	(非支配株主持分 当 期 変 動 額)	××	

　P社は×1年3月31日にS社の発行済議決権株式の60％を130,000円で取得し、支配を獲得した。×1年3月31日現在におけるS社の貸借対照表項目（帳簿価額）は、諸資産400,000円、諸負債202,200円、繰延税金負債300円、資本金100,000円、資本剰余金50,000円、利益剰余金46,800円、その他有価証券評価差額金700円であり、諸資産の時価は430,000円、諸負債の時価は207,200円であった。当期（×1年4月1日から×2年3月31日まで）におけるP社およびS社の個別財務諸表は次のとおりである。なお、のれんは、計上年度の翌年から10年の均等償却を行い、評価差額の計上については、税効果会計（法定実効税率30％）を適用する。よって、当期の連結財務諸表を作成しなさい。
（資　料）

貸　借　対　照　表
×2年3月31日現在　　　　　　（単位：円）

資　　産	P　社	S　社	負債・純資産	P　社	S　社
諸　資　産	620,000	420,000	諸　負　債	333,000	213,700
S　社　株　式	130,000	──	繰延税金負債	900	450
			資　本　金	200,000	100,000
			資本剰余金	100,000	50,000
			利益剰余金	114,000	54,800
			その他有価証券評価差額金	2,100	1,050
	750,000	420,000		750,000	420,000

損　益　計　算　書
自×1年4月1日　至×2年3月31日　　　　（単位：円）

借方科目	P　社	S　社	貸方科目	P　社	S　社
諸　費　用	320,000	160,000	諸　収　益	388,000	200,000
法　人　税　等	24,000	12,000	受取配当金	12,000	──
当期純利益	56,000	28,000			
	400,000	200,000		400,000	200,000

株主資本等変動計算書
自×1年4月1日　至×2年3月31日　　　　（単位：円）

| | 株　主　資　本 | | | | | | その他の包括利益累計額 | |
| | 資　本　金 | | 資本剰余金 | | 利益剰余金 | | その他有価証券評価差額金 | |
	P　社	S　社	P　社	S　社	P　社	S　社	P　社	S　社
当期首残高	200,000	100,000	100,000	50,000	98,000	46,800	1,400	700
剰余金の配当					△40,000	△20,000		
当期純利益					56,000	28,000		
株主資本以外の項目の当期変動額（純額）							700	350
当期末残高	200,000	100,000	100,000	50,000	114,000	54,800	2,100	1,050

【解　答】

連結貸借対照表
×2年3月31日現在　　　　　（単位：円）

資　産	金　額	負債・純資産	金　額
諸　資　産	1,070,000	諸　負　債	551,700
の　れ　ん	900	繰延税金負債	8,850
		資　本　金	200,000
		資本剰余金	100,000
		利益剰余金	118,700
		その他有価証券評価差額金	2,310
		非支配株主持分	89,340
	1,070,900		1,070,900

連結損益計算書
自×1年4月1日　至×2年3月31日
（単位：円）

科　目	金　額
諸　　収　　益	588,000
諸　　費　　用	△ 480,000
の　れ　ん　償　却　額	△ 100
税金等調整前当期純利益	107,900
法　　人　　税　　等	△ 36,000
当　期　純　利　益	71,900
非支配株主に帰属する当期純利益	△ 11,200
親会社株主に帰属する当期純利益	60,700

連結株主資本等変動計算書
自×1年4月1日　至×2年3月31日　　　　　（単位：円）

	株　主　資　本			その他の包括利益累計額	非支配株主持分
	資　本　金	資本剰余金	利益剰余金	その他有価証券評価差額金	
当　期　首　残　高	200,000	100,000	98,000	1,400	86,000
剰　余　金　の　配　当			△ 40,000		
親会社株主に帰属する当期純利益			60,700		
株主資本以外の項目の当期変動額（純額）				910	3,340
当　期　末　残　高	200,000	100,000	118,700	2,310	89,340

【解　説】

1．タイム・テーブル

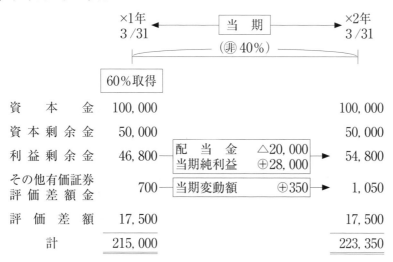

	×1年 3/31	←　　当　　期　　→	×2年 3/31

（非40%）

60%取得

	×1年3/31		×2年3/31
資　　本　　金	100,000		100,000
資 本 剰 余 金	50,000		50,000
利 益 剰 余 金	46,800	配　当　金　△20,000 当期純利益　⊕28,000	54,800
その他有価証券 評 価 差 額 金	700	当期変動額　　⊕350	1,050
評　価　差　額	17,500		17,500
計	215,000		223,350

2．連結修正仕訳

(1)　開始仕訳（×1年3月31日＝前期の連結修正仕訳）
　①　子会社（S社）資産・負債の評価（評価差額の計上）
　②　投資と資本の相殺消去
(2)　期中仕訳（×1年4月1日から×2年3月31日まで）
　①　のれんの償却
　②　子会社（S社）当期純利益の非支配株主持分への振替え
　③　子会社（S社）配当金の修正
　④　子会社（S社）その他有価証券評価差額金の増減額の非支配株主持分への振替え

(1)　開始仕訳（×1年3月31日＝前期の連結修正仕訳）

①　子会社（S社）資産・負債の評価（評価差額の計上）

（諸　　資　　産）(＊1)	30,000	（諸　　負　　債）(＊2)	5,000
		（繰 延 税 金 負 債）(＊3)	7,500
		（評　価　差　額）(＊4)	17,500

（＊1）430,000円−400,000円＝30,000円 ┐
（＊2）207,200円−202,200円＝ 5,000円 ┘評価差額25,000円
（＊3）25,000円〈評価差額〉×30％＝7,500円〈繰延税金負債〉
（＊4）25,000円〈評価差額〉−7,500円〈繰延税金負債〉＝17,500円〈税効果後の評価差額〉

② 投資と資本の相殺消去

(資　本　金 当 期 首 残 高)	100,000	(S　社　株　式)		130,000
(資 本 剰 余 金 当 期 首 残 高)	50,000	(非支配株主持分 当 期 首 残 高)	(＊2)	86,000
(利 益 剰 余 金 当 期 首 残 高)	46,800			
(その他有価証券評価差額金 当 期 首 残 高)	700			
(評　価　差　額)	17,500			
(の　　れ　　ん)(＊1)	1,000			

（＊1）<u>(100,000円＋50,000円＋46,800円＋700円＋17,500円)</u>×60％＝129,000円〈P社持分〉
　　　　　　　　215,000円〈S社資本〉
　　　　130,000円〈S社株式〉－129,000円〈P社持分〉＝1,000円〈のれん〉
（＊2）<u>(100,000円＋50,000円＋46,800円＋700円＋17,500円)</u>×40％＝86,000円〈非支配株主持分〉
　　　　　　　　215,000円〈S社資本〉

⑵　期中仕訳（×1年4月1日から×2年3月31日まで）

①　のれんの償却

(のれん償却額)(＊)	100	(の　れ　ん)	100

（＊）1,000円÷10年＝100円

②　子会社（S社）当期純利益の非支配株主持分への振替え

(非支配株主に帰属する 当 期 純 利 益)(＊)	11,200	(非支配株主持分 当 期 変 動 額)	11,200

（＊）28,000円〈S社当期純利益〉×40％＝11,200円

③　子会社（S社）配当金の修正

(受 取 配 当 金)(＊1)	12,000	(利 益 剰 余 金 剰 余 金 の 配 当)	20,000
(非支配株主持分 当 期 変 動 額)(＊2)	8,000		

（＊1）20,000円〈S社配当金〉×60％＝12,000円
（＊2）20,000円〈S社配当金〉×40％＝　8,000円

④　子会社（S社）その他有価証券評価差額金の増減額の非支配株主持分への振替え

(その他有価証券評価差額金 当 期 変 動 額)(＊)	140	(非支配株主持分 当 期 変 動 額)	140

（＊）350円×40％＝140円

⑶　まとめ

開始仕訳	資産・負債の評価	（諸　資　産）	30,000	（諸　負　債） （繰延税金負債） （評　価　差　額）		5,000 7,500 17,500
	投資と資本の相殺消去	（資　本　金 当期首残高）	100,000	（S　社　株　式）		130,000
		（資本剰余金 当期首残高）	50,000	（非支配株主持分 当期首残高）		86,000
		（利益剰余金 当期首残高）	46,800			
		（その他有価証券評価差額金 当期首残高）	700			
		（評　価　差　額）	17,500			
		（の　れ　ん）	1,000			
期中仕訳	のれんの償却	（のれん償却額）	100	（の　れ　ん）		100
	当期純利益の振替え	（非支配株主に帰属する 当期純利益）	11,200	（非支配株主持分 当期変動額）		11,200
	配当金の修正	（受取配当金）	12,000	（利益剰余金 剰余金の配当）		20,000
		（非支配株主持分 当期変動額）	8,000			
	その他有価証券評価差額金の振替え	（その他有価証券評価差額金 当期変動額）	140	（非支配株主持分 当期変動額）		140

3．連結財務諸表上の各金額

連結　P/L

諸　費　用	480,000	諸　収　益	588,000	
（Ⓟ320,000＋Ⓢ160,000＝480,000）		（Ⓟ388,000＋Ⓢ200,000＝588,000）		
のれん償却額	100			
法　人　税　等	36,000			
（Ⓟ24,000＋Ⓢ12,000＝36,000）				
非支配株主に帰属する当期純利益	11,200			
Ⓟ56,000＋Ⓢ28,000＝	84,000			
のれん償却額	△ 100			
非支配株主に帰属する当期純利益	△ 11,200			
受　取　配　当　金	△ 12,000	受　取　配　当　金	0	
親会社株主に帰属する当期純利益	**60,700**	（Ⓟ12,000－12,000＝0）		

連結S/S（資　本　金）

Ⓟ200,000＋Ⓢ100,000＝	300,000	資本金当期首残高	200,000
当期首残高（開始仕訳）	△100,000	（Ⓟ200,000＋Ⓢ100,000－100,000＝200,000）	
資本金当期末残高	**200,000**		

連結S/S（資本剰余金）

Ⓟ100,000＋Ⓢ50,000＝	150,000	資本剰余金当期首残高	100,000
当期首残高（開始仕訳）	△ 50,000	（Ⓟ100,000＋Ⓢ50,000－50,000＝100,000）	
資本剰余金当期末残高	**100,000**		

連結S/S（利益剰余金）

剰余金の配当	40,000	利益剰余金当期首残高	98,000
（Ⓟ40,000＋Ⓢ20,000－20,000＝40,000）		（Ⓟ98,000＋Ⓢ46,800－46,800＝98,000）	
Ⓟ114,000＋Ⓢ54,800＝	168,800		
当期首残高（開始仕訳）	△ 46,800		
のれん償却額	△ 100	Ⓟ56,000＋Ⓢ28,000＝	84,000
非支配株主に帰属する当期純利益	△ 11,200	のれん償却額	△ 100
受　取　配　当　金	△ 12,000	非支配株主に帰属する当期純利益	△ 11,200
剰余金の配当	＋ 20,000	受　取　配　当　金	△ 12,000
利益剰余金当期末残高	**118,700**	親会社株主に帰属する当期純利益	**60,700**

連結S/S（その他有価証券評価差額金）

Ⓟ2,100＋Ⓢ1,050＝	3,150	その他有価証券評価差額金当期首残高	1,400
当期首残高（開始仕訳）	△ 700	（Ⓟ1,400＋Ⓢ700－700＝1,400）	
当　期　変　動　額	△ 140	その他有価証券評価差額金当期変動額	910
その他有価証券評価差額金当期末残高	**2,310**	（Ⓟ700＋Ⓢ350－140＝910）	

連結S/S（非支配株主持分）

当期首残高（開始仕訳）	86,000	非支配株主持分当期首残高	86,000
当　期　変　動　額	3,340	非支配株主持分当期変動額	3,340
非支配株主持分当期末残高	**89,340**	（11,200－8,000＋140＝3,340）	

連 結 B/S

		諸　負　債	551,700
		(Ⓟ333,000＋Ⓢ213,700＋5,000＝551,700)	
		繰 延 税 金 負 債	8,850
		(Ⓟ900＋Ⓢ450＋7,500＝8,850)	
		Ⓟ200,000＋Ⓢ100,000＝	300,000
		当期首残高(開始仕訳)	△ 100,000
		資　本　金	200,000
		Ⓟ100,000＋Ⓢ50,000＝	150,000
		当期首残高(開始仕訳)	△ 50,000
諸　資　産	1,070,000	資 本 剰 余 金	100,000
(Ⓟ620,000＋Ⓢ420,000＋30,000＝1,070,000)		Ⓟ114,000＋Ⓢ54,800＝	168,800
		当期首残高(開始仕訳)	△ 46,800
		の れ ん 償 却 額	△ 100
		非支配株主に帰属する当期純利益	△ 11,200
		受 取 配 当 金	△ 12,000
		剰 余 金 の 配 当	＋ 20,000
		利 益 剰 余 金	118,700
		Ⓟ2,100＋Ⓢ1,050＝	3,150
		当期首残高(開始仕訳)	△ 700
		当 期 変 動 額	△ 140
		その他有価証券評価差額金	2,310
の れ ん	900	当期首残高(開始仕訳)	86,000
(1,000－100＝900)		当 期 変 動 額	3,340
S 社 株 式	0	非支配株主持分	89,340
(Ⓟ130,000－130,000＝0)			

Theme
04

連結会計（Ⅱ）

4．連結精算表

連　結　精　算　表

（単位：円）

科　目	個　別　財　務　諸　表			連　結　修　正　仕　訳		連　結 財務諸表
	P　社	S　社	合　　計	借　　方	貸　　方	
損　益　計　算　書						
諸　　収　　益	388,000	200,000	588,000			588,000
受　取　配　当　金	12,000	──	12,000	12,000		0
諸　　費　　用	△320,000	△160,000	△480,000			△480,000
のれん償却額	──	──	──	100		△　　100
法　人　税　等	△24,000	△12,000	△36,000			△36,000
非支配株主に帰属する当期純利益	──	──	──	11,200		△11,200
親会社株主に帰属する当期純利益	56,000	28,000	84,000	23,300		60,700
株主資本等変動計算書						
資本金当期首残高	200,000	100,000	300,000	100,000		200,000
資本金当期末残高	200,000	100,000	300,000	100,000		200,000
資本剰余金当期首残高	100,000	50,000	150,000	50,000		100,000
資本剰余金当期末残高	100,000	50,000	150,000	50,000		100,000
利益剰余金当期首残高	98,000	46,800	144,800	46,800		98,000
剰余金の配当	△40,000	△20,000	△60,000		20,000	△40,000
親会社株主に帰属する当期純利益	56,000	28,000	84,000	23,300		60,700
利益剰余金当期末残高	114,000	54,800	168,800	70,100	20,000	118,700
その他有価証券評価差額金 当期首残高	1,400	700	2,100	700		1,400
当　期　変　動　額	700	350	1,050	140		910
その他有価証券評価差額金 当期末残高	2,100	1,050	3,150	840		2,310
非支配株主持分当期首残高	──	──	──		86,000	86,000
非支配株主持分当期変動額	──	──	──	8,000	11,200 140	3,340
非支配株主持分当期末残高	──	──	──	8,000	97,340	89,340
貸　借　対　照　表						
諸　　資　　産	620,000	420,000	1,040,000	30,000		1,070,000
の　　れ　　ん	──	──	──	1,000	100	900
S　社　株　式	130,000	──	130,000		130,000	0
合　　　計	750,000	420,000	1,170,000	31,000	130,100	1,070,900
諸　　負　　債	333,000	213,700	546,700		5,000	551,700
繰延税金負債	900	450	1,350		7,500	8,850
資　　本　　金	200,000	100,000	300,000	100,000		200,000
資　本　剰　余　金	100,000	50,000	150,000	50,000		100,000
利　益　剰　余　金	114,000	54,800	168,800	70,100	20,000	118,700
その他有価証券評価差額金	2,100	1,050	3,150	840		2,310
非支配株主持分	──	──	──	8,000	97,340	89,340
評　価　差　額	──	──	──	17,500	17,500	0
合　　　計	750,000	420,000	1,170,000	246,440	147,340	1,070,900

3 支配獲得日後2期目

　支配獲得日後2期目の連結決算日において連結財務諸表を作成する場合の開始仕訳は，前期までに行った連結修正仕訳を累積したものとなる。

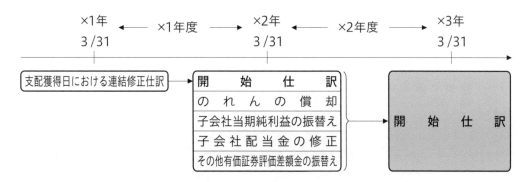

　また，前期における連結損益計算書項目および連結株主資本等変動計算書項目の増減については，前期の連結貸借対照表上の純資産項目の増減として引き継がれるため，その増減を当期の開始仕訳では，連結株主資本等変動計算書の科目である「○○当期首残高」に置き換えて処理する。
　〔設例4-1〕からさらに1年経過した2期目の連結財務諸表を作成するための開始仕訳は，次のようになる。

		借方		貸方	
(1)	① 資産・負債の評価	(諸　資　産)	30,000	(諸　負　債)	5,000
				(繰延税金負債)	7,500
				(評　価　差　額)	17,500
	② 投資と資本の相殺消去	(資　本　金 当 期 首 残 高)	100,000	(S　社　株　式)	130,000
		(資 本 剰 余 金 当 期 首 残 高)	50,000	(非支配株主持分 当 期 首 残 高)	86,000
		(利 益 剰 余 金 当 期 首 残 高)	46,800		
		(その他有価証券評価差額金 当 期 首 残 高)	700		
		(評　価　差　額)	17,500		
		(の　れ　ん)	1,000		
(2)	① のれんの償却	(利 益 剰 余 金 当 期 首 残 高) のれん償却額	100	(の　れ　ん)	100
	② 当期純利益の振替え	(利 益 剰 余 金 当 期 首 残 高) 非支配株主に帰属する当期純利益	11,200	(非支配株主持分 当 期 首 残 高)	11,200
	③ 配当金の修正	(利 益 剰 余 金 当 期 首 残 高) 受取配当金	12,000	(利 益 剰 余 金 当 期 首 残 高) 利益剰余金剰余金の配当	20,000
		(非支配株主持分 当 期 首 残 高)	8,000		
	④ ②と③の合計・要約仕訳	(利 益 剰 余 金 当 期 首 残 高)	3,200	(非支配株主持分 当 期 首 残 高)	3,200
	⑤ その他有価証券評価差額金の振替え	(その他有価証券評価差額金 当 期 首 残 高)	140	(非支配株主持分 当 期 首 残 高)	140

(注) (2)②当期純利益の振替えと(2)③配当金の修正のための連結修正仕訳は，翌期の開始仕訳では合計・要約することにより「利益剰余金の増加額の振替え」のための連結修正仕訳にすることができる。

設例 4-2（設例 4-1 の続き）

　P社は×1年3月31日にS社の発行済議決権株式の60％を130,000円で取得し，支配を獲得した。×1年3月31日現在におけるS社の貸借対照表項目（帳簿価額）は，諸資産400,000円，諸負債202,200円，繰延税金負債300円，資本金100,000円，資本剰余金50,000円，利益剰余金46,800円，その他有価証券評価差額金700円であり，諸資産の時価は430,000円，諸負債の時価は207,200円であった。当期（×2年4月1日から×3年3月31日まで）におけるP社およびS社の個別財務諸表は次のとおりである。なお，のれんは，計上年度の翌年から10年の均等償却を行い，評価差額の計上については，税効果会計（法定実効税率30％）を適用する。よって，当期の連結財務諸表を作成しなさい。
（資　料）

貸 借 対 照 表
×3年3月31日現在　　　　　　　　　（単位：円）

資　　　産	P　社	S　社	負債・純資産	P　社	S　社
諸　資　産	700,000	500,000	諸　負　債	382,000	271,200
S 社 株 式	130,000	——	繰延税金負債	1,200	600
			資　本　金	200,000	100,000
			資本剰余金	100,000	50,000
			利益剰余金	144,000	76,800
			その他有価証券評価差額金	2,800	1,400
	830,000	500,000		830,000	500,000

損 益 計 算 書
自×2年4月1日　至×3年3月31日　　　　（単位：円）

借 方 科 目	P　社	S　社	貸 方 科 目	P　社	S　社
諸　費　用	400,000	240,000	諸　収　益	488,000	300,000
法 人 税 等	30,000	18,000	受 取 配 当 金	12,000	——
当 期 純 利 益	70,000	42,000			
	500,000	300,000		500,000	300,000

株主資本等変動計算書
自×2年4月1日　至×3年3月31日　　　　（単位：円）

	株　　主　　資　　本						その他の包括利益累計額	
	資　本　金		資本剰余金		利益剰余金		その他有価証券評価差額金	
	P　社	S　社	P　社	S　社	P　社	S　社	P　社	S　社
当 期 首 残 高	200,000	100,000	100,000	50,000	114,000	54,800	2,100	1,050
剰 余 金 の 配 当					△ 40,000	△ 20,000		
当 期 純 利 益					70,000	42,000		
株主資本以外の項目の当期変動額（純額）							700	350
当 期 末 残 高	200,000	100,000	100,000	50,000	144,000	76,800	2,800	1,400

【解　答】

連結貸借対照表
×3年3月31日現在　　　　（単位：円）

資　　産	金　　額	負債・純資産	金　　額
諸　資　産	1,230,000	諸　　負　　債	658,200
の　れ　ん	800	繰延税金負債	9,300
		資　　本　　金	200,000
		資本剰余金	100,000
		利益剰余金	161,800
		その他有価証券評価差額金	3,220
		非支配株主持分	98,280
	1,230,800		1,230,800

連結損益計算書
自×2年4月1日　至×3年3月31日

（単位：円）

科　　目	金　　額
諸　　収　　益	788,000
諸　　費　　用	△ 640,000
の　れ　ん　償　却　額	△ 100
税金等調整前当期純利益	147,900
法　　人　　税　　等	△ 48,000
当　期　純　利　益	99,900
非支配株主に帰属する当期純利益	△ 16,800
親会社株主に帰属する当期純利益	83,100

連結株主資本等変動計算書
自×2年4月1日　至×3年3月31日

（単位：円）

	株　主　資　本			その他の包括利益累計額	非支配株主持分
	資　本　金	資本剰余金	利益剰余金	その他有価証券評価差額金	
当　期　首　残　高	200,000	100,000	118,700	2,310	89,340
剰　余　金　の　配　当			△ 40,000		
親会社株主に帰属する当期純利益			83,100		
株主資本以外の項目の当期変動額（純額）				910	8,940
当　期　末　残　高	200,000	100,000	161,800	3,220	98,280

92

【解　説】

1．タイム・テーブル

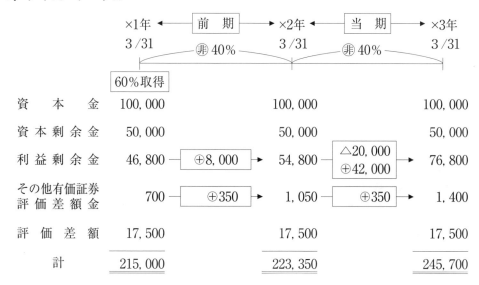

2．連結修正仕訳

(1) 開始仕訳（×1年3月31日から×2年3月31日まで＝前期の連結修正仕訳）
　① 子会社（S社）資産・負債の評価（評価差額の計上）
　② 投資と資本の相殺消去
　③ のれんの償却
　④ 子会社（S社）利益剰余金の増減額の非支配株主持分への振替え
　⑤ 子会社（S社）その他有価証券評価差額金の増減額の非支配株主持分への振替え
(2) 期中仕訳（×2年4月1日から×3年3月31日まで）
　① のれんの償却
　② 子会社（S社）当期純利益の非支配株主持分への振替え
　③ 子会社（S社）配当金の修正
　④ 子会社（S社）その他有価証券評価差額金の増減額の非支配株主持分への振替え

(1) 開始仕訳（×1年3月31日から×2年3月31日まで）

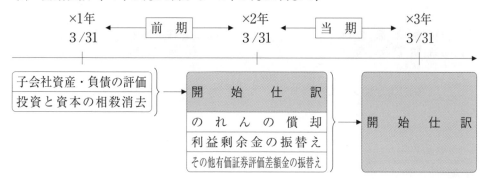

① 子会社（S社）資産・負債の評価（評価差額の計上）

（諸　資　産）（＊1）	30,000	（諸　負　債）（＊2）		5,000
		（繰延税金負債）（＊3）		7,500
		（評　価　差　額）（＊4）		17,500

（＊1）430,000円 − 400,000円 = 30,000円 ⎫
（＊2）207,200円 − 202,200円 = 5,000円 ⎬ 評価差額25,000円
（＊3）25,000円〈評価差額〉× 30% = 7,500円〈繰延税金負債〉
（＊4）25,000円〈評価差額〉− 7,500円〈繰延税金負債〉= 17,500円〈税効果後の評価差額〉

② 投資と資本の相殺消去

（資　本　金　当期首残高）	100,000	（S　社　株　式）	130,000
（資本剰余金　当期首残高）	50,000	（非支配株主持分　当期首残高）（＊2）	86,000
（利益剰余金　当期首残高）	46,800		
（その他有価証券評価差額金　当期首残高）	700		
（評　価　差　額）	17,500		
（の　れ　ん）（＊1）	1,000		

（＊1）(100,000円 + 50,000円 + 46,800円 + 700円 + 17,500円) × 60% = 129,000円〈P社持分〉
　　　　　　　　215,000円〈S社資本〉
　　　130,000円〈S社株式〉− 129,000円〈P社持分〉= 1,000円〈のれん〉
（＊2）(100,000円 + 50,000円 + 46,800円 + 700円 + 17,500円) × 40% = 86,000円〈非支配株主持分〉
　　　　　　　　215,000円〈S社資本〉

③ のれんの償却

（利益剰余金　当期首残高）（＊） のれん償却額	100	（の　れ　ん）	100

（＊）1,000円 ÷ 10年 = 100円

④ 子会社（S社）利益剰余金の増加額の非支配株主持分への振替え

前期におけるS社の当期純利益および配当金の内容が資料にないため、「利益剰余金」の純増加額のうち非支配株主に帰属する部分について非支配株主持分を増額させる。

（利益剰余金　当期首残高）（＊）	3,200	（非支配株主持分　当期首残高）	3,200

（＊）54,800円 − 46,800円 = 8,000円〈増加額〉
　　　8,000円〈増加額〉× 40% = 3,200円

⑤　子会社（S社）その他有価証券評価差額金の増減額の非支配株主持分への振替え

(その他有価証券評価差額金 当 期 首 残 高)（＊）	140	(非支配株主持分 当 期 首 残 高)	140

（＊）1,050円 − 700円 = 350円〈増加額〉
　　　350円 × 40% = 140円

⑥　②から⑤までの合計・要約仕訳

(資 本 金 当 期 首 残 高)	100,000	(S 社 株 式)	130,000
(資 本 剰 余 金 当 期 首 残 高)	50,000	(非支配株主持分 当 期 首 残 高)	89,340
(利 益 剰 余 金 当 期 首 残 高)	50,100		
(その他有価証券評価差額金 当 期 首 残 高)	840		
(評 価 差 額)	17,500		
(の れ ん)	900		

(2)　期中仕訳（×2年4月1日から×3年3月31日まで）

①　のれんの償却

(のれん償却額)（＊）	100	(の れ ん)	100

（＊）1,000円 ÷ 10年 = 100円

②　子会社（S社）当期純利益の非支配株主持分への振替え

(非支配株主に帰属する 当 期 純 利 益)（＊）	16,800	(非支配株主持分 当 期 変 動 額)	16,800

（＊）42,000円〈S社当期純利益〉× 40% = 16,800円

③　子会社（S社）配当金の修正

(受 取 配 当 金)（＊1）	12,000	(利 益 剰 余 金 剰 余 金 の 配 当)	20,000
(非支配株主持分 当 期 変 動 額)（＊2）	8,000		

（＊1）20,000円〈S社配当金〉× 60% = 12,000円
（＊2）20,000円〈S社配当金〉× 40% = 8,000円

④　子会社（S社）その他有価証券評価差額金の増減額の非支配株主持分への振替え

(その他有価証券評価差額金 当 期 変 動 額)（＊）	140	(非支配株主持分 当 期 変 動 額)	140

（＊）350円 × 40% = 140円

3．連結財務諸表上の各金額

連結 P/L

諸　費　用　　　　640,000		
（Ⓟ400,000＋Ⓢ240,000＝640,000)		
のれん償却額　　　　　100		
法　人　税　等　　48,000	諸　収　益　　　　788,000	
（Ⓟ30,000＋Ⓢ18,000＝48,000)	（Ⓟ488,000＋Ⓢ300,000＝788,000)	
非支配株主に帰属する当期純利益　16,800		
Ⓟ70,000＋Ⓢ42,000＝　112,000		
のれん償却額　　△　100		
非支配株主に帰属する当期純利益　△　16,800		
受取配当金　　△　12,000	受取配当金　　　　　　0	
親会社株主に帰属する当期純利益　83,100	（Ⓟ12,000－12,000＝0)	

連結S/S（資　本　金）

Ⓟ200,000＋Ⓢ100,000＝　300,000	資本金当期首残高　　　　200,000
当期首残高（開始仕訳）　△100,000	（Ⓟ200,000＋Ⓢ100,000－100,000＝200,000)
資本金当期末残高　　200,000	

連結S/S（資本剰余金）

Ⓟ100,000＋Ⓢ50,000＝　150,000	資本剰余金当期首残高　　100,000
当期首残高（開始仕訳）　△　50,000	（Ⓟ100,000＋Ⓢ50,000－50,000＝100,000)
資本剰余金当期末残高　　100,000	

連結S/S（利益剰余金）

剰余金の配当　　　　40,000	利益剰余金当期首残高　　118,700
（Ⓟ40,000＋Ⓢ20,000－20,000＝40,000)	（Ⓟ114,000＋Ⓢ54,800－50,100＝118,700)
Ⓟ144,000＋Ⓢ76,800＝　220,800	
当期首残高（開始仕訳）　△　50,100	Ⓟ70,000＋Ⓢ42,000＝　112,000
のれん償却額　　△　100	のれん償却額　　△　100
非支配株主に帰属する当期純利益　△　16,800	非支配株主に帰属する当期純利益　△　16,800
受取配当金　　△　12,000	受取配当金　　△　12,000
剰余金の配当　　＋　20,000	親会社株主に帰属する当期純利益　83,100
利益剰余金当期末残高　　161,800	

連結S/S（その他有価証券評価差額金）

Ⓟ2,800＋Ⓢ1,400＝　4,200	その他有価証券評価差額金当期首残高　2,310
当期首残高（開始仕訳）　△　840	（Ⓟ2,100＋Ⓢ1,050－840＝2,310)
当期変動額　　△　140	その他有価証券評価差額金当期変動額　910
その他有価証券評価差額金当期末残高　3,220	（Ⓟ700＋Ⓢ350－140＝910)

連結S/S（非支配株主持分）

当期首残高（開始仕訳）　89,340	非支配株主持分当期首残高　89,340
当期変動額　　8,940	非支配株主持分当期変動額　8,940
非支配株主持分当期末残高　98,280	（16,800－8,000＋140＝8,940)

連 結 B/S

諸　資　産	1,230,000	諸　負　債		658,200
(Ⓟ700,000+Ⓢ500,000+30,000=1,230,000)		(Ⓟ382,000+Ⓢ271,200+5,000=658,200)		
		繰 延 税 金 負 債		9,300
		(Ⓟ1,200+Ⓢ600+7,500=9,300)		
		Ⓟ200,000+Ⓢ100,000=		300,000
		当期首残高(開始仕訳)	△	100,000
		資　本　金		200,000
		Ⓟ100,000+Ⓢ50,000=		150,000
		当期首残高(開始仕訳)	△	50,000
		資 本 剰 余 金		100,000
		Ⓟ144,000+Ⓢ76,800=		220,800
		当期首残高(開始仕訳)	△	50,100
		の れ ん 償 却 額	△	100
		非支配株主に帰属する当期純利益	△	16,800
		受 取 配 当 金	△	12,000
		剰 余 金 の 配 当	+	20,000
		利 益 剰 余 金		161,800
		Ⓟ2,800+Ⓢ1,400=		4,200
		当期首残高(開始仕訳)	△	840
		当 期 変 動 額	△	140
の　れ　ん	800	その他有価証券評価差額金		3,220
(900-100=800)		当期首残高(開始仕訳)		89,340
S　社　株　式	0	当 期 変 動 額		8,940
(Ⓟ130,000-130,000=0)		非支配株主持分		98,280

05 連結会計（Ⅲ）
Theme

Check ここでは，子会社株式の追加取得および一部売却について学習する。連結会計のなかでも特に出題頻度の高い論点なのでしっかり学習してほしい。

1 子会社株式の追加取得

　これまでは，1回の株式取得で親会社が子会社を支配する場合について説明してきたが，ここでは，親会社が子会社株式を追加取得した場合について説明する。子会社株式の追加取得には，次のようなケースが考えられる。

> **1．支配獲得までの段階取得**
> (1) 原始取得株式を「売買目的有価証券」としている場合
> **(2) 原始取得株式を「その他有価証券」としている場合**
> (3) 原始取得株式を「関連会社株式」としている場合
> **2．支配獲得後の追加取得**（原始取得株式を子会社株式としている場合）

2 支配獲得までの段階取得

1. 投資と資本の相殺消去（一括法）

　支配獲得までの段階取得とは，親会社が最初に子会社株式を取得したとき（原始取得日）には支配を獲得しておらず，子会社株式を追加取得することにより支配を獲得した場合をいう。支配獲得までの段階取得では，支配獲得時に連結貸借対照表を作成するために，子会社資産・負債の評価，投資と資本の相殺消去などの連結修正仕訳が行われる。なお，投資と資本の相殺消去は，原始取得株式と追加取得株式とを合算し，一括して消去する（一括法）。

2. 子会社株式の時価評価

　支配獲得までの段階取得の場合には，投資と資本の相殺消去における投資（子会社株式）の金額は「支配獲得日の時価」とする。

> 投資と資本の相殺消去における投資の金額＝支配獲得日の時価

　したがって，個別会計上の子会社株式の帳簿価額が，支配獲得日の時価と異なる場合には，投資と資本の相殺消去に先立って，時価に評価替えしなければならない。評価替えによる帳簿価額と時価との差額は，当期の「段階取得に係る損益」（連結損益計算書の特別損益）として処理する。ただし，支配獲得時に連結貸借対照表のみを作成する場合には，「段階取得に係る損益」は，連結貸借対照表における利益剰余金に加減する。

〈例〉　P社は×1年3月31日にS社の発行済議決権株式の10％を18,000円で取得し，さらに×2年3月31日に50％を100,000円で追加取得したことにより，×2年3月31日にS社の支配を獲得した。なお，P社は追加取得するまでS社株式をその他有価証券として保有していた。×2年3月31日におけるS社株式の時価は120,000円（60％分）であった。

個別会計上の仕訳

① ×1年3月31日（原始取得日）

（S 社 株 式） その他有価証券	18,000	（現 金 預 金）	18,000

② ×2年3月31日（追加取得日＝支配獲得日）

（S 社 株 式） 子会社株式	100,000	（現 金 預 金）	100,000
（S 社 株 式） 子会社株式	18,000	（S 社 株 式） その他有価証券	18,000

　∴　個別会計上の子会社株式の帳簿価額：18,000円＋100,000円＝**118,000円**

⑵　連結会計上の修正仕訳（子会社株式の時価評価）

（S 社 株 式）（＊）	2,000	（段階取得に係る差益） 利益剰余金の増加	2,000

（＊）　120,000円〈時価〉－118,000円〈帳簿価額〉＝2,000円
　　∴　連結会計上の子会社株式の評価額：120,000円〈時価〉
（注1）　S社株式の支配獲得時の時価120,000円（60％分）は，追加取得した50％分の取得原価100,000円にもとづいて次のように計算することもできる。

$$100,000円〈50％分の取得原価＝時価〉× \frac{60\%}{50\%} = 120,000円〈60％分の時価〉$$

（注2）　子会社株式の評価替後に投資と資本の相殺消去を行う。なお，子会社株式の評価替えによる利益剰余金の増減額は，親会社の利益剰余金の増減と考えられるので，投資と資本の相殺消去には影響しない。

Theme 05 連結会計（Ⅲ）

99

補足 原始取得株式の振替え

　子会社株式を段階取得している場合には，個別会計上，支配獲得前に取得している株式（原始取得株式）を保有目的による分類（売買目的有価証券，その他有価証券，関連会社株式）に応じて処理し，追加取得による支配獲得時に子会社株式に振り替える。したがって，原始取得株式を個別会計上どのように分類していたかにより，その後の連結会計上の処理も異なってくる。

原始取得株式の保有目的	個別会計上の振替価額	連結会計上の処理
売買目的有価証券	振替時の時価	―
その他有価証券	帳簿価額	時価に評価替え
関連会社株式	原価	時価に評価替え

（注1）個別会計上，その他有価証券から子会社株式への振替えは，帳簿価額（原価）で振り替える。ただし，部分純資産直入法を採用し，かつ，評価損を計上している場合には，時価（前期末の時価）による評価後の価額で振り替える。

（注2）関連会社株式は，個別会計上は，原価で評価されるが，連結会計上は，持分法（持分法についてはテーマ8で学習する）により評価される。そこで，追加取得により関連会社株式から子会社株式になった場合には，連結会計上は，持分法による評価額に修正し，さらに，時価に評価替えを行うことになる。

　P社は×1年3月31日にS社の発行済議決権株式の10%を18,000円で取得し，さらに×2年3月31日に50%を100,000円で追加取得したことにより，×2年3月31日にS社の支配を獲得した。×1年3月31日現在のS社の財政状態と，×2年3月31日現在のP社およびS社の貸借対照表は次のとおりである。なお，子会社の資産および負債の評価による評価差額には，税効果会計（法定実効税率30%）を適用し，のれんは計上年度の翌年から10年間の均等償却を行う。よって，×2年3月31日現在の連結貸借対照表を作成しなさい。なお，会計期間は3月31日を決算日とする1年である。

（資　料）

×1年3月31日現在におけるS社の財政状態

諸　資　産	諸　負　債	資　本　金	利益剰余金
370,000円	200,000円	100,000円	70,000円

　×1年3月31日現在のS社諸資産の時価は400,000円，諸負債の時価は210,000円である。

貸　借　対　照　表
×2年3月31日現在　　　　　　（単位：円）

資　　　産	P　社	S　社	負債・純資産	P　社	S　社
諸　資　産	632,000	420,000	諸　　負　　債	320,000	243,000
S　社　株　式	118,000	──	資　　本　　金	200,000	100,000
			利　益　剰　余　金	230,000	77,000
	750,000	420,000		750,000	420,000

　×2年3月31日現在のP社の保有するS社株式の時価は120,000円であり，×2年3月31日現在のS社諸資産の時価は470,000円，諸負債の時価は263,000円である。

【解　答】

連　結　貸　借　対　照　表
×2年3月31日現在　　　　　（単位：円）

資　　　産	金　　　額	負債・純資産	金　　　額
諸　資　産	1,102,000	諸　　負　　債	583,000
の　れ　ん	1,200	繰延税金負債	9,000
		資　　本　　金	200,000
		利　益　剰　余　金	232,000
		非支配株主持分	79,200
	1,103,200		1,103,200

【解　説】

1．連結修正仕訳

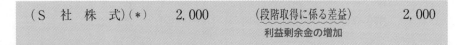

(1)　支配獲得日（×2 年 3 月31日）の子会社株式の時価評価

（S　社　株　式）(＊)	2,000	（段階取得に係る差益） 利益剰余金の増加	2,000

（＊）120,000円〈時価〉− 118,000円〈帳簿価額〉= 2,000円
∴　連結会計上の子会社株式の評価額：120,000円〈時価〉

(2)　支配獲得日（×2 年 3 月31日）の子会社（S 社）資産・負債の評価（評価差額の計上）

（諸　　資　　産）(＊1)	50,000	（諸　　負　　債）(＊2)	20,000
		（繰延税金負債）(＊3)	9,000
		（評　価　差　額）(＊4)	21,000

（＊1）470,000円 − 420,000円 = 50,000円 ⎫
（＊2）263,000円 − 243,000円 = 20,000円 ⎬ 評価差額30,000円
（＊3）30,000円 × 30% = 9,000円
（＊4）30,000円 − 9,000円 = 21,000円

(3)　支配獲得日（×2 年 3 月 31 日）の投資と資本の相殺消去

（資　　本　　金）	100,000	（S　社　株　式）	120,000
（利　益　剰　余　金）	77,000	（非支配株主持分）(＊2)	79,200
（評　価　差　額）	21,000		
（の　　れ　　ん）(＊1)	1,200		

（＊1）（100,000円 + 77,000円 + 21,000円）× 60% = 118,800円〈P 社持分〉
　　　　198,000円〈S 社資本〉
　　　120,000円〈S 社株式〉− 118,800円〈P 社持分〉= 1,200円〈のれん〉
（＊2）（100,000円 + 77,000円 + 21,000円）× 40% = 79,200円〈非支配株主持分〉
　　　　198,000円〈S 社資本〉

2．連結精算表

連　結　精　算　表 （単位：円）

科　　　　　　　目	個　別　貸　借　対　照　表			連　結　修　正　仕　訳		連　　　結
	P　　社	S　　社	合　　計	借　　方	貸　　方	貸借対照表
諸　　資　　産	632,000	420,000	1,052,000	50,000		1,102,000
の　　れ　　ん	——	——	——	1,200		1,200
S　社　株　式	118,000	——	118,000	2,000	120,000	0
合　　計	750,000	420,000	1,170,000	53,200	120,000	1,103,200
諸　　負　　債	320,000	243,000	563,000		20,000	583,000
繰延税金負債	——	——	——		9,000	9,000
資　　本　　金	200,000	100,000	300,000	100,000		200,000
利　益　剰　余　金	230,000	77,000	307,000	77,000	2,000	232,000
評　価　差　額				21,000	21,000	0
非支配株主持分	——	——	——		79,200	79,200
合　　計	750,000	420,000	1,170,000	198,000	131,200	1,103,200

3 支配獲得後の追加取得

　支配獲得後の追加取得とは，親会社が最初に株式を取得したときに支配を獲得し，その後，さらに子会社株式を追加で取得した場合をいう。

　支配獲得後の追加取得では，最初に株式を取得したときにすでに支配を獲得しているため，支配獲得日に連結貸借対照表を作成するために投資と資本の相殺消去を行っている。したがって，その後，株式を追加取得した場合には，原始取得株式とは区別して，追加取得株式とそれに対応する持分（追加取得持分）とを相殺消去する（段階法）。追加取得持分と追加投資額との間に生じた差額は，「資本剰余金」とする。なお，「資本剰余金」が負の値となった場合には，連結会計年度末において「資本剰余金」をゼロとし，「利益剰余金」から減額する。

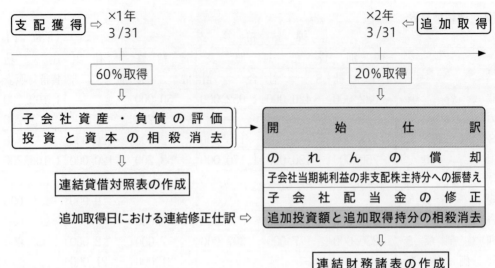

支配獲得 ⇒	×1年 3/31		×2年 3/31	⇐ 追加取得

60%取得 ⇓ ／ 20%取得 ⇓

子会社資産・負債の評価 投資と資本の相殺消去	→	開　始　仕　訳
⇓		のれんの償却
連結貸借対照表の作成		子会社当期純利益の非支配株主持分への振替え
追加取得日における連結修正仕訳 ⇒		子会社配当金の修正
		追加投資額と追加取得持分の相殺消去

⇓

連結財務諸表の作成

設例 5-2

　P社は×1年3月31日にS社の発行済議決権株式の60％を120,000円で取得したことにより支配を獲得し，さらに×2年3月31日に20％を36,000円で追加取得した。×1年3月31日現在のS社の財政状態と，×2年3月31日現在（当期末）のP社およびS社の貸借対照表は次のとおりである。なお，評価差額には，税効果会計（法定実効税率30％）を適用し，のれんは計上年度の翌年から10年間の均等償却を行う。よって，×2年3月31日現在の連結貸借対照表を作成しなさい。なお，会計期間は3月31日を決算日とする1年である。

（資　料）

×1年3月31日現在のS社の財政状態

諸 資 産	諸 負 債	資 本 金	利益剰余金
370,000円	202,000円	100,000円	68,000円

　×1年3月31日現在の，S社諸資産の時価は400,000円，諸負債の時価は212,000円である。

貸 借 対 照 表
×2年3月31日現在　　　　　　　（単位：円）

資　　　　　産	P　社	S　社	負債・純資産	P　社	S　社
諸　資　産	594,000	420,000	諸　負　債	320,000	242,000
S　社　株　式	156,000	──	資　本　金	200,000	100,000
			利　益　剰　余　金	230,000	78,000
	750,000	420,000		750,000	420,000

　×2年3月31日現在のS社諸資産の時価は470,000円，諸負債の時価は262,000円である。また，S社の当期純利益は10,000円であり，剰余金の処分および配当は行われていない。

【解　答】

連 結 貸 借 対 照 表
×2年 3 月31日現在　　　　（単位：円）

資　　産	金　　額	負債・純資産	金　　額
諸　資　産	1,044,000	諸　負　債	572,000
の　れ　ん	9,720	繰延税金負債	6,000
		資　本　金	200,000
		資 本 剰 余 金	2,400
		利 益 剰 余 金	234,920
		非支配株主持分	38,400
	1,053,720		1,053,720

【解　説】

1．タイム・テーブル

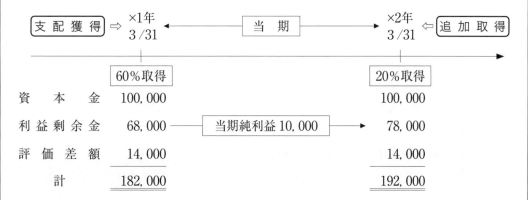

2．連結修正仕訳

⑴　開始仕訳（×1 年 3 月 31 日 ⇨ 支配獲得日における連結修正仕訳）

①　子会社（S社）資産・負債の評価

（諸　　資　　産）(＊1)	30,000	（諸　　負　　債）(＊2)	10,000
		（繰延税金負債）(＊3)	6,000
		（評　価　差　額）(＊4)	14,000

（＊1）400,000円 − 370,000円 = 30,000円 ⎫
（＊2）212,000円 − 202,000円 = 10,000円 ⎬ 評価差額20,000円
（＊3）20,000円 × 30% = 6,000円
（＊4）20,000円 − 6,000円 = 14,000円

② 投資と資本の相殺消去

(資　本　金 当 期 首 残 高)	100,000	(S　社　株　式)	120,000
(利 益 剰 余 金 当 期 首 残 高)	68,000	(非支配株主持分 当 期 首 残 高)(＊2)	72,800
(評　価　差　額)	14,000		
(の　　れ　　ん)(＊1)	10,800		

（＊1）（100,000円＋68,000円＋14,000円）×60％＝109,200円〈P社持分〉
　　　　　$\underline{182,000円〈S社資本〉}$
　　　　　120,000円〈S社株式〉－109,200円〈P社持分〉＝10,800円〈のれん〉

（＊2）（100,000円＋68,000円＋14,000円）×40％＝72,800円〈非支配株主持分〉
　　　　　$\underline{182,000円〈S社資本〉}$

(2) 期中仕訳（×1年4月1日から×2年3月31日まで）

① のれんの償却

(の れ ん 償 却 額)(＊)	1,080	(の　　れ　　ん)	1,080

（＊）10,800円÷10年＝1,080円

② 子会社（S社）当期純利益の非支配株主持分への振替え（追加取得前の割合で）

(非支配株主に帰属する 当 期 純 利 益)(＊)	4,000	(非支配株主持分 当 期 変 動 額)	4,000

（＊）10,000円×40％＝4,000円

③ 追加投資額と追加取得持分の相殺消去

(非支配株主持分 当 期 変 動 額)(＊1)	38,400	(S　社　株　式)	36,000
		(資 本 剰 余 金 持 分 変 動)(＊2)	2,400

（＊1）（　　72,800円＋4,000円　　）× $\dfrac{20\%〈追加取得持分比率〉}{40\%〈追加取得前非支配株主持分比率〉}$ ＝38,400円
　　　　 $\underline{76,800円〈追加取得前非支配株主持分〉}$

　　　　または

　　　　（100,000円＋80,000円＋12,000円）× 20％＝38,400円
　　　　 $\underline{192,000円〈×2年3/31 S社資本〉}$

（＊2）38,400円－36,000円＝2,400円

（注）追加取得による持分の変動額は，連結株主資本等変動計算書において「資本剰余金」に対する「非支配株主との取引に係る親会社の持分変動」として記載するが，本テキストでは，学習の便宜上，仕訳では「資本剰余金持分変動」としている。

3．連結精算表

連 結 精 算 表　　　　　　　　　　　（単位：円）

科　　　　　目	個　別　貸　借　対　照　表			連　結　修　正　仕　訳		連　　　結
	P　　社	S　　社	合　　　計	借　　方	貸　　方	貸借対照表
諸　　資　　産	594,000	420,000	1,014,000	30,000		1,044,000
の　れ　ん	――	――	――	10,800	1,080	9,720
S　社　株　式	156,000	――	156,000		120,000 36,000	0
合　　　計	750,000	420,000	1,170,000	40,800	157,080	1,053,720
諸　　負　　債	320,000	242,000	562,000		10,000	572,000
繰延税金負債	――	――	――		6,000	6,000
資　　本　　金	200,000	100,000	300,000	100,000		200,000
資　本　剰　余　金	――	――	――		2,400	2,400
利　益　剰　余　金	230,000	78,000	308,000	68,000 1,080 4,000		234,920
評　価　差　額	――	――	――	14,000	14,000	0
非支配株主持分	――	――	――	38,400	72,800 4,000	38,400
合　　　計	750,000	420,000	1,170,000	225,480	109,200	1,053,720

（注）損益の勘定は直接利益剰余金に加減している。

4 子会社株式の一部売却

　親会社の所有する子会社株式の一部を売却した場合（親会社と子会社の支配関係が継続している場合に限る）には，売却した株式に対応する持分を親会社の持分から減額し，非支配株主持分を増額する。売却による親会社の持分の減少額（売却持分）と売却価額との間に生じた差額は，資本剰余金とする。また，子会社株式の一部売却において関連する法人税等（子会社への投資に係る税効果の調整を含む）は，資本剰余金から控除する。

$$売却価額 － 売却持分 ＝ 資本剰余金$$

設例 5-3

　P社は×1年3月31日にS社の発行済議決権株式の80％を 160,000円で取得したことにより支配を獲得した。P社は×2年3月31日（当期末）に発行済株式総数の20％（所有するS社株式の4分の1）を50,000円で売却し，10,000円の子会社株式売却益を計上した。×1年3月31日現在のS社の財政状態とP社およびS社の当期末の個別貸借対照表は次のとおりである。なお，税効果会計は適用しない。また，のれんは計上年度の翌年から10年間の均等償却を行う。よって，当期末の連結貸借対照表を作成しなさい。なお，会計期間は3月31日を決算日とする1年である。

（資料1）

×1年3月31日現在におけるS社の財政状態

諸 資 産	諸 負 債	資 本 金	利益剰余金
370,000円	200,000円	100,000円	70,000円

　×1年3月31日現在のS社諸資産の時価は400,000円，諸負債の時価は218,000円である。

（資料2）当期末の個別貸借対照表

貸 借 対 照 表
×2年3月31日現在　　　　　　　　　　　（単位：円）

資　　　　　産	P　　社	S　　社	負債・純資産	P　　社	S　　社
諸　資　産	630,000	420,000	諸　　負　　債	320,000	220,000
S 社 株 式	120,000	—	資　　本　　金	200,000	100,000
			利 益 剰 余 金	230,000	100,000
	750,000	420,000		750,000	420,000

剰余金の処分および配当は行われていない。

【解 答】

連 結 貸 借 対 照 表
×2年 3 月31日現在　　　（単位：円）

資　　産	金　　額	負債・純資産	金　　額
諸　資　産	1,080,000	諸　負　債	558,000
の　れ　ん	12,960	資　本　金	200,000
		資 本 剰 余 金	7,600
		利 益 剰 余 金	242,560
		非支配株主持分	84,800
	1,092,960		1,092,960

【解 説】

1．タイム・テーブル

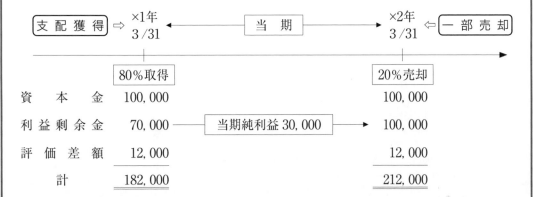

2．連結修正仕訳

⑴　開始仕訳（×1年 3 月31日 ⇨ 支配獲得日における連結修正仕訳）

①　子会社（S社）資産・負債の評価

（諸　　資　　産）(＊1) 30,000	（諸　　負　　債）(＊2) 18,000
	（評　価　差　額）(＊3) 12,000

（＊1）400,000円 − 370,000円 = 30,000円
（＊2）218,000円 − 200,000円 = 18,000円
（＊3）30,000円 − 18,000円 = 12,000円

② 投資と資本の相殺消去

(資　本　金 当 期 首 残 高)	100,000	(S　社　株　式)	160,000
(利 益 剰 余 金 当 期 首 残 高)	70,000	(非支配株主持分 当 期 首 残 高)（＊2）	36,400
(評　価　差　額)	12,000		
(の　　れ　　ん)（＊1）	14,400		

（＊1）（100,000円＋70,000円＋12,000円）×80％＝145,600円〈P社持分〉
　　　　　　　182,000円〈S社資本〉
　　　　160,000円〈S社株式〉－145,600円〈P社持分〉＝14,400円〈のれん〉
（＊2）（100,000円＋70,000円＋12,000円）×20％＝36,400円〈非支配株主持分〉
　　　　　　　182,000円〈S社資本〉

⑵　期中仕訳（×1年4月1日から×2年3月31日まで）

① のれんの償却

(のれん償却額)（＊）	1,440	(の　　れ　　ん)	1,440

（＊）14,400円÷10年＝1,440円

② 子会社（S社）当期純利益の非支配株主持分への振替え（一部売却前の割合で）

(非支配株主に帰属する 当 期 純 利 益)（＊）	6,000	(非支配株主持分 当 期 変 動 額)	6,000

（＊）100,000円－70,000円＝30,000円〈当期純利益〉
　　　30,000円×20％＝6,000円

③ 子会社株式一部売却の修正

(S　社　株　式)（＊1）	40,000	(非支配株主持分 当 期 変 動 額)（＊3）	42,400
(子会社株式売却益)（＊2）	10,000	(資 本 剰 余 金 持 分 変 動)（＊4）	7,600

（＊1）160,000円×$\frac{1}{4}$＝40,000円〈売却株式の原価〉

（＊2）50,000円〈売却価額〉－40,000円〈売却株式の原価〉＝10,000円〈子会社株式売却益〉

（＊3）（100,000円＋100,000円＋12,000円）×20％＝42,400円〈売却持分〉
　　　　　　　212,000円〈S社資本〉

（＊4）50,000円〈売却価額〉－42,400円〈売却持分〉＝7,600円〈持分変動による差額＝資本剰余金の増加〉

（注）一部売却による持分の変動額は，連結株主資本等変動計算書において「資本剰余金」に対する「非支配株主との取引に係る親会社の持分変動」として記載するが，本テキストでは，学習の便宜上，仕訳では「資本剰余金持分変動」としている。

3．連結精算表

連 結 精 算 表

（単位：円）

科 目	個 別 貸 借 対 照 表			連結修正仕訳		連 結貸借対照表
	P 社	S 社	合 計	借 方	貸 方	
諸 資 産	630,000	420,000	1,050,000	30,000		1,080,000
の れ ん	——	——	——	14,400	1,440	12,960
S 社 株 式	120,000	——	120,000	40,000	160,000	0
合 計	750,000	420,000	1,170,000	84,400	161,440	1,092,960
諸 負 債	320,000	220,000	540,000		18,000	558,000
資 本 金	200,000	100,000	300,000	100,000		200,000
資 本 剰 余 金	——	——	——		7,600	7,600
利 益 剰 余 金	230,000	100,000	330,000	70,000 1,440 6,000 10,000		242,560
非支配株主持分	——	——	——		36,400 6,000 42,400	84,800
評 価 差 額	——	——	——	12,000	12,000	0
合 計	750,000	420,000	1,170,000	199,440	122,400	1,092,960

（注）損益の勘定は直接利益剰余金に加減している。

研究 ┃ 子会社株式の一部売却において関連する法人税等の修正

　子会社株式の一部売却において関連する法人税等（子会社への投資に係る税効果の調整を含む）
は，資本剰余金から控除する。

　［設例5－3］において法人税等の実効税率が30％であった場合の連結修正仕訳は次のとおりである。

(資 本 剰 余 金 持 分 変 動)(＊)	2,280	(法 人 税 等)	2,280

　（＊）7,600円〈持分変動による差額〉×30％＝2,280円

111

子会社の時価発行増資等

　子会社が時価発行増資等を行った場合には，時価発行増資等により増加した子会社の資本と親会社の投資額とを，投資と資本の相殺消去に準じて相殺消去する。

1．持分の変動がない場合

　子会社の時価発行増資等の際に親会社および非支配株主が増資前に所有する株式の持分比率と同じ割合で新株式を取得することにより持分が変動しない場合には，増加した子会社の資本のうち親会社の持分は払込額と相殺消去し，非支配株主の持分は非支配株主持分の増加として処理する。

〈例〉P社は，前期末にS社の発行済議決権株式の80％を取得し支配を獲得した。当期末にS社が時価発行増資を行い，新株式1,000株を1株あたり100円で発行し，全額を資本金とした。P社はそのうち800株を取得した。

(資　　本　　金) (新株の発行)	(＊1)	100,000	(S　社　株　式)	(＊2)	80,000
			(非支配株主持分) (当 期 変 動 額)	(＊3)	20,000

（＊1）@100円×1,000株＝100,000円〈時価発行増資による増加資本金〉
（＊2）@100円×800株＝80,000円
（＊3）100,000円×20％＝20,000円
　　　または
　　　@100円×200株＝20,000円

2．持分の変動がある場合

　子会社の時価発行増資等の際に親会社および非支配株主が増資前に所有する株式の持分比率と異なる割合で新株式を取得することにより，親会社の持分と非支配株主の持分が変動した場合には，いったん，従来の持分比率で株式を引き受け，その後，追加取得または一部売却したとみなして処理する。

〈例〉P社は，前期末にS社の発行済議決権株式の80％を取得し支配を獲得した。当期末にS社が時価発行増資を行い，新株式1,000株を1株あたり100円で発行し，全額を資本金とした。P社はこのうち500株を取得することにより，増資後の持分比率は70％に減少した。

　なお，増資直前のS社の純資産額は140,000円であり，増資直後のS社の純資産額は240,000円であった。

① 当初の持株比率（80％）で取得したと仮定

(資　　本　　金) (新株の発行)	(＊1)	100,000	(S　社　株　式)	(＊2)	80,000
			(非支配株主持分) (当 期 変 動 額)	(＊3)	20,000

（＊1）@100円×1,000株＝100,000円〈時価発行増資による増加資本金〉
（＊2）100,000円×80％＝80,000円
（＊3）100,000円×20％＝20,000円

② 減少した持分（10%）を売却したと仮定

（S　社　株　式）（＊1）	30,000	(非支配株主持分 当 期 変 動 額)（＊2）	24,000		
		(資 本 剰 余 金 持 分 変 動)（＊3）	6,000		

（＊1）1,000株×80％－500株＝300株〈売却株数〉
　　　@100円×300株＝30,000円〈売却株式の原価〉
（＊2）240,000円×（80％－70％）＝24,000円〈売却持分〉
（＊3）30,000円－24,000円＝6,000円〈持分変動額〉
（注）増資による持分の変動額は，連結株主資本等変動計算書において「資本剰余金」に対する「非支配株主
　　との取引に係る親会社の持分変動」として記載するが，本テキストでは，学習の便宜上，仕訳では「資本
　　剰余金持分変動」としている。

③　まとめ（①＋②）

(資 本 金 新 株 の 発 行)	100,000	（S　社　株　式）	50,000	
		(非支配株主持分 当 期 変 動 額)	44,000	
		(資 本 剰 余 金 持 分 変 動)	6,000	

06 連結会計（Ⅳ）
Theme

Check ここでは，内部取引高と債権・債務の相殺消去，未実現損益の消去について学習する。特に，商品売買に関する内部取引高と売上債権・仕入債務の相殺消去と，未実現利益の消去が重要である。

❶ 内部取引高と債権・債務の相殺消去

1. 内部取引高と債権・債務の相殺消去とは

連結会社相互間における商品の売買その他の取引高に係る項目は，連結グループ内部の取引高であることから，連結決算上，相殺消去しなければならない。また，連結会社相互間の債権と債務の期末残高は，連結グループ内部の取引にもとづくものであるから，連結決算上，相殺消去しなければならない。

	内部取引高の相殺消去		債権・債務の相殺消去
商品売買取引	売 上 高 ◆━━▶ 仕 入 高 （売上原価）	売上債権・仕入債務	買 掛 金 ◆━━▶ 売 掛 金 支 払 手 形 ◆━━▶ 受 取 手 形 （貸倒引当金も修正する）
その他の取引	受 取 利 息 ◆━━▶ 支 払 利 息	経過勘定項目	未 払 費 用 ◆━━▶ 未 収 収 益 前 受 収 益 ◆━━▶ 前 払 費 用
		資金取引	借 入 金 ◆━━▶ 貸 付 金 （貸倒引当金も修正する）
配当金	受取配当金 ◆━━▶ 剰余金の配当		

（注）連結損益計算書では，売上原価の内訳科目は表示せず，一括して表示される。したがって，売上高と相殺消去される仕入高については，「売上原価」に置き換えて売上高と相殺消去する。

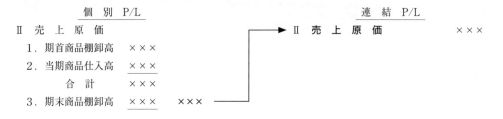

補足 相殺消去の対象となる内部取引高と債権・債務について

相殺消去の対象となる内部取引高や債権・債務については，次の点に留意すること。

① 相殺消去の対象となる債権または債務には，前払費用，未収収益，前受収益および未払費用で連結会社相互間の取引に関するものを含むものとする。

② 連結会社が振り出した手形を他の連結会社が銀行割引した場合には，連結貸借対照表上これを借入金に振り替える。

③ 引当金のうち，連結会社を対象として引き当てられたことが明らかなものは，これを調整する。

④ 連結会社が発行した社債で一時所有のものは，相殺消去の対象としないことができる。

⑤ 会社相互間取引が連結会社以外の会社を通じて行われている場合であっても，その取引が実質的に連結会社間の取引であることが明確であるときは，この取引を連結会社間の取引とみなして処理するものとする。

設例 6-1   仕 訳

P社は当期首にS社の発行済議決権株式の80％を取得し，支配を獲得した。当期の両社間における取引高と，当期末現在の両社間における債権・債務の各残高は次のとおりである。よって，連結修正仕訳を示しなさい。

（資 料）

P 社		S 社	
売 上 高（貸方科目）	200,000円	仕 入 高（借方科目）	200,000円
受 取 利 息（貸方科目）	6,000円	支 払 利 息（借方科目）	6,000円
売 掛 金（借方科目）	80,000円	買 掛 金（貸方科目）	80,000円
短 期 貸 付 金（借方科目）	100,000円	短 期 借 入 金（貸方科目）	100,000円
未 収 収 益（借方科目）	1,500円	未 払 費 用（貸方科目）	1,500円

【解 答】

（売 上 高）	200,000	（売 上 原 価）	200,000
		仕 入 高	
（受 取 利 息）	6,000	（支 払 利 息）	6,000
（買 掛 金）	80,000	（売 掛 金）	80,000
（短 期 借 入 金）	100,000	（短 期 貸 付 金）	100,000
（未 払 費 用）	1,500	（未 収 収 益）	1,500

2. 手形取引の相殺消去

連結会社相互間における「受取手形」と「支払手形」については，連結上これを相殺消去する。また，連結会社相互間において，一方の会社が振り出した手形を他方の会社が連結グループ外部の銀行で割り引いた場合には，連結上，金融手形の振出しによる資金の借入れと考え，その割り引いた手形金額を連結貸借対照表上，「借入金」として処理する。

なお，「借入金」は手形の決済期日にもとづいて一年基準により分類し，「短期借入金」または「長期借入金」として表示する。

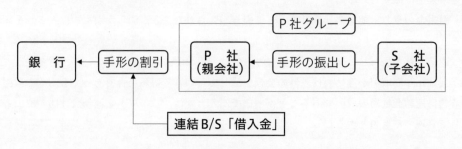

設例 6-2　　　　　　　　　　　　　　　　　　　　　　　仕　訳

S社は当期にP社（S社株式の80％を所有し，S社を支配している）に対して約束手形100,000円を振り出した。P社は受け取った約束手形のうち40,000円を連結外部の銀行で割り引き，残額については当期末現在所持している。よって，連結修正仕訳を示しなさい。

（資　料）個別貸借対照表（一部）

貸　借　対　照　表（一部）　　　　　　（単位：円）

借 方 科 目	P 社	S 社	貸 方 科 目	P 社	S 社
受　取　手　形	(注)60,000	——	支　払　手　形	——	100,000

（注）割引手形40,000円が控除されている。

【解答・解説】

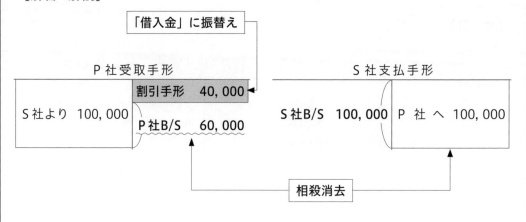

| （支　払　手　形） | 100,000 | （受　取　手　形） | 60,000 |
| | | （借　　入　　金） | 40,000 |

∴　割引手形40,000円の注記は消去される。

研究 | 手形売却損の修正

　個別会計上は，手形の割引にともなう支払割引料は，所有する受取手形を手取額で売却したと考え「手形売却損」として割引時の費用として処理している。

　ただし，連結会計上は，連結会社が振り出した手形を受取側の会社が連結グループ外部の銀行で割り引いた場合には，前述したとおり，金融手形の振出しによる借入れと考えて処理するため，支払割引料は「支払利息」に相当すると考えられる。

　そこで，「手形売却損」から「支払利息」に振り替えるとともに，未経過期間に対応する利息を「前払費用」として繰り延べる。

　また，手形の割引高に対して「保証債務」を計上している場合には，これを取り崩す。

〈例〉　P社（×1年3月31日決算，S社株式の80％を所有）は，S社から受け取った約束手形40,000円を×1年3月1日に連結外部の銀行で割り引き，割引料1,500円を控除した手取額38,500円を受け取った。この約束手形の決済期日は×1年5月31日であり，保証債務は計上していない。なお，税効果会計は考慮しない。よって，連結修正仕訳を示しなさい。

（支　払　手　形）	40,000	（短　期　借　入　金）	40,000
（支　払　利　息）	1,500	（手　形　売　却　損）	1,500
		支払割引料	
（前　払　費　用）（＊）	1,000	（支　払　利　息）	1,000

（＊）　$1,500円 \times \dfrac{2か月}{3か月} = 1,000円$〈未経過期間分〉

3. 未達取引の整理

親会社が販売した商品が子会社に未着であるなどの場合には，連結会社間における金額に不一致が生じる。この場合には，未達取引の整理仕訳を行うことにより連結会社間における金額を一致させてから，その金額をもって相殺消去する。

設例 6-3　　　　　　　　　　　　　　　　　　　　　　　　　　**仕 訳**

次の資料により連結修正仕訳を示しなさい。

（資 料）

(1) P社（S社株式の80％を所有し，S社を支配している）は当期より商品の一部をS社に販売している。期中における取引高は次のとおりである。

　　　P社のS社への売上高：30,000円，

　　　S社のP社からの仕入高：29,500円

　　両社の金額の不一致は，当期末におけるP社からS社へ送付した商品の未達分である。

(2) 上記(1)の取引に係る当期末の債権・債務の各残高は次のとおりである。

　　　P社のS社に対する売掛金残高：4,500円，

　　　S社のP社に対する買掛金残高：4,000円

　　両社の金額の不一致は，上記(1)の商品未達分である。

【解答・解説】

1. 未達取引の整理仕訳

（売 上 原 価）	500	（買 掛 金）(*)	500
仕 入		買掛金	
（商　　　品）(*)	500	（売 上 原 価）	500
繰越商品		期末棚卸高	

（*）30,000円 − 29,500円 = 500円
　　　または
　　　4,500円 − 4,000円 = 500円

S社売上原価（P社より仕入）　　　　　　　　　S社商品（S社繰越商品）

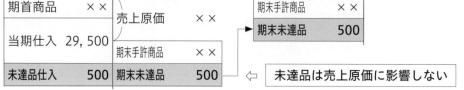

未達品は売上原価に影響しない

上記の仕訳をまとめると，次のようになる。 ⇨ **結論**

| （商　　　品） | 500 | （買　　掛　　金） | 500 |

2．内部取引高と債権・債務の相殺消去

| （売　　上　　高） | 30,000 | （売　上　原　価）(＊1) 仕　入　高 | 30,000 |
| （買　　掛　　金）(＊2) | 4,500 | （売　　掛　　金） | 4,500 |

（＊1）29,500円＋500円〈未達分〉＝30,000円
（＊2）4,000円＋500円〈未達分〉＝4,500円

② 期末棚卸資産に含まれる未実現利益

1. 未実現損益の消去

　未実現損益とは，連結会社相互間の取引によって取得した棚卸資産，固定資産その他の資産に含まれる未実現の損益である。未実現損益は，連結会計上は連結グループ外部に売却されるまたは費用配分されるまでは未実現であるため，その全額を消去しなければならない。ただし，未実現の損失については，売手側の帳簿価額のうち回収不能と認められる部分は，消去しないものとする。また，未実現損益の金額に重要性が乏しい場合には，消去しないことも認められる。

　なお，子会社が売手の場合で，売手側の子会社に非支配株主が存在する場合には，消去した未実現損益は，親会社と非支配株主の持分比率に応じて，親会社の持分と非支配株主の持分に配分し，非支配株主の配分額は非支配株主持分に加減する。

2. 期末棚卸資産に含まれる未実現利益

(1) 基本的な処理

　　連結会社相互間の取引によって取得した棚卸資産（商品など）を買手側が所有している場合には，期末棚卸高に含まれる未実現利益を消去する。

〈例〉S社は，当期末にP社（S社株式の80％を所有）から仕入れた商品5,000円を所有している。なお，この商品のP社の仕入原価は4,000円であり，未実現利益の消去にあたっては，税効果会計（法定実効税率30％）を適用する。

個別会計上の仕訳（S社の仕訳）		連結会計上あるべき仕訳	
（繰越商品）5,000　（仕　　入）5,000		（商　　　品）4,000　（売上原価）4,000	
B/S商品　　　　　P/L売上原価			
連結修正仕訳			
（売　上　原　価）（＊1）　1,000		（商　　　　品）	1,000
（繰延税金資産）（＊2）　　300		（法人税等調整額）	300

（＊1）5,000円－4,000円＝1,000円〈期末商品に含まれる未実現利益〉
（＊2）1,000円×30％＝300円〈繰延税金資産〉

　　個別会計上は，買手側であるS社は，P社からの仕入原価5,000円で期末商品を評価し，売上原価の計算を行っているが，連結会計上は，P社の仕入原価4,000円で期末商品を評価し，売上原価を計算すべきなので，差額の1,000円を修正することにより，期末商品に含まれる未実現利益を消去することができる。

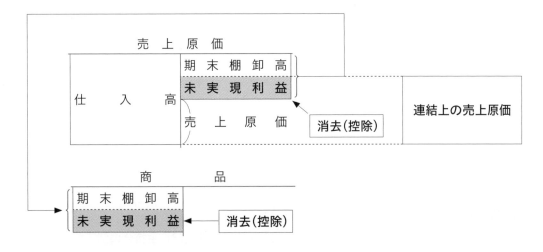

(2) 未実現利益の負担関係

　未実現利益を消去した場合には，未実現利益の消去により減少した利益をだれが負担すべきかが問題となる。未実現利益の負担関係は，親会社が売手側の場合（ダウン・ストリーム）と子会社が売手側の場合（アップ・ストリーム）とで次のように区別している。

① 　ダウン・ストリーム：全額消去・親会社負担方式

　親会社から子会社へ販売されることを「ダウン・ストリーム」という。この場合には，未実現利益の全額を消去し，未実現利益を計上した親会社の株主がその全額を負担する。

② 　アップ・ストリーム：全額消去・持分按分負担方式

　子会社から親会社へ販売されることを「アップ・ストリーム」という。この場合には，未実現利益の全額を消去し，未実現利益を計上した子会社の株主が持株比率に応じて負担するために，売手側である子会社に非支配株主が存在する場合には，その負担額を非支配株主持分から減額する。

P社は，S社の発行済議決権株式の80％を所有し，支配している。よって，次の取引について必要な連結修正仕訳を示しなさい。なお，未実現利益の消去にあたっては，税効果会計（法定実効税率30％）を適用する。

1．P社は，当期にS社に対して商品20,000円（原価16,000円）を販売し，S社はこのうち5,000円の商品を当期末に所有している。

2．S社は，当期にP社に対して商品20,000円（原価16,000円）を販売し，P社はこのうち5,000円の商品を当期末に所有している。

【解答・解説】

1．ダウン・ストリーム：全額消去・親会社負担方式（非支配株主持分の修正なし）

（売　上　高）	20,000	（売　上　原　価）	20,000
（売　上　原　価）（＊1）	1,000	（商　　　品）	1,000
（繰延税金資産）（＊2）	300	（法人税等調整額）	300
P 社			

（＊1）$5,000円〈期末商品〉 \times \dfrac{20,000円 - 16,000円}{20,000円}(=0.2) = 1,000円〈未実現利益〉$

（＊2）$1,000円〈未実現利益〉 \times 30\% = 300円〈繰延税金資産〉$

2．アップ・ストリーム：全額消去・持分按分負担方式（非支配株主持分の修正あり）

（売　上　高）	20,000	（売　上　原　価）	20,000
（売　上　原　価）（＊1）	1,000	（商　　　品）	1,000
（繰延税金資産）（＊2）	300	（法人税等調整額）	300
S 社			
（非支配株主持分 当期変動額）（＊3）	140	（非支配株主に帰属する 当期純利益）	140

（＊1）$5,000円〈期末商品〉 \times \dfrac{20,000円 - 16,000円}{20,000円}(=0.2) = 1,000円〈未実現利益〉$

（＊2）$1,000円〈未実現利益〉 \times 30\% = 300円〈繰延税金資産〉$

（＊3）$(1,000円 - 300円) \times 20\% = 140円〈非支配株主持分の減少〉$

❸ 期末貸倒引当金の減額修正

　内部取引から生じた連結会社相互間の債権と債務の期末残高を相殺消去した場合には，相殺消去した債権に対して設定されている貸倒引当金を減額修正しなければならない。

　また，貸倒引当金を減額修正した場合には，税効果会計を適用して繰延税金負債を計上し，さらに子会社の債権に対する貸倒引当金を減額修正した場合には，非支配株主持分を増額させる。

　(注) 個別会計上，貸倒引当金が損金不算入となることにより，税効果会計を適用して繰延税金資産を計上している場合には，連結修正において繰延税金負債の計上に代えて繰延税金資産を取り崩す。問題上，貸倒引当金に対して繰延税金資産が計上されていることが明らかな場合には，繰延税金資産を使用すること。

設例 6-5　　　　　　　　　　　　　　　　　　　　　　　　　　　　　仕 訳

　P社は，S社の発行済議決権株式の80％を所有し，支配している。よって，次の取引について必要な連結修正仕訳を示しなさい。なお，貸倒引当金の減額修正にあたっては，税効果会計（法定実効税率30％）を適用する。

1. 当期末におけるP社の貸借対照表には，S社に対する売掛金100,000円が計上されており，P社はこの売掛金に対して2％の貸倒引当金を設定している（間接控除法）。
2. 当期末におけるS社の貸借対照表には，P社に対する売掛金100,000円が計上されており，S社はこの売掛金に対して2％の貸倒引当金を設定している（間接控除法）。

【解答・解説】

1．期末貸倒引当金（P社分）の修正（非支配株主持分の修正なし）

　売掛金100,000円に対する貸倒引当金2,000円を減額修正する。また，この減額修正により連結会計上の利益が増加するため税効果会計を適用し，600円の繰延税金負債を計上する。

(買　　掛　　金)	100,000	(売　　掛　　金)	100,000
(貸 倒 引 当 金)(＊1)	2,000	(貸倒引当金繰入)	2,000
(法人税等調整額)	600	(繰 延 税 金 負 債)(＊2)	600
		P　社	

（＊1）100,000円〈売掛金〉× 2 ％ = 2,000円〈貸倒引当金修正額〉
（＊2）2,000円 × 30％ = 600円〈繰延税金負債〉

　なお，貸倒引当金を直接控除法により記載している場合には，P社の貸借対照表には，貸倒引当金を控除後の98,000円が売掛金として計上されているので，次のように修正する。

(買　　掛　　金)	100,000	(売　　掛　　金)	98,000
		(貸倒引当金繰入)	2,000
(法人税等調整額)	600	(繰 延 税 金 負 債)	600
		P　社	

2．期末貸倒引当金（S社分）の修正（非支配株主持分の修正あり）

売掛金100,000円に対する貸倒引当金2,000円を減額修正する。また，この減額修正により連結会計上の利益が増加するため税効果会計を適用し，600円の繰延税金負債を計上する。また，子会社であるS社の貸倒引当金の修正により利益が1,400円増加するので，非支配株主持分を280円増額させる。

（買　掛　金）	100,000	（売　掛　金）	100,000
（貸倒引当金）（＊1）	2,000	（貸倒引当金繰入）	2,000
（法人税等調整額）	600	（繰延税金負債）（＊2）	600
		S　社	
（非支配株主に帰属する当期純利益）（＊3）	280	（非支配株主持分当期変動額）	280

（＊1）100,000円〈売掛金〉× 2 ％＝2,000円〈貸倒引当金修正額〉
（＊2）2,000円×30％＝600円〈繰延税金負債〉
（＊3）（2,000円－600円）×20％＝280円〈非支配株主持分の増加〉

なお，貸倒引当金を直接控除法により記載している場合には，S社の貸借対照表には，貸倒引当金を控除後の98,000円が売掛金として計上されているので，次のように修正する。

（買　掛　金）	100,000	（売　掛　金）	98,000
		（貸倒引当金繰入）	2,000
（法人税等調整額）	600	（繰延税金負債）	600
		S　社	
（非支配株主に帰属する当期純利益）	280	（非支配株主持分当期変動額）	280

124

設例 6-6

次の資料により，当期（×1年4月1日から×2年3月31日まで）の連結財務諸表を作成しなさい。なお，法人税等の実効税率は30％として税効果会計を適用し，繰延税金資産・負債は相殺して表示する。ただし，異なる納税主体に係る繰延税金資産・負債は相殺しないこと。

（資料1）

貸 借 対 照 表
×2年3月31日現在 （単位：円）

資 産	P 社	S 社	負債・純資産	P 社	S 社
売 掛 金	100,000	50,000	買 掛 金	60,000	30,000
貸 倒 引 当 金	△2,000	△1,000	その他負債	282,000	184,500
商 品	80,000	40,000	資 本 金	200,000	100,000
土 地	200,000	100,000	利 益 剰 余 金	208,000	105,500
S 社 株 式	130,000	—			
繰 延 税 金 資 産	7,500	3,750			
そ の 他 資 産	234,500	227,250			
	750,000	420,000		750,000	420,000

損 益 計 算 書
自×1年4月1日　至×2年3月31日 （単位：円）

借 方 科 目	P 社	S 社	貸 方 科 目	P 社	S 社
売 上 原 価	225,000	112,500	売 上 高	300,000	150,000
貸 倒 引 当 金 繰 入	1,500	800	受 取 配 当 金	12,000	—
そ の 他 費 用	87,500	43,700	そ の 他 収 益	82,000	47,000
法 人 税 等	30,000	15,000	法人税等調整額	6,000	3,000
当 期 純 利 益	56,000	28,000			
	400,000	200,000		400,000	200,000

株主資本等変動計算書
自×1年4月1日　至×2年3月31日 （単位：円）

	株 主 資 本			
	資 本 金		利 益 剰 余 金	
	P 社	S 社	P 社	S 社
当 期 首 残 高	200,000	100,000	192,000	97,500
剰 余 金 の 配 当			△ 40,000	△ 20,000
当 期 純 利 益			56,000	28,000
当 期 末 残 高	200,000	100,000	208,000	105,500

（資料２）
(1) P社は×1年３月31日にS社の発行済議決権株式の60％を130,000円で取得し，支配を獲得した。×1年３月31日におけるS社の土地は帳簿価額100,000円，時価125,000円であった。なお，のれんは，計上の翌年から10年の均等償却を行う。

(2) S社は当期よりP社に対して掛けで商品を販売している。当期のS社の売上高のうちP社に対するものは70,000円であるが，このうち10,000円はP社に未達であった。また，P社の当期末商品のうち8,000円はS社から仕入れたものである。なお，S社のP社に対する売上総利益率は25％である。

(3) P社の買掛金のうち20,000円（未達分を含まない）はS社に対するものである。また，P社，S社ともに売掛金の期末残高に対して毎期２％の貸倒引当金を設定している。

【解　答】

連結貸借対照表
×2年３月31日現在　　　　　　　　（単位：円）

資　　産	金　額	負債・純資産	金　額
売　掛　金	120,000	買　掛　金	70,000
貸倒引当金	△2,400	繰延税金負債	2,580
商　　品	125,500	その他負債	466,500
土　　地	325,000	資　本　金	200,000
の　れ　ん	900	利益剰余金	211,062
繰延税金資産	7,500	非支配株主持分	88,108
その他資産	461,750		
	1,038,250		1,038,250

連 結 損 益 計 算 書

自×1年 4 月 1 日　至×2年 3 月31日

(単位：円)

科　　　　　目	金　　額
売　　　　上　　　　高	380,000
売　　上　　原　　価	△ 272,000
貸 倒 引 当 金 繰 入	△ 1,700
の れ ん 償 却 額	△ 100
そ　の　他　収　益	129,000
そ　の　他　費　用	△ 131,200
税 金 等 調 整 前 当 期 純 利 益	104,000
法　　人　　税　　等	△ 45,000
法 人 税 等 調 整 額	10,170
当　期　純　利　益	69,170
非支配株主に帰属する当期純利益	△ 10,108
親会社株主に帰属する当期純利益	59,062

連結株主資本等変動計算書

自×1年 4 月 1 日　至×2年 3 月31日　　　(単位：円)

	株　主　資　本		非支配株主持分
	資　本　金	利 益 剰 余 金	
当 期 首 残 高	200,000	192,000	86,000
剰 余 金 の 配 当		△ 40,000	
親会社株主に帰属する 当 期 純 利 益		59,062	
株主資本以外の項目 の当期変動額(純額)			2,108
当 期 末 残 高	200,000	211,062	88,108

【解　説】

1．タイム・テーブル

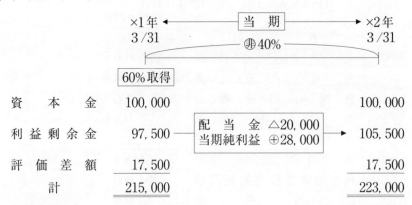

2．連結修正仕訳

(1) 開始仕訳（×1年3月31日＝前期の連結修正仕訳）
 ① 子会社（S社）土地の評価（評価差額の計上）
 ② 投資と資本の相殺消去
(2) 期中仕訳（×1年4月1日から×2年3月31日まで）
 ① のれんの償却
 ② 子会社（S社）当期純利益の非支配株主持分への振替え
 ③ 子会社（S社）配当金の修正
 ④ 未達取引の整理
 ⑤ 内部取引高（売上高と売上原価）の相殺消去
 ⑥ 期末商品に含まれる未実現利益の消去
 ⑦ 債権債務（売掛金と買掛金）の相殺消去
 ⑧ 期末貸倒引当金の減額修正
 ⑨ 繰延税金資産と繰延税金負債の相殺消去

(1) 開始仕訳（×1年3月31日＝前期の連結修正仕訳）

① 子会社（S社）土地の評価（評価差額の計上）

（土　　　　　　地）(＊1)	25,000	（繰延税金負債）(＊2)	7,500
		S　社	
		（評　価　差　額）(＊3)	17,500

（＊1）125,000円 − 100,000円 = 25,000円〈評価差額〉
（＊2）25,000円〈評価差額〉× 30% = 7,500円〈繰延税金負債〉
（＊3）25,000円〈評価差額〉− 7,500円〈繰延税金負債〉= 17,500円〈税効果後の評価差額〉

② 投資と資本の相殺消去

(資 本 金 当 期 首 残 高)	100,000	(S 社 株 式)		130,000
(利 益 剰 余 金 当 期 首 残 高)	97,500	(非支配株主持分 当 期 首 残 高) (＊2)		86,000
(評 価 差 額)	17,500			
(の れ ん) (＊1)	1,000			

（＊1）(100,000円 + 97,500円 + 17,500円) × 60% = 129,000円
　　　　　　　　　215,000円

　　　130,000円 － 129,000円 = 1,000円

（＊2）(100,000円 + 97,500円 + 17,500円) × 40% = 86,000円
　　　　　　　　　215,000円

(2) 期中仕訳（×1年4月1日から×2年3月31日まで）

① のれんの償却

(の れ ん 償 却 額) (＊)	100	(の れ ん)	100

（＊）1,000円 ÷ 10年 = 100円

② 子会社（S社）当期純利益の非支配株主持分への振替え

(非支配株主に帰属する 当 期 純 利 益) (＊)	11,200	(非支配株主持分 当 期 変 動 額)	11,200

（＊）28,000円〈S社当期純利益〉× 40% = 11,200円

③ 子会社（S社）配当金の修正

(受 取 配 当 金) (＊1)	12,000	(利 益 剰 余 金 剰 余 金 の 配 当)	20,000
(非支配株主持分 当 期 変 動 額) (＊2)	8,000		

（＊1）20,000円〈S社配当金〉× 60% = 12,000円
（＊2）20,000円〈S社配当金〉× 40% = 　8,000円

④ 未達取引の整理

(商 品)	10,000	(買 掛 金)	10,000

⑤ 内部取引高（売上高と売上原価）の相殺消去

(売 上 高)	70,000	(売 上 原 価)	70,000

⑥ 期末商品に含まれる未実現利益の消去（アップ・ストリーム）

（売 上 原 価）(＊1)	4,500	（商　　　　　品）	4,500
（繰 延 税 金 資 産）(＊2)	1,350	（法 人 税 等 調 整 額）	1,350
S 社			
（非支配株主持分 当 期 変 動 額）(＊3)	1,260	（非支配株主に帰属する 当 期 純 利 益）	1,260

（＊1）（8,000円 + 10,000円〈未達〉）× 0.25〈売上総利益率〉= 4,500円〈未実現利益〉

（＊2）4,500円 × 30% = 1,350円〈繰延税金資産〉

（＊3）（4,500円 − 1,350円）× 40% = 1,260円〈非支配株主持分〉

⑦ 債権債務（売掛金と買掛金）の相殺消去

（買　　掛　　金）(＊)	30,000	（売　　掛　　金）	30,000

（＊）20,000円 + 10,000円〈未達〉= 30,000円

⑧ 期末貸倒引当金の減額修正

（貸 倒 引 当 金）(＊1)	600	（貸 倒 引 当 金 繰 入）	600
（法 人 税 等 調 整 額）(＊2)	180	（繰 延 税 金 負 債）	180
		S 社	
（非支配株主に帰属する 当 期 純 利 益）(＊3)	168	（非支配株主持分 当 期 変 動 額）	168

（＊1）30,000円 × 2% = 600円

（＊2）600円 × 30% = 180円〈繰延税金負債〉

（＊3）（600円 − 180円）× 40% = 168円〈非支配株主持分〉

⑨ 繰延税金資産と繰延税金負債の相殺消去

（繰 延 税 金 負 債）	5,100	（繰 延 税 金 資 産）	5,100
S 社		S 社	

（注）親会社（P社）と子会社（S社）の繰延税金資産・繰延税金負債は相殺できないので，それぞれの会社ごとに繰延税金資産・繰延税金負債をまとめた勘定を使って集計すると便利である。

繰延税金資産・負債（P社）

個別B/S　7,500	

繰延税金資産・負債（S社）

個別B/S　3,750	土　　地　　7,500
期末商品　1,350	期末貸引　　　180
2,580	

3. 連結精算表

連 結 精 算 表 （単位：円）

科　　　目	個　別　財　務　諸　表			連 結 修 正 仕 訳		連　　　結
	P　社	S　社	合　　計	借　方	貸　方	財 務 諸 表
損 益 計 算 書						
売　上　高	300,000	150,000	450,000	70,000		380,000
売 上 原 価	△225,000	△112,500	△337,500	4,500	70,000	△272,000
貸倒引当金繰入	△　1,500	△　800	△　2,300		600	△　1,700
のれん償却額	——	——	——	100		△　100
受 取 配 当 金	12,000		12,000	12,000		0
そ の 他 収 益	82,000	47,000	129,000			129,000
そ の 他 費 用	△　87,500	△　43,700	△131,200			△131,200
法 人 税 等	△　30,000	△　15,000	△　45,000			△　45,000
法人税等調整額	6,000	3,000	9,000	180	1,350	10,170
非支配株主に帰属する当 期 純 利 益	——	——		11,200 168	1,260	△　10,108
親会社株主に帰属する当期純利益	56,000	28,000	84,000	98,148	73,210	59,062
株主資本等変動計算書						
資本金当期首残高	200,000	100,000	300,000	100,000		200,000
資本金当期末残高	200,000	100,000	300,000	100,000		200,000
利益剰余金当期首残高	192,000	97,500	289,500	97,500		192,000
剰 余 金 の 配 当	△　40,000	△　20,000	△　60,000		20,000	△　40,000
親会社株主に帰属する当期純利益	56,000	28,000	84,000	98,148	73,210	59,062
利益剰余金当期末残高	208,000	105,500	313,500	195,648	93,210	211,062
非支配株主持分当期首残高	——	——	——		86,000	86,000
非支配株主持分当期変動額	——	——	——	8,000 1,260	11,200 168	2,108
非支配株主持分当期末残高	——	——		9,260	97,368	88,108
貸 借 対 照 表						
売　掛　金	100,000	50,000	150,000		30,000	120,000
貸 倒 引 当 金	△　2,000	△　1,000	△　3,000	600		△　2,400
商　　　品	80,000	40,000	120,000	10,000	4,500	125,500
土　　　地	200,000	100,000	300,000	25,000		325,000
の　れ　ん	——	——		1,000	100	900
S 社 株 式	130,000	——	130,000		130,000	0
繰 延 税 金 資 産	7,500	3,750	11,250	1,350	5,100	7,500
そ の 他 資 産	234,500	227,250	461,750			461,750
合　　　計	750,000	420,000	1,170,000	37,950	169,700	1,038,250
買　掛　金	60,000	30,000	90,000	30,000	10,000	70,000
繰 延 税 金 負 債	——			5,100	7,500 180	2,580
そ の 他 負 債	282,000	184,500	466,500			466,500
資　本　金	200,000	100,000	300,000	100,000		200,000
利 益 剰 余 金	208,000	105,500	313,500	195,648	93,210	211,062
非支配株主持分	——	——		9,260	97,368	88,108
評 価 差 額	——	——		17,500	17,500	0
合　　　計	750,000	420,000	1,170,000	357,508	225,758	1,038,250

4 期首棚卸資産に含まれる未実現利益

前期末に期末棚卸資産に含まれる未実現利益を消去した場合には，当期の期首棚卸資産に含まれる未実現利益を修正しなければならない。

期首棚卸資産に含まれる未実現利益の修正は，次のように考えて連結修正仕訳を行う。

---

① **開始仕訳**：前期末に未実現利益を消去した仕訳を当期の開始仕訳とする。

（内部取引高の相殺消去は開始仕訳が不要）

(利益剰余金 当期首残高)	1,000	(商　　品)	1,000

売上原価

② **実現仕訳**：前期末に消去した未実現利益が当期に販売されることにより実現したと仮定し，元の科目のまま前期末の連結修正仕訳の逆仕訳をする。

(商　　品)	1,000	(売上原価)	1,000

設例 6-7　　　　　　　　　　　　　　　　　　　　　　仕　訳

P社は，S社の発行済議決権株式総数の80％を所有し，支配している。よって，次の取引について必要な連結修正仕訳を示しなさい。なお，未実現利益の消去にあたっては，税効果会計（法定実効税率30％）を適用する。

（資　料）

貸 借 対 照 表（一部）
×3年3月31日現在　　　　　　　　（単位：円）

資　　産	P　社	S　社	負債・純資産	P　社	S　社
商　　品	24,000	16,000			

損 益 計 算 書（一部）
自×2年4月1日　至×3年3月31日　　　　（単位：円）

借方科目	P　社	S　社	貸方科目	P　社	S　社
売上原価	72,000	48,000	売　上　高	90,000	60,000

1．P社は，前期よりS社に商品を販売している。P社のS社に対する当期の売上高は30,000円であり，S社の期末商品のうちP社からの仕入分は前期末に5,000円，当期末に8,000円であった。なお，P社のS社に対する売上高の利益率は毎期20％である。

2．S社は，前期よりP社に商品を販売している。S社のP社に対する当期の売上高は30,000円であり，P社の期末商品のうちS社からの仕入分は前期末に5,000円，当期末に8,000円であった。なお，S社のP社に対する売上高の利益率は毎期20％である。

【解答・解説】

1．P社からS社への販売（ダウン・ストリーム～全額消去・親会社負担方式＝非支配株主持分の修正なし）

⑴　内部取引高の相殺消去

（売　上　高）	30,000	（売　上　原　価）	30,000

⑵　期首商品に含まれる未実現利益

①　開始仕訳

（利 益 剰 余 金 当 期 首 残 高）（＊1）	1,000	（商　　　　品）	1,000
売上原価			
（繰 延 税 金 資 産）（＊2）	300	（利 益 剰 余 金 当 期 首 残 高）	300
P 社		法人税等調整額	

（＊1）5,000円〈前期末商品〉×20％＝1,000円〈期首未実現利益〉
（＊2）1,000円×30％＝300円〈繰延税金資産〉

②　実現仕訳

（商　　　　品）	1,000	（売　上　原　価）	1,000
（法人税等調整額）	300	（繰 延 税 金 資 産）	300
		P 社	

⑶　期末商品に含まれる未実現利益

（売　上　原　価）（＊1）	1,600	（商　　　　品）	1,600
（繰 延 税 金 資 産）（＊2）	480	（法人税等調整額）	480
P 社			

（＊1）8,000円〈当期末商品〉×20％＝1,600円〈期末未実現利益〉
（＊2）1,600円×30％＝480円〈繰延税金資産〉

⑷　⑵と⑶のまとめ

　　期首・期末の未実現利益の消去がある場合には，次の2つのまとめ方がある。

⒜　期首と期末を区別し，期首の①と②をまとめる方法（洗替法的な処理）
⒝　期首と期末を区別せずに，期首の②と期末をまとめる方法（差額補充法的な処理）

	(a) 洗替法的な処理	(b) 差額補充法的な処理
(2)①	(利益剰余金当期首残高) 700 (売上原価) 1,000 (法人税等調整額) 300	(利益剰余金当期首残高) 1,000 (商　品) 1,000 (繰延税金資産) 300 (利益剰余金当期首残高) 300
(2)②		(売上原価) 600 (商　品) 600 (繰延税金資産) 180 (法人税等調整額) 180
(3)	(売上原価) 1,600 (商　品) 1,600 (繰延税金資産) 480 (法人税等調整額) 480	

2．S社からP社への販売（アップ・ストリーム～全額消去・持分按分負担方式＝非支配株主持分の修正あり）

(1) 内部取引高の相殺消去

(売　上　高)	30,000	(売　上　原　価)	30,000

(2) 期首商品に含まれる未実現利益

① 開始仕訳

(利益剰余金当期首残高)(＊1)	1,000	(商　品)	1,000
売上原価			
(繰延税金資産)(＊2)	300	(利益剰余金当期首残高)	300
S　社		法人税等調整額	
(非支配株主持分当期首残高)(＊3)	140	(利益剰余金当期首残高)	140
		非支配株主に帰属する当期純利益	

（＊1）5,000円〈前期末商品〉×20％＝1,000円〈期首未実現利益〉
（＊2）1,000円×30％＝300円〈繰延税金資産〉
（＊3）（1,000円－300円）×20％＝140円〈非支配株主持分の減少〉

② 実現仕訳

(商　品)	1,000	(売　上　原　価)	1,000
(法人税等調整額)	300	(繰延税金資産)	300
		S　社	
(非支配株主に帰属する当期純利益)	140	(非支配株主持分当期変動額)	140

(3) 期末商品に含まれる未実現利益

（売上原価）(*1)	1,600	（商品）	1,600
（繰延税金資産）(*2)	480	（法人税等調整額）	480

S 社

（非支配株主持分当期変動額）(*3)	224	（非支配株主に帰属する当期純利益）	224

（＊1）8,000円〈当期末商品〉×20％＝1,600円〈期末未実現利益〉
（＊2）1,600円×30％＝480円〈繰延税金資産〉
（＊3）（1,600円−480円）×20％＝224円〈非支配株主持分の減少〉

(4) (2)と(3)のまとめ

期首・期末の未実現利益の消去がある場合には，次の2つのまとめ方がある。

(a) 期首と期末を区別し，期首の①と②をまとめる方法（洗替法的な処理）
(b) 期首と期末を区別せずに，期首の②と期末をまとめる方法（差額補充法的な処理）

	(a) 洗替法的な処理				(b) 差額補充法的な処理			
(2)①	（利益剰余金当期首残高）	560	（売上原価）	1,000	（利益剰余金当期首残高）	1,000	（商品）	1,000
	（法人税等調整額）	300			（繰延税金資産）	300	（利益剰余金当期首残高）	300
	（非支配株主に帰属する当期純利益）	140			（非支配株主持分当期首残高）	140	（利益剰余金当期首残高）	140
(2)②	（非支配株主持分当期首残高）	140	（非支配株主持分当期変動額）	140				
(3)	（売上原価）	1,600	（商品）	1,600	（売上原価）	600	（商品）	600
	（繰延税金資産）	480	（法人税等調整額）	480	（繰延税金資産）	180	（法人税等調整額）	180
	（非支配株主持分当期変動額）	224	（非支配株主に帰属する当期純利益）	224	（非支配株主持分当期変動額）	84	（非支配株主に帰属する当期純利益）	84

上記1または2の修正の結果，連結財務諸表上の売上原価，売上高および商品の各金額は次のとおりとなる。ただし，非支配株主持分，法人税等調整額などのその他の科目は条件が不足しているため省略している。

売 上 原 価

期首商品棚卸高		売 上 原 価		売 上 高	
P社期首商品	×××	P社売上原価	72,000	P社売上高	90,000
S社期首商品	×××	S社売上原価	48,000	S社売上高	60,000
期首未実現利益 ⊖	1,000	内 部 仕 入 高 ⊖	30,000	内部売上高 ⊖	30,000
		期首未実現利益 ⊖	1,000	連結P/L	120,000
		期末未実現利益 ⊕	1,600		
当期商品仕入高		連結P/L	90,600		
P社当期仕入	×××	期末商品棚卸高			
S社当期仕入	×××	P社期末商品	×××		
内 部 仕 入 高 ⊖	30,000	S社期末商品	×××		
		期末未実現利益 ⊖	1,600		

(注) 差額補充法的にまとめた場合には，期首未実現利益1,000円と期末未実現利益1,600円の差額600円が売上原価に加算される。

商 品

P 社 商 品	24,000
S 社 商 品	16,000
期末未実現利益 ⊖	1,600
連結B/S	38,400

(注) 洗替法的にまとめた場合には期首未実現利益は相殺されるため当期末の商品には影響しない。また，差額補充法的にまとめた場合には，期首未実現利益1,000円を商品から控除し，さらに期末未実現利益1,600円との差額600円を商品から控除する。

5 期首貸倒引当金の修正

　前期末に貸倒引当金の減額修正を行っている場合には，当期の期首貸倒引当金について修正しなければならない。

　期首貸倒引当金の修正は，次のように考えて連結修正仕訳を行う。

① **開始仕訳**：前期末に貸倒引当金を減額修正した仕訳を開始仕訳とする。
　　　　　　（債権・債務の相殺消去は開始仕訳が不要）

　　開 始 仕 訳：(貸 倒 引 当 金)　　2,000　　$\left(\begin{array}{l}利 益 剰 余 金 \\ 当 期 首 残 高\end{array}\right)$　　2,000
　　　　　　　　　　　　　　　　　　　　　　　　貸倒引当金繰入

② **貸倒引当金繰入(戻入)の修正**：

　　個別会計上は，前期に設定した貸倒引当金を当期に戻し入れるが，連結会計上は，前期に減額修正しているため，当期に戻し入れる必要がない。よって，修正する。

　　個別会計上の仕訳：(貸 倒 引 当 金)　　2,000　　(貸倒引当金繰入)　　2,000
　　　　　　　　　　　　　　　　　　　　　　　　　　　　貸倒引当金戻入

　　連結会計上の仕訳： 仕 訳 な し
　　連 結 修 正 仕 訳：(貸倒引当金繰入)　　2,000　　(貸 倒 引 当 金)　　2,000
　　　　　　　　　　　　　貸倒引当金戻入

　　(注) 貸倒引当金の戻入額は，繰入額と相殺消去し，通常，正味の繰入額が損益計算書に記載されているので，仕訳上は，貸倒引当金繰入としておく。

　P社は，S社の発行済議決権株式総数の80％を所有し，支配している。よって，次の取引について必要な連結修正仕訳を示しなさい。なお，貸倒引当金の減額修正にあたっては，税効果会計（法定実効税率30％）を適用する。

（資　料）

貸　借　対　照　表（一部）
×3年3月31日現在 　　　　　　　　　　　　　　　（単位：円）

資　　　　　産	P　　社	S　　社	負債・純資産	P　　社	S　　社
売　　掛　　金	600,000	400,000	買　　掛　　金	500,000	250,000
貸 倒 引 当 金	△12,000	△ 8,000			

損　益　計　算　書（一部）
自×2年4月1日　至×3年3月31日 　　　　　　　　（単位：円）

借 方 科 目	P　　社	S　　社	貸 方 科 目	P　　社	S　　社
貸倒引当金繰入	10,000	5,000			

1．P社の貸借対照表には，S社に対する売掛金が前期末に100,000円，当期末に150,000円計上されており，P社はこの売掛金に対して2％の貸倒引当金を設定している（間接控除法）。

2．S社の貸借対照表には，P社に対する売掛金が前期末に100,000円，当期末に150,000円計上されており，S社はこの売掛金に対して2％の貸倒引当金を設定している（間接控除法）。

【解答・解説】

1．P社の貸倒引当金の減額修正（非支配株主持分の修正なし）

⑴　債権債務の相殺消去（当期末）

（買　　掛　　金）	150,000	（売　　掛　　金）	150,000

(2) 期首貸倒引当金の減額修正

① 開始仕訳

（貸倒引当金）（＊1）	2,000	（利益剰余金 当期首残高）	2,000
		貸倒引当金繰入	
（利益剰余金 当期首残高）（＊2）	600	（繰延税金負債）	600
法人税等調整額		P 社	

（＊1）100,000円〈前期末売掛金〉×2％＝2,000円〈期首貸倒引当金修正額〉
（＊2）2,000円×30％＝600円〈繰延税金負債〉

② 貸倒引当金繰入（戻入）の修正

（貸倒引当金繰入）	2,000	（貸倒引当金）	2,000
（繰延税金負債）	600	（法人税等調整額）	600
		P 社	

(3) 期末貸倒引当金の減額修正

（貸倒引当金）（＊1）	3,000	（貸倒引当金繰入）	3,000
（法人税等調整額）（＊2）	900	（繰延税金負債）	900
		P 社	

（＊1）150,000円〈当期末売掛金〉×2％＝3,000円〈期末貸倒引当金修正額〉
（＊2）3,000円×30％＝900円〈繰延税金負債〉

(4) (2)と(3)のまとめ

期首・期末の貸倒引当金の減額修正がある場合には，次の2つのまとめ方がある。

(a) 期首と期末を区別し，期首の①と②をまとめる方法（洗替法的な処理）
(b) 期首と期末を区別せずに，期首の②と期末をまとめる方法（差額補充法的な処理）

	(a) 洗替法的な処理			(b) 差額補充法的な処理			
(2)①	（貸倒引当金繰入） 2,000	（利益剰余金 当期首残高）	1,400	（貸倒引当金） 2,000	（利益剰余金 当期首残高）	2,000	
		（法人税等調整額）	600	（利益剰余金 当期首残高） 600	（繰延税金負債）	600	
(2)②				（貸倒引当金） 1,000	（貸倒引当金繰入）	1,000	
(3)	（貸倒引当金） 3,000	（貸倒引当金繰入） 3,000		（法人税等調整額） 300	（繰延税金負債）	300	
	（法人税等調整額） 900	（繰延税金負債） 900					

2．S社の貸倒引当金の減額修正（非支配株主持分の修正あり）

(1) 債権債務の相殺消去（当期末）

| （買　掛　金） | 150,000 | （売　掛　金） | 150,000 |

(2) 期首貸倒引当金の減額修正

① 開始仕訳

（貸 倒 引 当 金）（＊1）	2,000	（利 益 剰 余 金 当 期 首 残 高）	2,000
		貸倒引当金繰入	
（利 益 剰 余 金 当 期 首 残 高）（＊2）	600	（繰 延 税 金 負 債）	600
法人税等調整額		S　社	
（利 益 剰 余 金 当 期 首 残 高）（＊3）	280	（非支配株主持分 当 期 首 残 高）	280
非支配株主に帰属する当期純利益			

（＊1）100,000円〈前期末売掛金〉× 2 ％＝2,000円〈期首貸倒引当金修正額〉
（＊2）2,000円×30％＝600円〈繰延税金負債〉
（＊3）(2,000円－600円)×20％＝280円〈非支配株主持分の増加〉

② 貸倒引当金繰入（戻入）の修正

（貸 倒 引 当 金 繰 入）	2,000	（貸 倒 引 当 金）	2,000
（繰 延 税 金 負 債）	600	（法 人 税 等 調 整 額）	600
S　社			
（非支配株主持分 当 期 変 動 額）	280	（非支配株主に帰属する 当 期 純 利 益）	280

(3) 期末貸倒引当金の減額修正

（貸 倒 引 当 金）（＊1）	3,000	（貸 倒 引 当 金 繰 入）	3,000
（法 人 税 等 調 整 額）（＊2）	900	（繰 延 税 金 負 債）	900
		S　社	
（非支配株主に帰属する 当 期 純 利 益）（＊3）	420	（非支配株主持分 当 期 変 動 額）	420

（＊1）150,000円〈当期末売掛金〉× 2 ％＝3,000円〈期末貸倒引当金修正額〉
（＊2）3,000円×30％＝900円〈繰延税金負債〉
（＊3）(3,000円－900円)×20％＝420円〈非支配株主持分の増加〉

⑷ ⑵と⑶のまとめ

期首・期末の貸倒引当金の減額修正がある場合には，次の2つのまとめ方がある。

(a) 期首と期末を区別し，期首の①と②をまとめる方法（洗替法的な処理）
(b) 期首と期末を区別せずに，期首の②と期末をまとめる方法（差額補充法的な処理）

	(a) 洗替法的な処理		(b) 差額補充法的な処理	
⑵①	（貸倒引当金繰入）2,000	（利益剰余金当期首残高）1,120 （法人税等調整額）600 （非支配株主に帰属する当期純利益）280	（貸倒引当金）2,000 （利益剰余金当期首残高）600 （利益剰余金当期首残高）280	（利益剰余金当期首残高）2,000 （繰延税金負債）600 （非支配株主持分当期首残高）280
⑵②	（非支配株主持分当期変動額）280	（非支配株主持分当期首残高）280		
⑶	（貸倒引当金）3,000 （法人税等調整額）900 （非支配株主に帰属する当期純利益）420	（貸倒引当金繰入）3,000 （繰延税金負債）900 （非支配株主持分当期変動額）420	（貸倒引当金）1,000 （法人税等調整額）300 （非支配株主に帰属する当期純利益）140	（貸倒引当金繰入）1,000 （繰延税金負債）300 （非支配株主持分当期変動額）140

上記1または2の修正の結果，連結財務諸表上の売掛金，買掛金，貸倒引当金および貸倒引当金繰入の各金額は次のとおりとなる。ただし，非支配株主持分，法人税等調整額などのその他の科目は条件が不足しているため省略している。

連結B/S売掛金：600,000円〈P社〉＋400,000円〈S社〉－150,000円＝**850,000円**

連結B/S買掛金：500,000円〈P社〉＋250,000円〈S社〉－150,000円＝**600,000円**

連結B/S貸倒引当金：12,000円〈P社〉＋8,000円〈S社〉－3,000円＝**17,000円**

連結P/L貸倒引当金繰入：10,000円〈P社〉＋5,000円〈S社〉＋2,000円－3,000円
　　　　　　　　　＝ **14,000円**　　　　　　　　　　　　　　　　　－1,000円

　次の資料により，当期（×2年4月1日から×3年3月31日まで）の連結財務諸表を作成しなさい。なお，法人税等の実効税率は30％として税効果会計を適用し，繰延税金資産・負債は相殺して表示する。ただし，異なる納税主体に係る繰延税金資産・負債は相殺しないこと。

（資料1）

貸 借 対 照 表
×3年3月31日現在　　　　　　　（単位：円）

資　　産	P　社	S　社	負債・純資産	P　社	S　社
売　掛　金	150,000	100,000	買　掛　金	90,000	80,000
貸倒引当金	△3,000	△2,000	その他負債	272,000	199,500
商　　品	100,000	50,000	資　本　金	200,000	100,000
土　　地	200,000	100,000	利益剰余金	238,000	120,500
S 社 株 式	130,000	—			
繰延税金資産	9,000	4,500			
その他資産	214,000	247,500			
	800,000	500,000		800,000	500,000

損 益 計 算 書
自×2年4月1日　至×3年3月31日　　（単位：円）

借方科目	P　社	S　社	貸方科目	P　社	S　社
売 上 原 価	300,000	150,000	売　上　高	400,000	200,000
貸倒引当金繰入	2,000	1,200	受取配当金	12,000	—
その他費用	90,500	54,300	その他収益	82,000	56,250
法 人 税 等	37,500	19,500	法人税等調整額	6,000	3,750
当 期 純 利 益	70,000	35,000			
	500,000	260,000		500,000	260,000

株主資本等変動計算書
自×2年4月1日　至×3年3月31日　　（単位：円）

	株 主 資 本			
	資　本　金		利 益 剰 余 金	
	P　社	S　社	P　社	S　社
当 期 首 残 高	200,000	100,000	208,000	105,500
剰余金の配当			△40,000	△20,000
当 期 純 利 益			70,000	35,000
当 期 末 残 高	200,000	100,000	238,000	120,500

（資料2）

⑴　P社は×1年3月31日にS社の発行済議決権株式の60％を130,000円で取得し，支配を獲得した。×1年3月31日におけるS社の純資産額は資本金100,000円，利益剰余金97,500円であり，土地は帳簿価額100,000円，時価125,000円であった。なお，のれんは，計上の翌年から10年の均等償却を行う。

⑵　S社は前期よりP社に対して掛けで商品を販売している。当期のS社の売上高のうちP社に対するものは80,000円であるが，このうち12,000円はP社に未達であった。また，P社の前期末商品のうち18,000円および当期末商品のうち10,000円はS社から仕入れたものである。なお，S社のP社に対する売上総利益率は毎期25％である。

⑶　S社の前期末の売掛金のうち30,000円および当期末の売掛金のうち50,000円はP社に対するものである。また，P社，S社ともに売掛金の期末残高に対して毎期2％の貸倒引当金を設定している。

【解　答】

連 結 貸 借 対 照 表
×3年3月31日現在　　　　　　　　（単位：円）

資　　　　　産	金　　額	負債・純資産	金　　　額
売　　掛　　金	200,000	買　　掛　　金	132,000
貸 倒 引 当 金	△ 4,000	繰 延 税 金 負 債	1,650
商　　　　　品	156,500	そ の 他 負 債	471,500
土　　　　　地	325,000	資　　本　　金	200,000
の　　れ　　ん	800	利 益 剰 余 金	249,710
繰 延 税 金 資 産	9,000	非 支 配 株 主 持 分	93,940
そ の 他 資 産	461,500		
	1,148,800		1,148,800

連 結 損 益 計 算 書
自×2年4月1日　至×3年3月31日
（単位：円）

科　　　　　　目	金　　　額
売　　　上　　　高	520,000
売　　　上　　　原　　　価	△ 371,000
貸 倒 引 当 金 繰 入	△ 2,800
の れ ん 償 却 額	△ 100
そ の 他 収 益	138,250
そ の 他 費 用	△ 144,800
税 金 等 調 整 前 当 期 純 利 益	139,550
法　　人　　税　　等	△ 57,000
法 人 税 等 調 整 額	9,930
当 期 純 利 益	92,480
非支配株主に帰属する当期純利益	△ 13,832
親会社株主に帰属する当期純利益	78,648

連結株主資本等変動計算書
自×2年4月1日　至×3年3月31日　　　　　（単位：円）

	株　　主　　資　　本		非支配株主持分
	資　　本　　金	利 益 剰 余 金	
当 期 首 残 高	200,000	211,062	88,108
剰 余 金 の 配 当		△ 40,000	
親会社株主に帰属する 当 期 純 利 益		78,648	
株主資本以外の項目 の当期変動額(純額)			5,832
当 期 末 残 高	200,000	249,170	93,940

【解　説】

1. タイム・テーブル

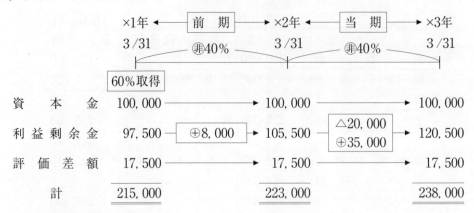

2. 連結修正仕訳

(1)　開始仕訳（×1年3月31日から×2年3月31日まで＝前期の連結修正仕訳）

① 子会社（S社）土地の評価（評価差額の計上）

② 投資と資本の相殺消去

③ のれんの償却

④ 子会社（S社）利益剰余金の増加額の非支配株主持分への振替え

(2)　期中仕訳（×2年4月1日から×3年3月31日まで）

① のれんの償却

② 子会社（S社）当期純利益の非支配株主持分への振替え

③ 子会社（S社）配当金の修正

④ 未達取引の整理

⑤ 内部取引高（売上高と売上原価）の相殺消去

⑥ 期首商品に含まれる未実現利益の消去 ⎫
⑦ 期末商品に含まれる未実現利益の消去 ⎭　⑧　未実現利益の消去のまとめ

⑨ 債権債務（売掛金と買掛金）の相殺消去

⑩ 期首貸倒引当金の減額修正 ⎫
⑪ 期末貸倒引当金の減額修正 ⎭　⑫　貸倒引当金の減額修正のまとめ

⑬ 繰延税金資産と繰延税金負債の相殺消去

(1) 開始仕訳（×1年3月31日から×2年3月31日まで＝前期の連結修正仕訳）

① 子会社（S社）土地の評価（評価差額の計上）

（土　　　　　地）（＊1）	25,000	（繰延税金負債）（＊2）	7,500
		S　社	
		（評　価　差　額）（＊3）	17,500

（＊1） 125,000円 － 100,000円 ＝ 25,000円〈評価差額〉

（＊2） 25,000円〈評価差額〉×30％ ＝ 7,500円〈繰延税金負債〉

（＊3） 25,000円〈評価差額〉－ 7,500円〈繰延税金負債〉＝ 17,500円〈税効果後の評価差額〉

② 投資と資本の相殺消去

（資　本　金 当期首残高）	100,000	（S　社　株　式）	130,000
（利益剰余金 当期首残高）	97,500	（非支配株主持分 当期首残高）（＊2）	86,000
（評　価　差　額）	17,500		
（の　　れ　　ん）（＊1）	1,000		

（＊1） (100,000円 ＋ 97,500円 ＋ 17,500円) ×60％ ＝ 129,000円

　　　　　　　215,000円

　　　130,000円 － 129,000円 ＝ 1,000円

（＊2） (100,000円 ＋ 97,500円 ＋ 17,500円) ×40％ ＝ 86,000円

　　　　　　　215,000円

③ のれんの償却

（利益剰余金 当期首残高）（＊）	100	（の　　れ　　ん）	100

（＊） 1,000円 ÷ 10年 ＝ 100円

④ 子会社（S社）利益剰余金の増加額の非支配株主持分への振替え

（利益剰余金 当期首残高）（＊）	3,200	（非支配株主持分 当期首残高）	3,200

（＊） (105,500円 － 97,500円) ×40％ ＝ 3,200円

(2) 期中仕訳（×2年4月1日から×3年3月31日まで）

① のれんの償却

（のれん償却額）（＊）	100	（の　　れ　　ん）	100

（＊） 1,000円 ÷ 10年 ＝ 100円

② 子会社（S社）当期純利益の非支配株主持分への振替え

（非支配株主に帰属する 当期純利益）（＊）	14,000	（非支配株主持分 当期変動額）	14,000

（＊） 35,000円〈S社当期純利益〉×40％ ＝ 14,000円

③ 子会社（S 社）配当金の修正

（受 取 配 当 金）（＊1）	12,000	（利 益 剰 余 金 剰 余 金 の 配 当）	20,000
（非 支 配 株 主 持 分 当 期 変 動 額）（＊2）	8,000		

（＊1）20,000円〈S 社配当金〉×60％＝12,000円
（＊2）20,000円〈S 社配当金〉×40％＝ 8,000円

④ 未達取引の整理

（商　　　　品）	12,000	（買　掛　金）	12,000

⑤ 内部取引高（売上高と売上原価）の相殺消去

（売　上　高）	80,000	（売　上　原　価）	80,000

⑥ 期首商品に含まれる未実現利益の消去（アップ・ストリーム）

⒜ 開始仕訳

（利 益 剰 余 金 当 期 首 残 高）（＊1）	4,500	（商　　　　品）	4,500
（繰 延 税 金 資 産）（＊2）S 社	1,350	（利 益 剰 余 金 当 期 首 残 高）	1,350
（非 支 配 株 主 持 分 当 期 首 残 高）（＊3）	1,260	（利 益 剰 余 金 当 期 首 残 高）	1,260

（＊1）18,000円〈前期末商品〉×0.25〈売上総利益率〉＝4,500円〈前期末の未実現利益〉
（＊2）4,500円×30％＝1,350円〈繰延税金資産〉
（＊3）（4,500円−1,350円）×40％＝1,260円〈非支配株主持分〉

⒝ 実現仕訳

（商　　　　品）	4,500	（売　上　原　価）	4,500
（法 人 税 等 調 整 額）	1,350	（繰 延 税 金 資 産）S 社	1,350
（非支配株主に帰属する 当 期 純 利 益）	1,260	（非 支 配 株 主 持 分 当 期 変 動 額）	1,260

⑦　期末商品に含まれる未実現利益の消去（アップ・ストリーム）

（売　上　原　価）(＊1)	5,500	（商　　　　　品）	5,500
（繰延税金資産）(＊2)	1,650	（法人税等調整額）	1,650
S 社			
（非支配株主持分 当期変動額）(＊3)	1,540	（非支配株主に帰属する 当期純利益）	1,540

（＊1）（10,000円〈当期末商品〉＋12,000円〈未達〉）×0.25＝5,500円〈当期末の未実現利益〉
（＊2）5,500円×30％＝1,650円〈繰延税金資産〉
（＊3）（5,500円－1,650円）×40％＝1,540円〈非支配株主持分〉

⑧　未実現利益の消去のまとめ

	(a)　洗替法的な処理		(b)　差額補充法的な処理	
⑥(a)	（利益剰余金 当期首残高）1,890　（売上原価）4,500		（利益剰余金 当期首残高）4,500　（商　　品）4,500	
	（法人税等調整額）1,350		（繰延税金資産）1,350　（利益剰余金 当期首残高）1,350	
	（非支配株主に帰属する 当期純利益）1,260		（非支配株主持分 当期首残高）1,260　（利益剰余金 当期首残高）1,260	
⑥(b)	（非支配株主持分 当期首残高）1,260　（非支配株主持分 当期変動額）1,260			
			（売上原価）1,000　（商　　品）1,000	
⑦	（売上原価）5,500　（商　　品）5,500		（繰延税金資産）300　（法人税等調整額）300	
	（繰延税金資産）1,650　（法人税等調整額）1,650			
	（非支配株主持分 当期変動額）1,540　（非支配株主に帰属する 当期純利益）1,540		（非支配株主持分 当期変動額）280　（非支配株主に帰属する 当期純利益）280	

（注）後述する連結精算表では(b)差額補充法的な処理により記入している。

⑨　債権債務（売掛金と買掛金）の相殺消去

| （買　　掛　　金） | 50,000 | （売　　掛　　金） | 50,000 |

⑩　期首貸倒引当金の減額修正
　(a)　開始仕訳

（貸　倒　引　当　金）(＊1)	600	（利　益　剰　余　金 当　期　首　残　高）	600
（利　益　剰　余　金 当　期　首　残　高）(＊2)	180	（繰延税金負債）	180
S 社			
（利　益　剰　余　金 当　期　首　残　高）(＊3)	168	（非支配株主持分 当　期　首　残　高）	168

（＊1）30,000円〈前期末売掛金〉×2％＝600円〈前期末の貸倒引当金の修正額〉
（＊2）600円×30％＝180円〈繰延税金負債〉
（＊3）（600円－180円）×40％＝168円〈非支配株主持分〉

(b) 貸倒引当金繰入（戻入）の修正

（貸倒引当金繰入）	600	（貸倒引当金）	600
（繰延税金負債）	180	（法人税等調整額）	180

S 社

（非支配株主持分当期変動額）	168	（非支配株主に帰属する当期純利益）	168

⑪ 期末貸倒引当金の減額修正

（貸倒引当金）(*1)	1,000	（貸倒引当金繰入）	1,000
（法人税等調整額）(*2)	300	（繰延税金負債）	300

S 社

（非支配株主に帰属する当期純利益）(*3)	280	（非支配株主持分当期変動額）	280

(*1) 50,000円〈当期末売掛金〉× 2％ = 1,000円〈当期末の貸倒引当金の修正額〉
(*2) 1,000円×30% = 300円〈繰延税金負債〉
(*3) (1,000円 − 300円)×40% = 280円〈非支配株主持分〉

⑫ 貸倒引当金の減額修正のまとめ

	(a) 洗替法的な処理				(b) 差額補充法的な処理			
⑩(a)	（貸倒引当金繰入）	600	（利益剰余金当期首残高）	252	（貸倒引当金）	600	（利益剰余金当期首残高）	600
			（法人税等調整額）	180	（利益剰余金当期首残高）	180	（繰延税金負債）	180
			（非支配株主に帰属する当期純利益）	168	（利益剰余金当期首残高）	168	（非支配株主持分当期首残高）	168
⑩(b)	（非支配株主持分当期変動額）	168	（非支配株主持分当期首残高）	168				
⑪	（貸倒引当金）	1,000	（貸倒引当金繰入）	1,000	（貸倒引当金）	400	（貸倒引当金繰入）	400
	（法人税等調整額）	300	（繰延税金負債）	300	（法人税等調整額）	120	（繰延税金負債）	120
	（非支配株主に帰属する当期純利益）	280	（非支配株主持分当期変動額）	280	（非支配株主に帰属する当期純利益）	112	（非支配株主持分当期変動額）	112

(注) 後述する連結精算表では(b)差額補充法的な処理により記入している。

⑬ 繰延税金資産と繰延税金負債の相殺消去

（繰延税金負債）	6,150	（繰延税金資産）	6,150
S 社		S 社	

(注) 親会社（P社）と子会社（S社）の繰延税金資産・繰延税金負債は相殺できないので，それぞれの
会社ごとに繰延税金資産・繰延税金負債をまとめた勘定を使って集計すると便利である。

繰延税金資産・負債（P社）	
個別B/S 9,000	

繰延税金資産・負債（S社）	
個別B/S 4,500	土　　地 7,500
期末商品 1,650	期末貸引 300
1,650	

3．連結精算表

連 結 精 算 表 （単位：円）

科　　　目	個　別　財　務　諸　表			連結修正仕訳		連　　結
	P　社	S　社	合　計	借　方	貸　方	財務諸表
損　益　計　算　書						
売　　上　　高	400,000	200,000	600,000	80,000		520,000
売　上　原　価	△300,000	△150,000	△450,000	1,000	80,000	△371,000
貸倒引当金繰入	△ 2,000	△ 1,200	△ 3,200		400	△ 2,800
のれん償却額	――	――		100		△ 100
受 取 配 当 金	12,000	――	12,000	12,000		0
そ の 他 収 益	82,000	56,250	138,250			138,250
そ の 他 費 用	△ 90,500	△ 54,300	△144,800			△144,800
法　人　税　等	△ 37,500	△ 19,500	△ 57,000			△ 57,000
法人税等調整額	6,000	3,750	9,750	120	300	9,930
非支配株主に帰属する 当 期 純 利 益	――			14,000 112	280	△ 13,832
親会社株主に帰属する当期純利益	70,000	35,000	105,000	107,332	80,980	78,648
株主資本等変動計算書						
資本金当期首残高	200,000	100,000	300,000	100,000		200,000
資本金当期末残高	200,000	100,000	300,000	100,000		200,000
利益剰余金当期首残高	208,000	105,500	313,500	97,500 100 3,200 4,500 180 168	1,350 1,260 600	211,062
剰　余　金　の　配　当	△ 40,000	△ 20,000	△ 60,000		20,000	△ 40,000
親会社株主に帰属する当期純利益	70,000	35,000	105,000	107,332	80,980	78,648
利益剰余金当期末残高	238,000	120,500	358,500	212,980	104,190	249,710
非支配株主持分当期首残高	――	――	――	1,260	86,000 3,200 168	88,108
非支配株主持分当期変動額	――	――	――	8,000 280	14,000 112	5,832
非支配株主持分当期末残高	――	――	――	9,540	103,480	93,940

貸借対照表						
売　掛　金	150,000	100,000	250,000		50,000	200,000
貸倒引当金	△ 3,000	△ 2,000	△ 5,000	600 400		△ 4,000
商　　　品	100,000	50,000	150,000	12,000	4,500 1,000	156,500
土　　　地	200,000	100,000	300,000	25,000		325,000
の　れ　ん	——	——	——	1,000	100 100	800
S 社 株 式	130,000	——	130,000		130,000	0
繰延税金資産	9,000	4,500	13,500	1,350 300	6,150	9,000
その他資産	214,000	247,500	461,500			461,500
合　　　計	800,000	500,000	1,300,000	40,650	191,850	1,148,800
買　掛　金	90,000	80,000	170,000	50,000	12,000	132,000
繰延税金負債	——	——	——	6,150	7,500 180 120	1,650
その他負債	272,000	199,500	471,500			471,500
資　本　金	200,000	100,000	300,000	100,000		200,000 ←
利益剰余金	238,000	120,500	358,500	212,980	104,190	249,710 ←
非支配株主持分	——	——		9,540	103,480	93,940 ←
評価差額	——	——		17,500	17,500	0
合　　　計	800,000	500,000	1,300,000	396,170	244,970	1,148,800

6 非償却有形固定資産（土地など）に含まれる未実現利益

　連結会社相互間において非償却有形固定資産（土地など）を売買した場合には，その売却損益は，その資産を連結グループ外部へ売却するまでは，連結会計上，未実現損益であるので，これを消去しなければならない。

　なお，消去した未実現損益の負担関係は，棚卸資産の未実現利益の消去と同様に次のようになる。

> ① 親会社から子会社への売却（ダウン・ストリーム）：全額消去・親会社負担方式
> ② 子会社から親会社への売却（アップ・ストリーム）：全額消去・持分按分負担方式

　土地に含まれる未実現利益（個別会計上，売却益を計上している場合）を消去するための連結修正仕訳は，次のとおりである。

ダウン・ストリーム	アップ・ストリーム
（土地売却益）×× （土　　地）××	（土地売却益）×× （土　　地）××
（繰延税金資産）×× （法人税等調整額）××	（繰延税金資産）×× （法人税等調整額）××
	（非支配株主持分 当期変動額）×× （非支配株主に帰属する 当期純利益）××

P社は，S社の発行済議決権株式の80％を所有し，支配している。よって，次の取引について必要な連結修正仕訳を示しなさい。なお，未実現利益の消去にあたっては，税効果会計（法定実効税率30％）を適用する。

①　P社は，当期にS社に対して土地5,000円（原価4,000円）を現金で売却し，S社はこの土地を当期末に所有している。

②　S社は，当期にP社に対して土地5,000円（原価4,000円）を現金で売却し，P社はこの土地を当期末に所有している。

【解答・解説】
①　ダウン・ストリーム：全額消去・親会社負担方式

| （土 地 売 却 益）（＊1） | 1,000 | （土　　　　　地） | 1,000 |
| （繰 延 税 金 資 産）（＊2） | 300 | （法 人 税 等 調 整 額） | 300 |

P 社

（＊1）5,000円〈売却価額〉－4,000円〈原価〉＝1,000円〈売却益＝未実現利益〉
（＊2）1,000円〈未実現利益〉×30％＝300円〈繰延税金資産〉

②　アップ・ストリーム：全額消去・持分按分負担方式

（土 地 売 却 益）（＊1）	1,000	（土　　　　　地）	1,000
（繰 延 税 金 資 産）（＊2）	300	（法 人 税 等 調 整 額）	300
（非支配株主持分当期変動額）（＊3）	140	（非支配株主に帰属する当期純利益）	140

S 社

（＊1）5,000円〈売却価額〉－4,000円〈原価〉＝1,000円〈売却益＝未実現利益〉
（＊2）1,000円〈未実現利益〉×30％＝300円〈繰延税金資産〉
（＊3）（1,000円－300円）×20％＝140円〈非支配株主持分の減少〉

翌年度の連結修正仕訳

　当期に連結会社相互間において非償却有形固定資産（土地など）を売却し，その未実現損益を消去した場合には，翌期の連結財務諸表を作成するにあたって開始仕訳を行わなければならない。前記の［設例6-10］によった場合には，翌期の開始仕訳は，次のようになる。

① ダウン・ストリーム				② アップ・ストリーム			
(利益剰余金 当期首残高)	1,000	(土　　　地)	1,000	(利益剰余金 当期首残高)	1,000	(土　　　地)	1,000
土地売却益				土地売却益			
(繰延税金資産)	300	(利益剰余金 当期首残高)	300	(繰延税金資産)	300	(利益剰余金 当期首残高)	300
		法人税等調整額				法人税等調整額	
				(非支配株主持分 当期首残高)	140	(利益剰余金 当期首残高)	140
						非支配株主に帰属 する当期純利益	

7 償却有形固定資産（備品など）に含まれる未実現利益

　連結会社相互間において償却有形固定資産（備品など）を売買した場合には，その売却損益は，その資産を連結グループ外部へ売却するまでは，連結会計上，未実現損益であるので，これを消去しなければならない。また，個別会計上は，未実現損益を含んだ購入側の取得原価にもとづいて減価償却費を計上しているが，連結会計上は，売却側の取得原価（または簿価）にもとづいて減価償却費を計上すべきであるので，未実現損益に対応する減価償却費を修正する。

　なお，消去した未実現損益および減価償却費の修正額の負担関係は，棚卸資産の未実現利益の消去と同様に次のようになる。

　① 親会社から子会社への売却（ダウン・ストリーム）：全額消去・親会社負担方式
　② 子会社から親会社への売却（アップ・ストリーム）：全額消去・持分按分負担方式

　備品に含まれる未実現利益（個別会計上，売却益を計上している場合）を消去するための連結修正仕訳は，次のとおりである。

ダウン・ストリーム				アップ・ストリーム			
(備品売却益)	××	(備　　　品)	××	(備品売却益)	××	(備　　　品)	××
(繰延税金資産)	××	(法人税等調整額)	××	(繰延税金資産)	××	(法人税等調整額)	××
				(非支配株主持分 当期変動額)	××	(非支配株主に帰属する 当期純利益)	××
(減価償却累計額)	××	(減価償却費)	××	(減価償却累計額)	××	(減価償却費)	××
(法人税等調整額)	××	(繰延税金資産)	××	(法人税等調整額)	××	(繰延税金資産)	××
				(非支配株主に帰属する 当期純利益)	××	(非支配株主持分 当期変動額)	××

　　P社は，S社の発行済議決権株式の80％を所有し，支配している。よって，次の取引について必要な連結修正仕訳を示しなさい。なお，未実現利益の消去にあたっては，税効果会計（法定実効税率30％）を適用する。
　①　P社は，当期首にS社に対して備品5,000円（簿価4,000円）を現金で売却した。S社はこの備品を当期末に所有しており，定額法（耐用年数5年，残存価額0）で減価償却している。なお，減価償却累計額は間接法により表示している。
　②　S社は，当期首にP社に対して備品5,000円（簿価4,000円）を現金で売却した。P社はこの備品を当期末に所有しており，定額法（耐用年数5年，残存価額0）で減価償却している。なお，減価償却累計額は間接法により表示している。

【解答・解説】
　①　ダウン・ストリーム：全額消去・親会社負担方式

（備 品 売 却 益）（＊1）	1,000	（備　　　　　品）	1,000
（繰 延 税 金 資 産）（＊2）	300	（法 人 税 等 調 整 額）	300
P 社			
（減価償却累計額）（＊3）	200	（減 価 償 却 費）	200
（法 人 税 等 調 整 額）（＊4）	60	（繰 延 税 金 資 産）	60
P 社			

（＊1）5,000円〈売却価額〉－4,000円〈簿価〉＝1,000円〈売却益＝未実現利益〉
（＊2）1,000円〈未実現利益〉×30％＝300円〈繰延税金資産〉
（＊3）1,000円〈未実現利益〉÷5年＝200円〈減価償却費の修正額〉
（＊4）200円×30％＝60円〈繰延税金資産の減少〉

　②　アップ・ストリーム：全額消去・持分按分負担方式

（備 品 売 却 益）（＊1）	1,000	（備　　　　　品）	1,000
（繰 延 税 金 資 産）（＊2）	300	（法 人 税 等 調 整 額）	300
S 社			
（非支配株主持分 当 期 変 動 額）（＊3）	140	（非支配株主に帰属する 当 期 純 利 益）	140
（減価償却累計額）（＊4）	200	（減 価 償 却 費）	200
（法 人 税 等 調 整 額）（＊5）	60	（繰 延 税 金 資 産）	60
S 社			
（非支配株主に帰属する 当 期 純 利 益）（＊6）	28	（非支配株主持分 当 期 変 動 額）	28

（＊1）5,000円〈売却価額〉－4,000円〈簿価〉＝1,000円〈売却益＝未実現利益〉
（＊2）1,000円〈未実現利益〉×30％＝300円〈繰延税金資産〉
（＊3）（1,000円－300円）×20％＝140円〈非支配株主持分の減少〉
（＊4）1,000円〈未実現利益〉÷5年＝200円〈減価償却費の修正額〉
（＊5）200円×30％＝60円〈繰延税金資産の減少〉
（＊6）（200円－60円）×20％＝28円〈非支配株主持分の増加〉

　当期に連結会社相互間において償却有形固定資産（備品など）を売買し，その未実現損益を消去した場合には，翌期の連結財務諸表を作成するにあたって開始仕訳を行わなければならない。また，当該資産を翌期末にもそのまま所有している場合には，減価償却費の修正を行い，さらにアップ・ストリームの場合には，非支配株主持分を修正する。前記の［設例6 – 11］によった場合には，翌期の開始仕訳および翌期の減価償却費の修正は，次のようになる。

1．翌期の開始仕訳

① ダウン・ストリーム				② アップ・ストリーム			
(利益剰余金 当期首残高)〔備品売却益〕	1,000	(備品)	1,000	(利益剰余金 当期首残高)〔備品売却益〕	1,000	(備品)	1,000
(繰延税金資産)	300	(利益剰余金 当期首残高)〔法人税等調整額〕	300	(繰延税金資産)	300	(利益剰余金 当期首残高)〔法人税等調整額〕	300
				(非支配株主持分 当期首残高)	140	(利益剰余金 当期首残高)〔非支配株主に帰属する当期純利益〕	140
(減価償却累計額)	200	(利益剰余金 当期首残高)〔減価償却費〕	200	(減価償却累計額)	200	(利益剰余金 当期首残高)〔減価償却費〕	200
(利益剰余金 当期首残高)〔法人税等調整額〕	60	(繰延税金資産)	60	(利益剰余金 当期首残高)〔法人税等調整額〕	60	(繰延税金資産)	60
				(利益剰余金 当期首残高)〔非支配株主に帰属する当期純利益〕	28	(非支配株主持分 当期首残高)	28

2．翌期の減価償却費の修正

① ダウン・ストリーム				② アップ・ストリーム			
(減価償却累計額)	200	(減価償却費)	200	(減価償却累計額)	200	(減価償却費)	200
(法人税等調整額)	60	(繰延税金資産)	60	(法人税等調整額)	60	(繰延税金資産)	60
				(非支配株主に帰属する当期純利益)	28	(非支配株主持分 当期変動額)	28

<table>
<tr><td>研究</td><td>評価差額の実現（資産売却損益等の修正）</td></tr>
</table>

　投資と資本の相殺消去に先立って評価替えした子会社の資産および負債が，企業集団外部に売却されることなどによって，評価差額が実現した場合には，以下のような修正を行う。

1．商品の場合

　前期末に評価替えした商品が当期に販売された場合には，個別会計上は，前期末の貸借対照表価額にもとづいて売上原価を計上しているが，連結会計上は，評価替後の時価にもとづいて売上原価を計上すべきなので修正する。

〈例〉　P社は前期末にS社の発行済議決権株式の80％を取得し支配を獲得した。S社が前期末に所有する商品の貸借対照表価額は10,000円，時価は12,000円であり，この商品は当期中に企業集団外部の会社へ販売されている。なお，法人税等の実効税率は30％であり，評価差額には税効果会計を適用する。

(1) 開始仕訳（評価差額の計上）

（商　　　　品）(＊1)	2,000	（繰延税金負債）(＊2)	600
		（評　価　差　額）(＊3)	1,400

（＊1）12,000円〈時価〉－10,000円〈B/S価額〉＝2,000円
（＊2）2,000円×30％＝600円
（＊3）2,000円－600円＝1,400円
（注）投資と資本の相殺消去は省略する。

(2) 当期の仕訳

（売　上　原　価）(＊1)	2,000	（商　　　　品）	2,000
（繰　延　税　金　負　債）	600	（法　人　税　等　調　整　額）	600
（非支配株主持分 当期変動額）(＊2)	280	（非支配株主に帰属する 当期純利益）	280

（＊1）個別会計上の売上原価：10,000円〈B/S価額〉 ┐
　　　　連結会計上の売上原価：12,000円〈評価替後の時価〉┘ 差額2,000円

　　　∴　差額2,000円を調整するとともに，繰延税金負債を取り崩す。また，投資と資本の相殺消去により評価差額1,400円のうち20％を非支配株主持分に振り替えているので，売上原価および繰延税金負債の修正とあわせて非支配株主持分の修正を行う。

（＊2）（2,000円－600円）×20％＝280円

2．非償却有形固定資産（土地）の場合

　前期末に評価替えした土地が当期に売却された場合には，個別会計上は，前期末の貸借対照表価額にもとづいて売却損益を計上しているが，連結会計上は，評価替後の時価にもとづいて売却損益を計上すべきなので修正する。

〈例〉　P社は前期末にS社の発行済議決権株式の80％を取得し支配を獲得した。S社が前期末に所有する土地の貸借対照表価額は10,000円，時価は12,000円であり，S社は当期中にこの土地を企業集団外部の会社へ15,000円で売却している。なお，法人税等の実効税率は30％であり，評価差額には税効果会計を適用する。

(1)　開始仕訳（評価差額の計上）

（土　　　　　　　地）(＊1)	2,000	（繰 延 税 金 負 債）(＊2)	600
		（評 　価 　差 　額）(＊3)	1,400

（＊1）12,000円〈時価〉－10,000円〈B/S価額〉＝2,000円
（＊2）2,000円×30％＝600円
（＊3）2,000円－600円＝1,400円
（注）投資と資本の相殺消去は省略する。

(2)　当期の仕訳

（土 地 売 却 益）(＊1)	2,000	（土　　　　　　　地）	2,000
（繰 延 税 金 負 債）	600	（法 人 税 等 調 整 額）	600
（非支配株主持分 当 期 変 動 額）(＊2)	280	（非支配株主に帰属する 当 期 純 利 益）	280

（＊1）個別会計上の売却益：15,000円－10,000円〈B/S価額〉＝5,000円 ┐
　　　 連結会計上の売却益：15,000円－12,000円〈評価替後の時価〉＝3,000円 ┘ 差額2,000円

　　∴　差額2,000円を調整するとともに，繰延税金負債を取り崩す。また，投資と資本の相殺消去により評価差額1,400円のうち20％を非支配株主持分に振り替えているので，売却益および繰延税金負債の修正とあわせて非支配株主持分の修正を行う。

（＊2）（2,000円－600円）×20％＝280円

3．償却有形固定資産（備品など）の場合

前期末に評価替えした備品を当期末に子会社が保有している場合には，個別会計上は，前期末の取得原価にもとづいて減価償却費を計上しているが，連結会計上は，評価替後の時価にもとづいて減価償却費を計上すべきなので修正する。

〈例〉P社は前期末にS社の発行済議決権株式の80％を取得し支配を獲得した。S社が前期末に所有する備品の帳簿価額は10,000円，時価は12,000円であり，S社は当期末にこの備品を定額法（残存耐用年数4年，残存価額0）で減価償却している。なお，法人税等の実効税率は30％であり，評価差額には税効果会計を適用する。

(1) 開始仕訳（評価差額の計上）

（備 品）(＊1)	2,000	（繰 延 税 金 負 債）(＊2)	600
		（評 価 差 額）(＊3)	1,400

（＊1）12,000円〈時価〉− 10,000円〈B/S価額〉= 2,000円
（＊2）2,000円 × 30％ = 600円
（＊3）2,000円 − 600円 = 1,400円
（注）投資と資本の相殺消去は省略する。

(2) 当期の仕訳

（減 価 償 却 費）(＊1)	500	（減 価 償 却 累 計 額）	500
（繰 延 税 金 負 債）(＊2)	150	（法 人 税 等 調 整 額）	150
（非支配株主持分 当期変動額）(＊3)	70	（非支配株主に帰属する 当期純利益）	70

（＊1）個別会計上の減価償却費：10,000円〈帳簿価額〉÷ 4年 = 2,500円 ┐
　　　 連結会計上の減価償却費：12,000円〈評価替後の時価〉÷ 4年 = 3,000円 ┘ 差額 500円

　　∴ 差額500円を調整するとともに，対応する繰延税金負債を取り崩す。また，投資と資本の相殺消去により評価差額1,400円のうち20％を非支配株主持分に振り替えているので，減価償却費および繰延税金負債の修正とあわせて非支配株主持分の修正を行う。

（＊2）500円 × 30％ = 150円　または　600円 ÷ 4年 = 150円
（＊3）（500円 − 150円）× 20％ = 70円　または　1,400円 × 20％ ÷ 4年 = 70円

07 連結会計（V）
Theme

Check　ここでは，連結包括利益計算書について学習する。包括利益の考え方を理解するとともに，連結上の取扱いについてしっかりと学習してほしい。

1 包括利益

1．包括利益とは

　「包括利益（CI）」とは，ある企業の特定期間の財務諸表において認識された純資産の変動額のうち，その企業の純資産に対する持分所有者（株主など）との直接的な取引（増資，配当など）によらない部分をいう。「包括利益」は，「当期純利益（NI）」と「その他の包括利益（OCI）」に区分できる。なお，連結財務諸表における「包括利益」には，非支配株主に帰属する利益が含まれる。

> （注）CI = Comprehensive Income
> 　　　NI = Net Income
> 　　　OCI = Other Comprehensive Income

2．当期純利益とは

　「当期純利益」とは，特定期間の期末までに生じた純資産の変動額のうち，その期間中にリスクから解放された投資の成果であって，報告主体の所有者に帰属する部分をいう。「当期純利益」は，損益計算書において収益と費用（法人税等を含む）の差額で求められる。なお，連結財務諸表における「当期純利益」には，非支配株主に帰属する利益が含まれる。

3．その他の包括利益とは

　「その他の包括利益」とは，「包括利益」のうち「当期純利益」に含まれない部分をいう。具体的には，その他有価証券評価差額金や繰延ヘッジ損益など資産・負債の評価・換算によって生じた差額のうち「当期純利益」の計算に含まれないものなどが含まれる。「その他の包括利益」に含まれる項目の当期末の残高は，個別貸借対照表では「評価・換算差額等」の区分に表示するが，連結貸借対照表では「その他の包括利益累計額」の区分に表示する。

> （注）個別貸借対照表における「評価・換算差額等」の区分と連結貸借対照表における「その他の包括利益累計額」の区分は，実質的に同じものである。しかし，連結財務諸表では，「包括利益」を計算するために「その他の包括利益」も表示するため，その残高を「その他の包括利益累計額」として表示するのに対して，個別財務諸表では，「包括利益」の計算が要求されておらず，「その他の包括利益」も表示しないため，その残高を「評価・換算差額等」として表示する。

4．包括利益の計算

　「包括利益」は，「当期純利益」に「その他の包括利益」の内訳項目を加減して計算する。

当 期 純 利 益	×××
その他の包括利益	
その他有価証券評価差額金	××
繰延ヘッジ損益	××
為替換算調整勘定	××
退職給付に係る調整額	××
持分法適用会社に対する持分相当額	××
包 括 利 益	×××

(注)「為替換算調整勘定」,「退職給付に係る調整額」,「持分法適用会社に対する持分相当額」については後述する。

2 連結包括利益計算書

連結財務諸表において「包括利益」を計算し，表示するための方法には，2計算書方式および1計算書方式の2つがある。

	作成する財務諸表	表示される利益
2計算書方式	連 結 損 益 計 算 書	当 期 純 利 益
	連 結 包 括 利 益 計 算 書	包 括 利 益
1計算書方式	連結損益及び包括利益計算書	当期純利益と包括利益

2計算書方式および1計算書方式のそれぞれによる連結財務諸表の様式は次のとおりである。なお，金額は仮のものとする。

【2計算書方式】		【1計算書方式】	
連結損益計算書(一部)		連結損益及び包括利益計算書(一部)	
⋮		⋮	
税 金 等 調 整 前 当 期 純 利 益	120,000	税 金 等 調 整 前 当 期 純 利 益	120,000
法 人 税 等	△42,000	法 人 税 等	△42,000
法 人 税 等 調 整 額	3,000	法 人 税 等 調 整 額	3,000
当 期 純 利 益	81,000	当 期 純 利 益	81,000
非支配株主に帰属する当期純利益	△5,600	（内 訳）	
親会社株主に帰属する当期純利益	75,400	親会社株主に帰属する当期純利益	75,400
連結包括利益計算書		非支配株主に帰属する当期純利益	5,600
当 期 純 利 益	81,000		
そ の 他 の 包 括 利 益		そ の 他 の 包 括 利 益	
その他有価証券評価差額金	14,000	その他有価証券評価差額金	14,000
持分法適用会社に対する持分相当額	2,000	持分法適用会社に対する持分相当額	2,000
包 括 利 益	97,000	包 括 利 益	97,000
（内 訳）		（内 訳）	
親 会 社 株 主 に 係 る 包 括 利 益	90,000	親 会 社 株 主 に 係 る 包 括 利 益	90,000
非 支 配 株 主 に 係 る 包 括 利 益	7,000	非 支 配 株 主 に 係 る 包 括 利 益	7,000

(注)「包括利益」は，その内訳を付記する。また，1計算書方式の場合には，「当期純利益」の内訳も付記する。

なお，本テキストでは2計算書方式について説明していく。

3 その他の包括利益累計額がある場合

1. 支配獲得日

　支配獲得日の子会社貸借対照表においてその他の包括利益累計額がある場合には，投資と資本の相殺消去を行うにあたって子会社の資本にその他の包括利益累計額を含めるものとする。

　〈例〉　P社はS社株式の60％を130,000円で取得し，支配を獲得した。支配獲得時のS社資本の内訳は資本金100,000円，資本剰余金50,000円，利益剰余金46,800円，その他有価証券評価差額金700円（貸方）であった，また，S社の資産・負債の評価にともなって17,500円の評価差額（貸方）が計上されている。

(資　本　金)	100,000	(S　社　株　式)	130,000
(資本剰余金)	50,000	(非支配株主持分)（＊2）	86,000
(利益剰余金)	46,800		
(その他有価証券評価差額金)	700		
(評　価　差　額)	17,500		
(の　　れ　　ん)（＊1）	1,000		

（＊1）　(100,000円 + 50,000円 + 46,800円 + 700円 + 17,500円) × 60% = 129,000円〈P社持分〉
　　　　　　　　　　　　215,000円
　　　　130,000円 − 129,000円 = 1,000円〈のれん〉
（＊2）　(100,000円 + 50,000円 + 46,800円 + 700円 + 17,500円) × 40% = 86,000円〈非支配株主持分〉
　　　　　　　　　　　　215,000円

2. 支配獲得日後

(1) 連結株主資本等変動計算書および連結貸借対照表

　支配獲得日後に子会社が「その他の包括利益（その他の包括利益累計額の当期変動額）」を計上した場合には，連結株主資本等変動計算書および連結貸借対照表の作成にあたって，非支配株主に帰属する「その他の包括利益（その他の包括利益累計額の当期変動額）」を「非支配株主持分」へ振り替える。

　〈例〉　P社はS社株式の60％を所有し，支配している。その他有価証券評価差額金の当期増加額は，P社が700円，S社が350円であった。

(その他有価証券評価差額金 当期変動額)（＊)	140	(非支配株主持分 当期変動額)	140

（＊）　350円〈S社〉× 40% = 140円〈非支配株主持分の増加額〉
（注）　その他有価証券評価差額金および非支配株主持分はいずれも株主資本以外の項目であるため，連結株主資本等変動計算書において，各項目の「株主資本以外の項目の当期変動額（純額）」に記載される。
∴　連結株主資本等変動計算書におけるその他有価証券評価差額金の当期変動額：
　　700円〈P社〉+ 350円〈S社〉− 140円 = 910円 ← 非支配株主の持分を含まない

(2) **連結包括利益計算書**

連結包括利益計算書における「その他の包括利益」および「包括利益」には，非支配株主に帰属する部分を含めて表示するため，連結修正は不要である。したがって，親会社および子会社の個別会計上の「その他の包括利益」を単純合算した額が連結包括利益計算書における「その他の包括利益」となる。

〈例〉　P社はS社株式の60％を所有し，支配している。その他有価証券評価差額金の当期増加額はP社が700円，S社が350円であった。

仕　訳　な　し

∴　連結包括利益計算書におけるその他有価証券評価差額金：
　　700円〈P社〉＋350円〈S社〉＝**1,050円←非支配株主の持分を含む**

　P社は×1年3月31日にS社の発行済議決権株式の60％を130,000円で取得し，支配を獲得した。×1年3月31日現在におけるS社の貸借対照表項目（帳簿価額）は，諸資産400,000円，諸負債202,200円，繰延税金負債300円，資本金100,000円，資本剰余金50,000円，利益剰余金46,800円，その他有価証券評価差額金700円であり，諸資産の時価は430,000円，諸負債の時価は207,200円であった。当期（×2年4月1日から×3年3月31日まで）におけるP社およびS社の個別財務諸表は次のとおりである。なお，のれんは，計上年度の翌年から10年の均等償却を行い，評価差額の計上については，税効果会計（法定実効税率30％）を適用する。よって，当期の連結財務諸表を作成しなさい。

（資　料）

貸　借　対　照　表
×3年3月31日現在 　　　　　　　　　（単位：円）

資　　　産	P　社	S　社	負債・純資産	P　社	S　社
諸　資　産	700,000	500,000	諸　負　債	382,000	271,200
S　社　株　式	130,000	──	繰延税金負債	1,200	600
			資　本　金	200,000	100,000
			資本剰余金	100,000	50,000
			利益剰余金	144,000	76,800
			その他有価証券評価差額金	2,800	1,400
	830,000	500,000		830,000	500,000

損　益　計　算　書
自×2年4月1日　至×3年3月31日 　　　　（単位：円）

借　方　科　目	P　社	S　社	貸　方　科　目	P　社	S　社
諸　費　用	400,000	240,000	諸　収　益	488,000	300,000
法　人　税　等	30,000	18,000	受取配当金	12,000	──
当　期　純　利　益	70,000	42,000			
	500,000	300,000		500,000	300,000

株主資本等変動計算書
自×2年4月1日　至×3年3月31日 　　　　（単位：円）

	株　主　資　本						その他の包括利益累計額	
	資　本　金		資本剰余金		利益剰余金		その他有価証券評価差額金	
	P　社	S　社	P　社	S　社	P　社	S　社	P　社	S　社
当期首残高	200,000	100,000	100,000	50,000	114,000	54,800	2,100	1,050
剰余金の配当					△40,000	△20,000		
当期純利益					70,000	42,000		
株主資本以外の項目の当期変動額（純額）							700	350
当期末残高	200,000	100,000	100,000	50,000	144,000	76,800	2,800	1,400

【解　答】

連 結 貸 借 対 照 表
×3年3月31日現在　　　（単位：円）

資　　産	金　　額	負債・純資産	金　　額
諸　資　産	1,230,000	諸　負　債	658,200
の　れ　ん	800	繰延税金負債	9,300
		資　本　金	200,000
		資 本 剰 余 金	100,000
		利 益 剰 余 金	161,800
		その他有価証券評価差額金	3,220
		非支配株主持分	98,280
	1,230,800		1,230,800

連 結 損 益 計 算 書
自×2年4月1日　至×3年3月31日
（単位：円）

科　　目	金　　額
諸　　収　　益	788,000
諸　　費　　用	△ 640,000
の れ ん 償 却 額	△ 100
税金等調整前当期純利益	147,900
法　人　税　等	△ 48,000
当 期 純 利 益	99,900
非支配株主に帰属する当期純利益	△ 16,800
親会社株主に帰属する当期純利益	83,100

連結包括利益計算書
自×2年4月1日　至×3年3月31日
（単位：円）

科　　目	金　　額
当 期 純 利 益	99,900
そ の 他 の 包 括 利 益	
その他有価証券評価差額金	1,050
包　括　利　益	100,950

（内　訳）

親会社株主に係る包括利益	84,010円
非支配株主に係る包括利益	16,940円

連結株主資本等変動計算書
自×2年4月1日　至×3年3月31日
（単位：円）

	株　主　資　本			その他の包括利益累計額	非支配株主持分
	資　本　金	資本剰余金	利益剰余金	その他有価証券評価差額金	
当 期 首 残 高	200,000	100,000	118,700	2,310	89,340
剰 余 金 の 配 当			△40,000		
親会社株主に帰属する当 期 純 利 益			83,100		
株主資本以外の項目の当期変動額（純額）				910	8,940
当 期 末 残 高	200,000	100,000	161,800	3,220	98,280

【解　説】

1．タイム・テーブル

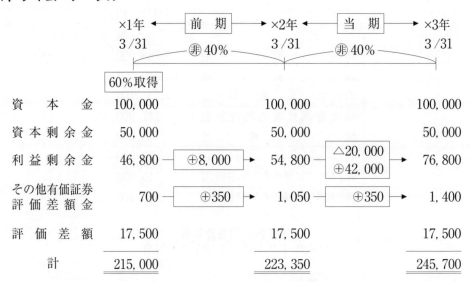

2．連結修正仕訳

（1）開始仕訳（×1年4月1日から×2年3月31日まで）

① 子会社（S社）資産・負債の評価（評価差額の計上）

（諸　　資　　産）（＊1）	30,000	（諸　　負　　債）（＊2）	5,000
		（繰延税金負債）（＊3）	7,500
		（評　価　差　額）（＊4）	17,500

（＊1）430,000円 − 400,000円 = 30,000円 ⎫
（＊2）207,200円 − 202,200円 = 5,000円 ⎬ 評価差額25,000円
　　　　　　　　　　　　　　　　　　　 ⎭
（＊3）25,000円〈評価差額〉× 30% = 7,500円〈繰延税金負債〉
（＊4）25,000円〈評価差額〉 − 7,500円〈繰延税金負債〉= 17,500円〈税効果後の評価差額〉

② 投資と資本の相殺消去

(資　本　金 当 期 首 残 高)	100,000	(S　社　株　式)		130,000
(資 本 剰 余 金 当 期 首 残 高)	50,000	(非支配株主持分 当 期 首 残 高) (＊2)		86,000
(利 益 剰 余 金 当 期 首 残 高)	46,800			
(その他有価証券評価差額金 当 期 首 残 高)	700			
(評　価　差　額)	17,500			
(の　　れ　　ん) (＊1)	1,000			

（＊1）(100,000円＋50,000円＋46,800円＋700円＋17,500円)×60％＝129,000円〈P社持分〉
　　　　　　　215,000円〈S社資本〉
　　　130,000円〈S社株式〉－129,000円〈P社持分〉＝1,000円〈のれん〉
（＊2）(100,000円＋50,000円＋46,800円＋700円＋17,500円)×40％＝86,000円〈非支配株主持分〉
　　　　　　　215,000円〈S社資本〉

③ のれんの償却

(利 益 剰 余 金 当 期 首 残 高) (＊)	100	(の　　れ　　ん)	100

（＊）1,000円÷10年＝100円

④ 子会社（S社）利益剰余金の増加額の非支配株主持分への振替え

(利 益 剰 余 金 当 期 首 残 高) (＊)	3,200	(非支配株主持分 当 期 首 残 高)	3,200

（＊）(54,800円－46,800円)×40％＝3,200円

⑤ 子会社（S社）その他有価証券評価差額金の増減額の非支配株主持分への振替え

(その他有価証券評価差額金 当 期 首 残 高) (＊)	140	(非支配株主持分 当 期 首 残 高)	140

（＊）(1,050円－700円)×40％＝140円

⑥ ②から⑤までの合計・要約仕訳

(資　本　金 当 期 首 残 高)	100,000	(S　社　株　式)	130,000
(資 本 剰 余 金 当 期 首 残 高)	50,000	(非支配株主持分 当 期 首 残 高)	89,340
(利 益 剰 余 金 当 期 首 残 高)	50,100		
(その他有価証券評価差額金 当 期 首 残 高)	840		
(評　価　差　額)	17,500		
(の　　れ　　ん)	900		

(2) 期中仕訳（×2年4月1日から×3年3月31日まで）

① のれんの償却

| （のれん償却額）（＊） | 100 | （の　れ　ん） | 100 |

（＊）1,000円 ÷ 10年 = 100円

② 子会社（S社）当期純利益の非支配株主持分への振替え

| $\binom{非支配株主に帰属}{する当期純利益}$（＊） | 16,800 | $\binom{非支配株主持分}{当期変動額}$ | 16,800 |

（＊）42,000円〈S社当期純利益〉× 40% = 16,800円

③ 子会社（S社）配当金の修正

| （受取配当金）（＊1） | 12,000 | $\binom{利益剰余金}{剰余金の配当}$ | 20,000 |
| $\binom{非支配株主持分}{当期変動額}$（＊2） | 8,000 | | |

（＊1）20,000円〈S社配当金〉× 60% = 12,000円
（＊2）20,000円〈S社配当金〉× 40% = 8,000円

④ 子会社（S社）その他有価証券評価差額金の増減額の非支配株主持分への振替え

| $\binom{その他有価証券評価差額金}{当期変動額}$（＊） | 140 | $\binom{非支配株主持分}{当期変動額}$ | 140 |

（＊）350円 × 40% = 140円

3．連結財務諸表上の各金額

連結　P/L

諸　費　用	640,000		
（Ⓟ400,000＋Ⓢ240,000＝640,000）			
のれん償却額	100		
法　人　税　等	48,000	諸　収　益	788,000
（Ⓟ30,000＋Ⓢ18,000＝48,000）		（Ⓟ488,000＋Ⓢ300,000＝788,000）	
非支配株主に帰属する当期純利益	16,800		
Ⓟ70,000＋Ⓢ42,000＝	112,000		
のれん償却額	△　100		
非支配株主に帰属する当期純利益	△16,800		
受　取　配　当　金	△12,000	受　取　配　当　金	0
親会社株主に帰属する当期純利益	**83,100**	（Ⓟ12,000－12,000＝0）	

連結S/S（資　本　金）

Ⓟ200,000＋Ⓢ100,000＝	300,000	資本金当期首残高	200,000
当期首残高（開始仕訳）	△100,000	（Ⓟ200,000＋Ⓢ100,000－100,000＝200,000）	
資本金当期末残高	**200,000**		

連結S/S（資本剰余金）

Ⓟ100,000＋Ⓢ50,000＝	150,000	資本剰余金当期首残高	100,000
当期首残高（開始仕訳）	△50,000	（Ⓟ100,000＋Ⓢ50,000－50,000＝100,000）	
資本剰余金当期末残高	**100,000**		

連結S/S（利益剰余金）

剰　余　金　の　配　当	40,000	利益剰余金当期首残高	118,700
（Ⓟ40,000＋Ⓢ20,000－20,000＝40,000）		（Ⓟ114,000＋Ⓢ54,800－50,100＝118,700）	
Ⓟ144,000＋Ⓢ76,800＝	220,800		
当期首残高（開始仕訳）	△50,100		
のれん償却額	△　100	Ⓟ70,000＋Ⓢ42,000＝	112,000
非支配株主に帰属する当期純利益	△16,800	のれん償却額	△　100
受　取　配　当　金	△12,000	非支配株主に帰属する当期純利益	△16,800
剰　余　金　の　配　当	＋20,000	受　取　配　当　金	△12,000
利益剰余金当期末残高	**161,800**	親会社株主に帰属する当期純利益	**83,100**

連結S/S（その他有価証券評価差額金）

Ⓟ2,800＋Ⓢ1,400＝	4,200	その他有価証券評価差額金当期首残高	2,310
当期首残高（開始仕訳）	△　840	（Ⓟ2,100＋Ⓢ1,050－840＝2,310）	
当　期　変　動　額	△　140	その他有価証券評価差額金当期変動額	910
その他有価証券評価差額金当期末残高	**3,220**	（Ⓟ700＋Ⓢ350－140＝910）	

連結S/S（非支配株主持分）

当期首残高（開始仕訳）	89,340	非支配株主持分当期首残高	89,340
当　期　変　動　額	8,940	非支配株主持分当期変動額	8,940
非支配株主持分当期末残高	**98,280**	（16,800－8,000＋140＝8,940）	

連 結 B/S

	諸　負　債　　　　658,200
	(Ⓟ382,000＋Ⓢ271,200＋5,000＝658,200)
	繰延税金負債　　　　　9,300
	(Ⓟ1,200＋Ⓢ600＋7,500＝9,300)
	Ⓟ200,000＋Ⓢ100,000＝　300,000
	当期首残高(開始仕訳)　　△100,000
	資　本　金　　　　200,000
	Ⓟ100,000＋Ⓢ50,000＝　150,000
	当期首残高(開始仕訳)　　△50,000
諸　資　産　　　1,230,000	資 本 剰 余 金　　　100,000
(Ⓟ700,000＋Ⓢ500,000＋30,000＝1,230,000)	Ⓟ144,000＋Ⓢ76,800＝　220,800
	当期首残高(開始仕訳)　　△50,100
	のれん償却額　　　　△100
	非支配株主に帰属する当期純利益　△16,800
	受 取 配 当 金　　　△12,000
	剰余金の配当　　　　＋20,000
	利 益 剰 余 金　　　161,800
	Ⓟ2,800＋Ⓢ1,400＝　4,200
	当期首残高(開始仕訳)　　△840
	当 期 変 動 額　　　△140
の　れ　ん　　　　　800	その他有価証券評価差額金　　　3,220
(900－100＝800)	当期首残高(開始仕訳)　　89,340
S 社 株 式　　　　　0	当 期 変 動 額　　　8,940
(Ⓟ130,000－130,000＝0)	非支配株主持分　　　98,280

4. 連結包括利益計算書

「包括利益」は，連結損益計算書で計算された「当期純利益」に「その他の包括利益(本問では「その他有価証券評価差額金」の当期変動額)」を加減して計算する。なお，連結貸借対照表および連結株主資本等変動計算書の作成上は，「その他の包括利益累計額」は非支配株主持分に振り替えられるが，連結包括利益計算書上の「その他の包括利益」には，非支配株主に帰属する利益が含まれたままであることに注意すること。

	連　　　結 包括利益計算書	内　　　　訳	
		非支配株主に係る 包　括　利　益	親会社株主に係る 包　括　利　益
当 期 純 利 益	(＊1)　99,900	(＊2)　16,800	(＊3)　83,100
そ の 他 の 包 括 利 益			
その他有価証券評価差額金	(＊4)　1,050	(＊5)　140	(＊6)　910
包 括 利 益	100,950	16,940	84,010

（＊1）連結Ｐ／Ｌ当期純利益
（＊2）連結Ｐ／Ｌ非支配株主に帰属する当期純利益
（＊3）連結Ｐ／Ｌ親会社株主に帰属する当期純利益
（＊4）700円〈P社その他有価証券評価差額金当期変動額〉＋350円〈S社その他有価証券評価差額金当期変動額〉＝1,050円
（＊5）350円〈S社その他有価証券評価差額金当期変動額〉×40％＝140円
（＊6）1,050円－140円＝910円

補足 その他の包括利益累計額がある場合の子会社株式の一部売却

　子会社株式を一部売却した場合（親会社と子会社の支配従属関係が継続している場合に限る）には，売却した株式に対応する持分を親会社持分から減額し，非支配株主持分を増額する。売却による親会社持分の減少額（売却持分）と売却価額の差額は資本剰余金とする。

　なお，売却した株式に対応する持分には，子会社に係るその他の包括利益累計額が含まれるが，売却持分には，その他の包括利益累計額は含まれない。

$$売却価額 － 売却持分 ＝ 資本剰余金$$

（注）子会社がその他の包括利益累計額を計上している場合，売却した株式に対応する持分および売却持分は次のように計算する。
　　　売却した株式に対応する持分 ＝ 一部売却時の子会社資本合計 × 売却割合
　　　売却持分 ＝ 売却した株式に対応する持分 － その他の包括利益累計額の取崩額

〈例〉　P社は×1年3月31日にS社の発行済議決権株式の80％を160,000円で取得したことにより支配を獲得した。P社は×2年3月31日（当期末）に発行済株式総数の20％（所有するS社株式の4分の1）を50,000円で売却し，10,000円の子会社株式売却益を計上した。×1年3月31日現在のS社の財政状態とP社およびS社の当期末の個別貸借対照表は次のとおりである。なお，税効果会計は適用しない。また，のれんは計上年度の翌年から10年間の均等償却を行う。よって，当期末の連結貸借対照表を作成しなさい。なお，会計期間は3月31日を決算日とする1年とする。

（資料1）

×1年3月31日現在におけるS社の財政状態

諸　資　産	諸　負　債	資　本　金	利益剰余金	その他有価証券評価差額金
380,000円	200,000円	100,000円	70,000円	10,000円

×1年3月31日現在のS社の諸資産の時価は400,000円，諸負債の時価は218,000円である。

（資料2）当期末の個別貸借対照表

貸　借　対　照　表
×2年3月31日現在　　　　　　　　（単位：千円）

資　　産	P　　社	S　　社	負債・純資産	P　　社	S　　社
諸　資　産	630,000	435,000	諸　負　債	320,000	220,000
S　社　株　式	120,000	——	資　本　金	200,000	100,000
			利益剰余金	230,000	100,000
			その他有価証券評価差額金	——	15,000
	750,000	435,000		750,000	435,000

剰余金の処分および配当は行われていない。

1．タイム・テーブル

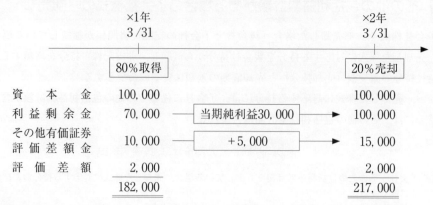

		×1年 3/31		×2年 3/31
		80％取得		20％売却
資　本　金		100,000		100,000
利益剰余金		70,000	当期純利益30,000 →	100,000
その他有価証券 評価差額金		10,000	＋5,000 →	15,000
評　価　差　額		2,000		2,000
		182,000		217,000

2．連結修正仕訳

⑴　開始仕訳（×1年3月31日 ⇨ 支配獲得日における連結修正仕訳）

①　子会社（S社）資産・負債の時価評価

（諸　　資　　産）（＊1）	20,000	（諸　　負　　債）（＊2）	18,000
		（評　価　差　額）（＊3）	2,000

（＊1）400,000円 − 380,000円 = 20,000円
（＊2）218,000円 − 200,000円 = 18,000円
（＊3）20,000円 − 18,000円 = 2,000円

②　投資と資本の相殺消去

（資　　本　　金 当 期 首 残 高）	100,000	（S　社　株　式）	160,000
（利 益 剰 余 金 当 期 首 残 高）	70,000	（非支配株主持分 当 期 首 残 高）（＊2）	36,400
（その他有価証券評価差額金 当 期 首 残 高）	10,000		
（評　価　差　額）	2,000		
（の　　れ　　ん）（＊1）	14,400		

（＊1）<u>（100,000円 + 70,000円 + 10,000円 + 2,000円）</u> × 80% = 145,600円〈P社持分〉
　　　　　182,000円〈S社資本〉
　　　160,000円 − 145,600円 = 14,400円〈のれん〉
（＊2）<u>（100,000円 + 70,000円 + 10,000円 + 2,000円）</u> × 20% = 36,400円〈非支配株主持分〉
　　　　　182,000円〈S社資本〉

⑵　期中仕訳（×1年4月1日から×2年3月31日）

①　のれんの償却

（のれん償却額）（＊）	1,440	（の　　れ　　ん）	1,440

（＊）14,400円 ÷ 10年 = 1,440円

② **子会社（S社）当期純利益の振替え（一部売却前の割合で振り替える）**

（非支配株主に帰属する当期純利益）（＊）	6,000	（非支配株主持分当期変動額）	6,000

（＊）100,000円 − 70,000円 = 30,000円〈当期純利益〉
　　　30,000円 × 20％ = 6,000円

③ **子会社（S社）その他有価証券評価差額金の増加額の振替え（一部売却前の割合で振り替える）**

（その他有価証券評価差額金当期変動額）（＊）	1,000	（非支配株主持分当期変動額）	1,000

（＊）15,000円 − 10,000円 = 5,000円〈増加額〉
　　　5,000円 × 20％ = 1,000円

④ **子会社株式の一部売却の修正**

⒜ **売却持分の処理**

　子会社株式を一部売却した場合には，売却による親会社持分の減少額（売却持分）と売却価額の差額を「資本剰余金」として処理する。なお，売却持分には，子会社に係るその他の包括利益累計額（支配獲得後の増減額）は含まれない。

（S 社 株 式）（＊1）	40,000	（非支配株主持分当期変動額）（＊3）	42,400
（子会社株式売却益）（＊2）	10,000	（資本剰余金持分変動）（＊4）	7,600

（＊1）160,000円 × $\frac{1}{4}$ = 40,000円〈売却株式の原価〉
（＊2）50,000円〈売却額〉 − 40,000円 = 10,000円〈子会社株式売却益〉
（＊3）100,000円 − 70,000円 = 30,000円〈支配獲得後のS社利益剰余金の増加額〉
　　　（182,000円〈支配獲得時S社資本〉 + 30,000円）× 20％〈売却割合〉 = 42,400円〈売却持分〉
（＊4）50,000円 − 42,400円 = 7,600円

⒝ **支配獲得後に増加したその他有価証券評価差額金のうち売却分に対応する部分（取崩額）の処理**

（その他有価証券評価差額金当期変動額）（＊5）	1,000	（非支配株主持分当期変動額）	1,000

（＊5）5,000円〈支配獲得後の増加額〉 × 20％〈売却割合〉 = 1,000円〈取崩額〉

⒞ **まとめ**

（その他有価証券評価差額金当期変動額）（＊5）	1,000	（非支配株主持分当期変動額）（＊6）	43,400
（S 社 株 式）（＊1）	40,000	（資本剰余金持分変動）（＊4）	7,600
（S社株式売却益）（＊2）	10,000		

（＊6）100,000円 + 100,000円 + 15,000円 + 2,000円 = 217,000円〈売却時のS社資本〉
　　　217,000円〈売却時のS社資本〉 × 20％〈売却割合〉 = 43,400円〈売却した株式に対応する持分〉
（注）売却持分は以下のようにも計算できる。
　　　43,400円〈売却した株式に対応する持分〉 − 1,000円〈取崩額〉 = 42,400円〈売却持分〉

連結会計（Ⅴ）

(3) 連結精算表

損益計算書の科目は，すべて利益剰余金に対する修正とする。

連 結 精 算 表　　　　　　　　　　　　　　　（単位：千円）

表　示　科　目	個別貸借対照表			連結修正仕訳		連　結貸借対照表
	P　社	S　社	合　計			
諸　　資　　産	630,000	435,000	1,065,000	20,000		1,085,000
の　　れ　　ん	――	――	――	14,400	1,440	12,960
S　社　株　式	120,000	――	120,000	40,000	160,000	0
合　　　　　計	750,000	435,000	1,185,000	74,400	161,440	1,097,960
諸　　負　　債	320,000	220,000	540,000		18,000	558,000
資　　本　　金	200,000	100,000	300,000	100,000		200,000
資　本　剰　余　金	――				7,600	7,600
利　益　剰　余　金	230,000	100,000	330,000	70,000 1,440 6,000 10,000		242,560
その他有価証券評価差額金	――	15,000	15,000	10,000 1,000 1,000		3,000
評　価　差　額	――	――	――	2,000	2,000	――
非　支　配　株　主　持　分	――	――	――		36,400 6,000 1,000 43,400	86,800
合　　　　　計	750,000	435,000	1,185,000	201,440	114,400	1,097,960

(4) 連結貸借対照表

連 結 貸 借 対 照 表
×2年3月31日現在　　　　（単位：千円）

資　　　　　産	金　　　額	負債・純資産	金　　　額
諸　　資　　産	1,085,000	諸　　負　　債	558,000
の　　れ　　ん	12,960	資　　本　　金	200,000
		資　本　剰　余　金	7,600
		利　益　剰　余　金	242,560
		その他有価証券評価差額金	3,000
		非　支　配　株　主　持　分	86,800
	1,097,960		1,097,960

4 退職給付会計と連結会計

平成24年の「退職給付に関する会計基準」の公表により，退職給付会計に関する連結財務諸表上の取扱いが変更され，個別財務諸表上の取扱いと連結財務諸表上の取扱いが異なることとなった。

1．科目名の変更

退職給付債務の額から年金資産の額を控除した額（積立状況を示す額）の連結貸借対照表における科目名が変更された。

		個別貸借対照表	連結貸借対照表
積立状況を示す額	負債	退職給付引当金	退職給付に係る負債
	資産	前払年金費用	退職給付に係る資産

2．数理計算上の差異および過去勤務費用の処理方法

個別財務諸表においては，数理計算上の差異および過去勤務費用の各期の発生額は，原則として，平均残存勤務期間以内の一定の年数で按分した額を毎期費用処理する。したがって，未認識数理計算上の差異および未認識過去勤務費用は，個別貸借対照表の「退職給付引当金」には反映されない（遅延認識）。

連結財務諸表においては，数理計算上の差異および過去勤務費用の各期の発生額は，原則として，平均残存勤務期間以内の一定の年数で按分した額を毎期費用処理する。ただし，未認識数理計算上の差異および未認識過去勤務費用は，税効果会計を適用した上で，その他の包括利益（退職給付に係る調整額）をとおして純資産の部のその他の包括利益累計額（退職給付に係る調整累計額）に計上するため，連結貸借対照表の「退職給付に係る負債」に反映される（即時認識）。

	個別貸借対照表	連結貸借対照表
数理計算上の差異および過去勤務費用	遅延認識 費用処理された部分のみ退職給付引当金に反映される。	即時認識 未認識の部分も退職給付に係る負債に反映される。

退職給付会計用B／S

年　金　資　産	退　職　給　付　債　務
未認識差異等（設定不足）	
個別B／S 退職給付引当金	連結B／S 退職給付に係る負債

個別B／S退職給付引当金 ＝ 退職給付債務−年金資産−未認識差異等（設定不足）

連結B／S退職給付に係る負債 ＝ 退職給付債務 − 年金資産
　　　　　　　　　　　　　　 ＝ 個別B／S退職給付引当金＋未認識差異等（設定不足）

　以下の資料にもとづいて，(1)個別財務諸表および(2)連結財務諸表上の各金額を求めなさい。なお，1年度期首において差異等は発生しておらず，新たに発生した数理計算上の差異は発生年度から平均残存勤務期間10年で定額法により費用処理する。また，退職給付引当金（退職給付に係る負債）には，法人税等の実効税率は30％として税効果会計を適用する。なお，法人税等調整額が貸方，退職給付に係る調整額および退職給付に係る調整累計額が借方の場合には，金額の前に△印を付すこと。

　（資　料）
　1．1年度期首の退職給付債務40,000円，年金資産10,000円
　2．勤務費用4,000円，利息費用2,000円，期待運用収益900円
　3．年金掛金の拠出1,000円，退職一時金の支給1,800円，年金基金からの支給1,400円
　4．1年度期末の退職給付債務43,000円，年金資産10,200円
　5．1年度に発生した数理計算上の差異500円（引当不足）

【解　答】

	個別財務諸表	連結財務諸表
損 益 計 算 書		
退 職 給 付 費 用	5,150円	5,150円
法 人 税 等 調 整 額	△　　705円	△　　705円
包括利益計算書		
退 職 給 付 に 係 る 調 整 額	——	△　　315円
貸 借 対 照 表		
繰 延 税 金 資 産	9,705円	9,840円
退 職 給 付 引 当 金 （退 職 給 付 に 係 る 負 債）	32,350円	32,800円
退 職 給 付 に 係 る 調 整 累 計 額	——	△　　315円

【解　説】
　(1)　個別財務諸表上の処理
　　①　1年度期首の状態
　　　　個別B/S退職給付引当金：40,000円〈期首債務〉− 10,000円〈期首資産〉
　　　　　　　　　　　　　　　　　　= 30,000円
　　　　個別B/S繰延税金資産：30,000円 × 30% = 9,000円

② １年度期首の見積りによる退職給付費用の計上

| （退職給付費用）（＊１） | 5,100 | （退職給付引当金） | 5,100 |
| （繰延税金資産）（＊２） | 1,530 | （法人税等調整額） | 1,530 |

（＊１）4,000円〈勤務費用〉＋2,000円〈利息費用〉－900円〈期待運用収益〉＝5,100円

（＊２）5,100円×30％＝1,530円

③ 年金掛金と退職一時金の支給

| （退職給付引当金）（＊１） | 2,800 | （現 金 預 金） | 2,800 |
| （法人税等調整額）（＊２） | 840 | （繰延税金資産） | 840 |

（＊１）1,000円〈年金掛金〉＋1,800円〈一時金〉＝2,800円

（＊２）2,800円×30％＝840円

（注）年金基金からの支給は仕訳不要である。

④ 数理計算上の差異の費用処理

| （退職給付費用）（＊１） | 50 | （退職給付引当金） | 50 |
| （繰延税金資産）（＊２） | 15 | （法人税等調整額） | 15 |

（＊１）500円〈数理差異〉÷10年＝50円

（＊２）50円×30％＝15円

⑤ １年度期末の状態（個別財務諸表上の金額）

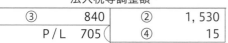

退職給付費用

| ② | 5,100 | P/L | 5,150 |
| ④ | 50 | | |

退職給付引当金

③	2,800	期首残高	30,000
B/S	32,350	②	5,100
		④	50

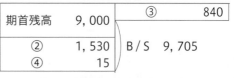

法人税等調整額

| ③ | 840 | ② | 1,530 |
| P/L | 705 | ④ | 15 |

繰延税金資産

期首残高	9,000	③	840
②	1,530	B/S	9,705
④	15		

∴　１年度期末の退職給付債務43,000円から年金資産10,200円を控除したあるべき退職給付引当金は32,800円であるが，未認識の数理計算上の差異450円（500円－50円）が反映されていないため，実際の退職給付引当金は32,350円となる。

⑵ 連結財務諸表上の修正（連結修正仕訳）

① 科目の振替え

| （退職給付引当金） | 32,350 | （退職給付に係る負債） | 32,350 |

② 数理計算上の差異の計上

連結財務諸表においては，数理計算上の差異は発生時に即時認識し，退職給付に係る負債を計上するとともに，その他の包括利益をとおして純資産の部に計上する。

（繰 延 税 金 資 産）（＊1）	150	（退職給付に係る負債）	500
（退職給付に係る調整額）（＊2）	350		
連結包括利益計算書			
（退職給付に係る調整累計額） 当 期 変 動 額	350	（退職給付に係る調整額）	350
連結株主資本等変動計算書			

（＊1）500円 × 30% = 150円

（＊2）500円 − 150円 = 350円

(注)「退職給付に係る調整額」は連結包括利益計算書のその他の包括利益に記載され，その残額は連結貸借対照表の純資産の部のその他の包括利益累計額に「退職給付に係る調整累計額」として記載される。なお，「退職給付に係る調整累計額」は連結貸借対照表の純資産の部の科目であるため，連結株主資本等変動計算書にも記載される。したがって，当期の変動額は，最初から連結株主資本等変動計算書の科目である「退職給付に係る調整累計額・当期変動額」を使って仕訳することも考えられる。ただし，「退職給付に関する会計基準の適用指針」における設例では，連結包括利益計算書の科目である「退職給付に係る調整額」を使って仕訳しているため，本テキストでは，連結包括利益計算書の科目である「退職給付に関する調整額」で処理した後，連結株主資本等変動計算書の科目である「退職給付に関する調整累計額・当期変動額」に振り替える形で仕訳を示しておく。

③ 数理計算上の差異の費用処理

連結財務諸表においては，数理計算上の差異は発生時に即時認識し，退職給付に係る負債を計上しているので，費用処理による計上額を減額する。

（退職給付に係る負債）	50	（繰 延 税 金 資 産）（＊1）	15
		（退職給付に係る調整額）（＊2）	35
		連結包括利益計算書	
（退職給付に係る調整額）	35	（退職給付に係る調整累計額） 当 期 変 動 額	35
		連結株主資本等変動計算書	

（＊1）50円 × 30% = 15円

（＊2）50円 − 15円 = 35円

④ ②と③のまとめ

（繰 延 税 金 資 産）	135	（退職給付に係る負債）	450
（退職給付に係る調整額）	315		
連結包括利益計算書			
（退職給付に係る調整累計額） 当 期 変 動 額	315	（退職給付に係る調整額）	315
連結株主資本等変動計算書			

⑤　１年度期末の状態（連結財務諸表上の金額）

　　　連結Ｐ／Ｌ退職給付費用：5,150円←個別Ｐ／Ｌと同じ

　　　連結Ｐ／Ｌ法人税等調整額：705円〈貸方〉　←個別Ｐ／Ｌと同じ

　　　連結Ｃ／Ｉ退職給付に係る調整額：315円〈借方〉

　　　連結Ｂ／Ｓ退職給付に係る負債：32,350円〈個別Ｂ／Ｓ〉＋ 450円 ＝ 32,800円

　　　　　または　43,000円〈期末債務〉－ 10,200円〈期末資産〉＝ 32,800円

　　　連結Ｂ／Ｓ繰延税金資産：9,705円〈個別Ｂ／Ｓ〉＋ 135円 ＝ 9,840円

　　　　　または　32,800円× 30％ ＝ 9,840円

　　　連結Ｂ／Ｓ退職給付に係る調整累計額：315円〈借方〉

　　∴　数理計算上の差異が即時認識されるため，１年度期末の退職給付債務
　　　　43,000円から年金資産10,200円を控除したあるべき退職給付に係る負債
　　　　32,800円が，実際の退職給付に係る負債として計上される。

3．非支配株主持分への振替え

　「退職給付に係る調整累計額」は，連結会計上は資本として扱われる。したがって，支配獲得日に子会社の側で「退職給付に係る調整累計額」が計上された場合には，子会社の資本として親会社の投資と相殺消去する。また，支配獲得後に子会社の側の「退職給付に係る調整累計額」が増減した場合には，「非支配株主持分」へ振り替える。

　〔設例７－２〕において，子会社であるＳ社のものであり，親会社であるＰ社がＳ社株式の80％を所有している場合には，１年度に生じた「退職給付に係る調整累計額」の当期変動額315円（借方＝純資産の減少）のうち20％の63円を「非支配株主持分」から減額する。

（非支配株主持分 当期変動額）	63	（退職給付に係る調整累計額 当期変動額）	63

（注）上記の仕訳は，連結株主資本等変動計算書および連結貸借対照表を作成するための修正仕訳であるが，連結包括利益計算書のその他の包括利益には非支配株主に帰属する部分が含まれるため，連結包括利益計算書上の「退職給付に係る調整額」は修正されないことに注意すること。

連結財務諸表作成の総合問題の解答手順

連結財務諸表作成の総合問題において，退職給付会計が出題された場合には，まず，個別財務諸表の組替え（科目の修正）および修正（未認識差異の計上）を行い，その後，連結修正仕訳を行う。

〈例〉以下の資料にもとづいて，×1年度の連結財務諸表を作成しなさい。

（資料１）個別財務諸表

貸 借 対 照 表

×2年３月31日現在 （単位：円）

資 産	P 社	S 社	負債・純資産	P 社	S 社
諸 資 産	322,100	297,900	諸 負 債	116,950	133,250
S 社 株 式	124,000	——	退職給付引当金	9,050	4,750
繰延税金資産	3,900	2,100	資 本 金	200,000	100,000
			利 益 剰 余 金	124,000	62,000
	450,000	300,000		450,000	300,000

損 益 計 算 書

自×1年４月１日 至×2年３月31日 （単位：円）

借 方 科 目	P 社	S 社	貸 方 科 目	P 社	S 社
諸 費 用	107,650	78,350	諸 収 益	150,000	100,000
退 職 給 付 費 用	2,350	1,650	受 取 配 当 金	1,600	——
法 人 税 等	12,360	6,270	法人税等調整額	360	270
当 期 純 利 益	29,600	14,000			
	151,960	100,270		151,960	100,270

株主資本等変動計算書

自×1年４月１日 至×2年３月31日 （単位：円）

	株 主 資 本			
	資 本 金		利 益 剰 余 金	
	P 社	S 社	P 社	S 社
当 期 首 残 高	200,000	100,000	98,400	50,000
剰 余 金 の 配 当			△ 4,000	△ 2,000
当 期 純 利 益			29,600	14,000
当 期 末 残 高	200,000	100,000	124,000	62,000

（資料２）その他の事項

１．P社は×1年３月31日にS社の発行済議決権株式の80％を124,000円で取得し，支配を獲得した。支配獲得日におけるS社の諸資産および諸負債の帳簿価額と時価は一致していた。なお，のれんは計上年度の翌年から10年で均等償却する。

２．退職給付引当金に係る数理計算上の差異（設定不足）の状況は次のとおりであった。なお，退職給付引当金（退職給付に係る負債）には法定実効税率を30％とし税効果会計を適用する。

	×1年3月31日の未認識の差異	×2年3月31日の未認識の差異
P 社	1,800円	2,950円
S 社	0円	350円

【解　答】

連結貸借対照表
×2年3月31日現在　　　　　　（単位：円）

資　　　産	金　　　額	負債・純資産	金　　　額
諸　　資　　産	620,000	諸　　負　　債	250,200
の　　れ　　ん	3,600	退職給付に係る負債	17,100
繰 延 税 金 資 産	6,990	資　　本　　金	200,000
		利　益　剰　余　金	133,200
		退職給付に係る調整累計額	△　2,261
		非 支 配 株 主 持 分	32,351
	630,590		630,590

連結損益計算書
自×1年4月1日　至×2年3月31日
（単位：円）

科　　　　　目	金　　　額
諸　　　収　　　益	250,000
諸　　　費　　　用	△186,000
退　職　給　付　費　用	△　4,000
の　れ　ん　償　却　額	△　　400
税金等調整前当期純利益	59,600
法　　人　　税　　等	△ 18,630
法 人 税 等 調 整 額	630
当　期　純　利　益	41,600
非支配株主に帰属する当期純利益	△　2,800
親会社株主に帰属する当期純利益	38,800

連結包括利益計算書
自×1年4月1日　至×2年3月31日
（単位：円）

科　　　　　目	金　　　額
当　期　純　利　益	41,600
そ　の　他　の　包　括　利　益	
退 職 給 付 に 係 る 調 整 額	△　1,050
包　　括　　利　　益	40,550

（内訳）

親会社株主に係る包括利益　　　37,799　円

非支配株主に係る包括利益　　　　2,751　円

連結株主資本等変動計算書
自×1年 4 月 1 日　至×2年 3 月31日
（単位：円）

	株　主　資　本		その他の包括利益累計額	非支配株主持分
	資　本　金	利 益 剰 余 金	退職給付に係る調整累計額	
当 期 首 残 高	200,000	98,400	△　1,260	30,000
剰 余 金 の 配 当		△　4,000		
親会社株主に帰属する当 期 純 利 益		38,800		
株主資本以外の項目の当期変動額(純額)			△　1,001	2,351
当 期 末 残 高	200,000	133,200	△　2,261	32,351

【解　説】

1．個別財務諸表の組替え・修正

(1)　科目の振替え（×2年 3 月31日の金額で）

P社	（退職給付引当金）	9,050	（退職給付に係る負債）	9,050
S社	（退職給付引当金）	4,750	（退職給付に係る負債）	4,750

(2)　未認識数理計算上の差異の計上

①　×1年 3 月31日の未認識数理計算上の差異

P社	（繰 延 税 金 資 産）(＊1)	540	（退職給付に係る負債）	1,800
	(退職給付に係る調整累計額／当 期 首 残 高)(＊2)	1,260		

（＊1）1,800円×30％＝540円
（＊2）1,800円－540円＝1,260円

②　×1年度の未認識数理計算上の差異の純増加額

P社	（繰 延 税 金 資 産）(＊2)	345	（退職給付に係る負債）(＊1)	1,150
	(退職給付に係る調整累計額／当 期 変 動 額)(＊3)	805		
S社	（繰 延 税 金 資 産）(＊5)	105	（退職給付に係る負債）(＊4)	350
	(退職給付に係る調整累計額／当 期 変 動 額)(＊6)	245		

（＊1）2,950円－1,800円＝1,150円〈未認識数理計算上の差異の純増加額〉
（＊2）1,150円×30％＝345円
（＊3）1,150円－345円＝805円
（＊4）350円－0円＝350円〈未認識数理計算上の差異の純増加額〉
（＊5）350円×30％＝105円
（＊6）350円－105円＝245円

(3) **組替え・修正後の個別財務諸表（損益計算書を除く）**

貸 借 対 照 表
×2年 3 月31日現在　　　　　　　　（単位：円）

資　　産	P 社	S 社	負債・純資産	P 社	S 社
諸　資　産	322,100	297,900	諸　負　債	116,950	133,250
S 社 株 式	124,000	——	退職給付に係る負債	12,000	5,100
繰延税金資産	4,785	2,205	資　本　金	200,000	100,000
			利 益 剰 余 金	124,000	62,000
			退職給付に係る調整累計額	△ 2,065	△　245
	450,885	300,105		450,885	300,105

株主資本等変動計算書
自×1年 4 月 1 日　至×2年 3 月31日　　　　　　　（単位：円）

	株　　主　　資　　本				その他の包括利益累計額	
	資　本　金		利 益 剰 余 金		退職給付に係る調整累計額	
	P 社	S 社	P 社	S 社	P 社	S 社
当 期 首 残 高	200,000	100,000	98,400	50,000	△ 1,260	0
剰 余 金 の 配 当			△ 4,000	△ 2,000		
当 期 純 利 益			29,600	14,000		
株主資本以外の項目の当期変動額					△　805	△　245
当 期 末 残 高	200,000	100,000	124,000	62,000	△ 2,065	△　245

2．タイム・テーブル（S 社資本勘定の推移）

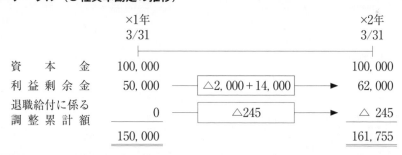

	×1年 3/31		×2年 3/31
資　　本　　金	100,000		100,000
利 益 剰 余 金	50,000	△2,000 + 14,000	62,000
退職給付に係る調整累計額	0	△245	△ 245
	150,000		161,755

3．連結修正仕訳

(1) 開始仕訳（投資と資本の相殺消去）

（資本金当期首残高）	100,000	（S 社 株 式）	124,000
（利益剰余金 当期首残高）	50,000	（非支配株主持分 当期首残高）(* 2)	30,000
（の　れ　ん）(* 1)	4,000		

(* 1)　(100,000円 + 50,000円) × 80% = 120,000円〈P 社持分〉
　　　　150,000円〈S 社資本〉
　　　124,000円 − 120,000円 = 4,000円〈のれん〉
(* 2)　(100,000円 + 50,000円) × 20% = 30,000円〈非支配株主持分〉
　　　　150,000円〈S 社資本〉

(2) 期中仕訳

① のれんの償却

| (のれん償却額)(＊) | 400 | (の　れ　ん) | 400 |

（＊）4,000円÷10年＝400円

② S社当期純利益の振替え

| (非支配株主に帰属する当期純利益)(＊) | 2,800 | (非支配株主持分当期変動額) | 2,800 |

（＊）14,000円×20％＝2,800円

③ S社配当金の修正

| (受取配当金)(＊1) | 1,600 | (利益剰余金剰余金の配当) | 2,000 |
| (非支配株主持分当期変動額)(＊2) | 400 | | |

（＊1）2,000円×80％＝1,600円

（＊2）2,000円×20％＝400円

④ 子会社（S社）退職給付に係る調整累計額の増減額の非支配株主持分への振替え

| (非支配株主持分当期変動額)(＊) | 49 | (退職給付に係る調整累計額当期変動額) | 49 |

（＊）245円×20％＝49円〈非支配株主持分の減少〉

(3) 連結精算表（連結包括利益計算書は除く）

	個別財務諸表			連結修正仕訳		連　結財務諸表
	P　社	S　社	合　計			
損　益　計　算　書						
諸　　収　　益	150,000	100,000	250,000			250,000
諸　　費　　用	△107,650	△78,350	△186,000			△186,000
退 職 給 付 費 用	△2,350	△1,650	△4,000			△4,000
の れ ん 償 却 額	——	——	——	400		△400
受 取 配 当 金	1,600	——	1,600	1,600		0
法　人　税　等	△12,360	△6,270	△18,630			△18,630
法 人 税 等 調 整 額	360	270	630			630
非支配株主に帰属する当　期　純　利　益	——	——	——	2,800		△2,800
親会社株主に帰属する当　期　純　利　益	29,600	14,000	43,600	4,800		38,800

	個別財務諸表（組替・修正後）			連結修正仕訳		連結財務諸表
	P 社	S 社	合 計			
株主資本等変動計算書						
資本金当期首残高	200,000	100,000	300,000	100,000		200,000
資本金当期末残高	200,000	100,000	300,000	100,000		200,000
利益剰余金当期首残高	98,400	50,000	148,400	50,000		98,400
剰余金の配当	△ 4,000	△ 2,000	△ 6,000		2,000	△ 4,000
親会社株主に帰属する当期純利益	29,600	14,000	43,600	4,800		38,800
利益剰余金当期末残高	124,000	62,000	186,000	54,800	2,000	133,200
退職給付に係る調整累計額当期首残高	△ 1,260	——	△ 1,260			△ 1,260
当期変動額	△ 805	△ 245	△ 1,050		49	△ 1,001
退職給付に係る調整累計額当期末残高	△ 2,065	△ 245	△ 2,310		49	△ 2,261
非支配株主持分当期首残高	——	——	——		30,000	30,000
当期変動額	——	——	——	400 / 49	2,800	2,351
非支配株主持分当期末残高	——	——	——	449	32,800	32,351

	個別財務諸表（組替・修正後）			連結修正仕訳		連結財務諸表
	P 社	S 社	合 計			
貸借対照表						
諸 資 産	322,100	297,900	620,000			620,000
の れ ん	——	——	——	4,000	400	3,600
S 社 株 式	124,000	——	124,000		124,000	0
繰 延 税 金 資 産	4,785	2,205	6,990			6,990
合 計	450,885	300,105	750,990	4,000	124,400	630,590
諸 負 債	116,950	133,250	250,200			250,200
退職給付に係る負債	12,000	5,100	17,100			17,100
資 本 金	200,000	100,000	300,000	100,000		200,000
利 益 剰 余 金	124,000	62,000	186,000	54,800	2,000	133,200
退職給付に係る調整累計額	△ 2,065	△ 245	△ 2,310		49	△ 2,261
非 支 配 株 主 持 分	——	——	——	449	32,800	32,351
合 計	450,885	300,105	750,990	155,249	34,849	630,590

183

	連　　　　結 包括利益計算書	内　　　　訳	
		非支配株主に係る 包　括　利　益	親会社株主に係る 包　括　利　益
当　　期　　純　　利　　益	（＊1）　41,600	（＊2）　　2,800	（＊3）　38,800
そ　の　他　の　包　括　利　益			
退　職　給　付　に　係　る　調　整　額	（＊4）　△1,050	（＊5）　　△49	（＊6）　△1,001
包　　　　括　　　　利　　　　益	40,550	2,751	37,799

（＊1）連結P／L当期純利益
（＊2）連結P／L非支配株主に帰属する当期純利益
（＊3）連結P／L親会社株主に帰属する当期純利益
（＊4）805円〈P社〉＋245円〈S社〉＝1,050円
（＊5）245円〈S社〉×20％＝49円
（＊6）1,050円－49円＝1,001円

研究　支配獲得日において子会社に未認識の差異等があった場合

支配獲得日において子会社に未認識の差異等があった場合には，子会社の資産・負債の評価と同様に扱う。したがって，その後に差異等が解消した場合（費用処理した場合）には，評価差額の実現と同様に損益の勘定を使って修正する。

〈例〉 P社は前期末にS社株式の80％を取得し，支配を獲得している。支配獲得日においてS社には退職給付に関する未認識の差異等1,000円（引当不足）があり，支配獲得日後5年間で費用処理している。なお，法人税等の実効税率は30％として税効果会計を適用する。

1．支配獲得日における未認識の差異等の計上

（繰　延　税　金　資　産）（＊1）	300	（退職給付に係る負債）	1,000
（評　　価　　差　　額）（＊2）	700		

（＊1）1,000円×30％＝300円〈繰延税金資産〉
（＊2）1,000円－300円＝700円〈評価差額〉
（注）「評価差額」は「退職給付に係る調整累計額」でもよいが，支配獲得日後に発生したものと区別するために「評価差額」としておく。また，「評価差額」は，その後の投資と資本の相殺消去において相殺消去される。

2．費用処理額の修正

（退職給付に係る負債）（＊1）	200	（退　職　給　付　費　用）	200
（法　人　税　等　調　整　額）（＊2）	60	（繰　延　税　金　資　産）	60
（非支配株主に帰属 する当期純利益）（＊3）	28	（非支配株主持分 当　期　変　動　額）	28

（＊1）1,000円÷5年＝200円〈費用処理額〉
（＊2）200円×30％＝60円〈繰延税金資産の減少額〉
（＊3）（200円－60円）×20％＝28円〈非支配株主持分の増加額〉

5 包括利益の表示に関する会計基準

理論

Theme
07

連結会計（Ⅴ）

「包括利益の表示に関する会計基準」

用語の定義

4．「包括利益」とは，ある企業の特定期間の財務諸表において認識された純資産の変動額のうち，当該企業の純資産に対する持分所有者との直接的な取引によらない部分をいう。当該企業の純資産に対する持分所有者には，当該企業の株主のほか当該企業の発行する新株予約権の所有者が含まれ，連結財務諸表においては，当該企業の子会社の非支配株主も含まれる。

5．「その他の包括利益」とは，包括利益のうち当期純利益に含まれない部分をいう。連結財務諸表におけるその他の包括利益には，親会社株主に係る部分と非支配株主に係る部分が含まれる。

包括利益の計算の表示

6．当期純利益にその他の包括利益の内訳項目を加減して包括利益を表示する。

その他の包括利益の内訳の開示

7．その他の包括利益の内訳項目は，その内容に基づいて，その他有価証券評価差額金，繰延ヘッジ損益，為替換算調整勘定，退職給付に係る調整額等に区分して表示する。持分法を適用する被投資会社のその他の包括利益に対する投資会社の持分相当額は，一括して区分表示する。

8．その他の包括利益の内訳項目は，税効果を控除した後の金額で表示する。ただし，各内訳項目を税効果を控除する前の金額で表示して，それらに関連する税効果の金額を一括して加減する方法で記載することができる。いずれの場合も，その他の包括利益の各内訳項目別の税効果の金額を注記する。

9．当期純利益を構成する項目のうち，当期又は過去の期間にその他の包括利益に含まれていた部分は，組替調整額として，その他の包括利益の内訳項目ごとに注記する。この注記は，前項による注記と併せて記載することができる。

10．前2項の注記は，個別財務諸表（連結財務諸表を作成する場合に限る。）及び四半期財務諸表においては，省略することができる。

包括利益を表示する計算書

11．包括利益を表示する計算書は，次のいずれかの形式による。連結財務諸表においては，包括利益のうち親会社株主に係る金額及び非支配株主に係る金額を付記する。

(1) 当期純利益を表示する損益計算書と，第6項に従って包括利益を表示する包括利益計算書からなる形式（2計算書方式）

(2) 当期純利益の表示と第6項に従った包括利益の表示を1つの計算書（「損益及び包括利益計算書」）で行う形式（1計算書方式）

185

研究　その他の包括利益の内訳に関する注記

　原則として，その他の包括利益の内訳項目は，税効果を控除後の金額で表示するが，その他の包括利益の内訳項目ごとに税効果の金額を注記しなければならない。また，当期純利益を構成する項目のうち，当期または過去の期間にその他の包括利益に含まれていた部分は，組替調整額として，その他の包括利益の内訳項目ごとに注記しなければならない。なお，税効果の注記と組替調整額の注記は併せて記載することが認められている。

〈例〉連結親会社であるP社は下記のとおりその他有価証券の売買を行った。よって，連結損益計算書（一部），連結包括利益計算書およびその他の包括利益の内訳に関する注記を答えなさい。なお，その他有価証券の評価差額は全部純資産直入法により，税効果会計および売却益にかかる法人税等の実効税率はいずれも30％とする。また，下記の資料から判明すること以外は一切考慮しなくてよい。

（資　料）

1．×1年度にその他有価証券10,000円を取得した。

2．×1年度末におけるその他有価証券の時価は12,000円であった。

3．×2年度にその他有価証券を13,000円で売却した。

1．タイム・テーブル

「その他の包括利益」として「その他有価証券評価差額金」の発生額と組替調整額の関係を理解するために，税効果前の金額を使ってタイム・テーブルを書いておく。

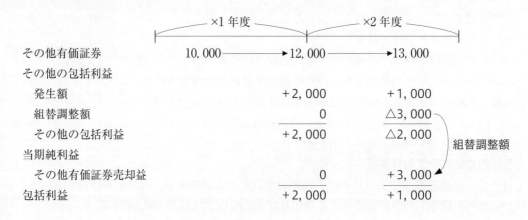

2．×1年度の処理

(1) 取　得

（その他有価証券）	10,000	（現　金　預　金）	10,000

(2) 決　算

（その他有価証券）（＊1）	2,000	（繰延税金負債）（＊2）	600
		（その他有価証券評価差額金）（＊3）	1,400

（＊1）12,000円 − 10,000円 = 2,000円
（＊2）2,000円 × 30% = 600円
（＊3）2,000円 − 600円 = 1,400円

3．×2年度の処理

その他有価証券の評価差額は，洗替法で処理し，期首に振戻処理が行われるが，「その他の包括利益」の発生額と組替調整額の関係を理解するために，ここでは，期首の振戻処理を省略している。

(1) 期　首（振戻処理は省略）

(2) 売　却

① 評価差額の計上

売却時の時価に評価替えし，その他の包括利益の発生額を計上する。

（その他有価証券）（＊1）	1,000	（繰延税金負債）（＊2）	300
		（その他有価証券評価差額金）（＊3）	700

（＊1）13,000円 − 12,000円 = 1,000円
（＊2）1,000円 × 30% = 300円
（＊3）1,000円 − 300円 = 700円

② 売　却

評価替後の金額で売却の処理をする。

（現　金　預　金）	13,000	（その他有価証券）	13,000

③ 組替調整

当期または過去に計上されたその他の包括利益（その他有価証券評価差額金）を当期純利益を構成する項目（その他有価証券売却益）に振り替える。

（繰延税金負債）（＊2）	900	（その他有価証券売却益）（＊1）	3,000
（その他有価証券評価差額金）（＊3）	2,100		

（＊1）2,000円 + 1,000円 = 3,000円
（＊2）600円 + 300円 = 900円
（＊3）1,400円 + 700円 = 2,100円

④ 法人税等の計上

本来は，決算時に法人税等は計上されるが，説明のためにその他有価証券売却益だけで法人税等を計算して計上しておく。

（法　人　税　等）（＊）	900	（未払法人税等）	900

（＊）3,000円 × 30% = 900円

4．財務諸表上の金額（単位：円）

	×1年度	×2年度
連結損益計算書		
その他有価証券売却益	0	3,000
税金等調整前当期純利益	0	3,000
法人税等	0	900
当期純利益	0	2,100
連結包括利益計算書		
当期純利益	0	2,100
その他の包括利益		
その他有価証券評価差額金	1,400	△1,400
包括利益	1,400	700
注記事項(連結注記表)		
その他の包括利益の内訳に関する注記		
その他有価証券評価差額金		
当期発生額	2,000	1,000
組替調整額	0	△3,000
税効果調整前	2,000	△2,000
税効果額	△　600	600
その他有価証券評価差額金	1,400	△1,400

MEMO

08 連結会計（Ⅵ）
Theme

Check ここでは，持分法について学習する。連結手続との違いに注意しながら，その会計処理をしっかりと学習してほしい。

1 持分法とは

持分法とは，投資会社が所有する投資の額を被投資会社の資本の額および損益のうち投資会社に帰属する部分の変動に応じて，連結決算日ごとに修正する方法をいい，連結財務諸表の作成にあたって，連結会社（親会社および連結子会社）が所有する非連結子会社および関連会社に対する投資（株式およびその他の出資）に対して適用される。

連結会社が所有する非連結子会社および関連会社に対する投資について持分法を適用することにより，通常の連結手続（以下，連結法という）に比較して簡便に非連結子会社および関連会社の財政状態および経営成績を連結財務諸表に反映させることができる。

なお，連結法を総額連結または完全連結とよび，持分法を純額連結または一行連結とよぶこともある。

（注1）持分法は，連結財務諸表の作成にあたって適用される方法であり，個別財務諸表の作成には適用されない。

（注2）非連結子会社および関連会社に対する投資のほか，共同支配企業に対する投資についても持分法が適用される。

1. 連結法（総額連結または完全連結）

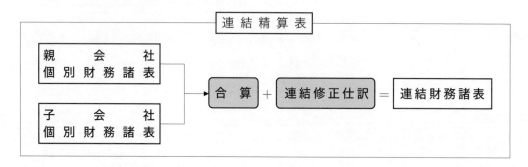

2. 持分法（純額連結または一行連結）

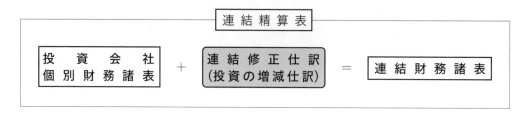

2 会計処理

1. 会計処理の基本

　持分法では，投資会社が所有する投資（子会社株式，関連会社株式など）を持分で評価し，持分が増加したときは投資を増額させ，持分が減少したときは投資を減額させる。

(1) 持分が増加したとき ⇨ 投資を増額する

(2) 持分が減少したとき ⇨ 投資を減額する

　なお，「持分法による投資損益」は，連結損益計算書の営業外収益または営業外費用の区分に一括して表示する。

持分法による投資損益	貸方残高の場合	持分法による投資利益（営業外収益）
	借方残高の場合	持分法による投資損失（営業外費用）

2. 具体的な会計処理

　持分法の連結修正仕訳には，次のようなものがある。

(1) のれん（投資差額）の償却	(4) 株式売却損益の修正
(2) 当期純損益の計上	(5) 未実現損益の消去
(3) 配当金の修正	

> （注）持分法では，被投資会社の個別財務諸表を合算しないので，「投資と資本の相殺消去」および「内部取引高の相殺消去」，「債権債務の相殺消去」などは不要である。

(1) のれん（投資差額）の償却

　投資会社の取得した「投資」とこれに対応する被投資会社の資本（以下，「持分」という）との差額は「のれん」または「負ののれん」とする。

$$\begin{matrix} 投資の \\ 取得原価 \end{matrix} - \begin{matrix} 被投資会社の \\ 評価替後の資本 \end{matrix} \times \begin{matrix} 投資会社の \\ 持分比率 \end{matrix} = \begin{cases} \oplus の\ れ\ ん（借方の投資差額） \\ \ominus 負ののれん（貸方の投資差額） \end{cases}$$

> （注）持分法適用会社の株式を段階的に取得している場合には，取得日ごとの被投資会社の評価替後の資本にもとづいて持分を計算する。

　持分法では，連結法と異なり個別財務諸表を合算しないため，投資と資本の相殺消去は行わない。したがって，「のれん」または「負ののれん」は，投資会社が所有する「投資」に含まれたままになるが，これを「のれん」または「負ののれん」と同様に処理するために，「投資」を増減する。

① 投資 ＞ 投資会社の持分 ⇨ のれん（借方の投資差額）の場合（投資を減額する）

（原則として20年以内，定額法により償却する）

（持分法による投資損益）	×××	（投　　　資）	×××
投資評価損		投資の減少	

② 投資 ＜ 投資会社の持分 ⇨ 負ののれん（貸方の投資差額）の場合（投資を増額する）

（負ののれんが生じた事業年度の利益とする）

（投　　　資）	×××	（持分法による投資損益）	×××
投資の増加		投資評価益	

(2) 当期純損益の計上

被投資会社が当期純利益または当期純損失を計上した場合には，資本の額が増減するため，投資会社の持分比率に応じて「投資」を増減する。

① 当期純利益の場合（投資を増額する）

（投　　　資）	×××	（持分法による投資損益）	×××
投資の増加		投資評価益	

② 当期純損失の場合（投資を減額する）

（持分法による投資損益）	×××	（投　　　資）	×××
投資評価損		投資の減少	

(3) 配当金の修正（投資を減額する）

被投資会社が利益剰余金の配当（中間配当を含む）を支払った場合には，資本の額が減少するため，投資会社の持分比率に応じて「投資」を減額するとともに，投資会社が受取時に計上した「受取配当金」を修正する。

（受 取 配 当 金）	×××	（投　　　資）	×××
投資会社の収益の減少		投資の減少	

設例 8-1

P社（会計期間１年，決算日３月31日）は×1年３月31日にA社（会計期間１年，決算日３月31日）の発行済議決権株式総数の40％にあたる株式を40,000円で取得し，連結決算上，持分法適用会社とした。よって，次の資料により，当期（×1年４月１日から×2年３月31日まで）の(1)連結貸借対照表に記載されるA社株式の残高と，(2)連結損益計算書に記載される持分法による投資損益の金額をそれぞれ求めなさい。

（資料１）×1年３月31日現在の個別財務諸表

　×1年３月31日現在におけるP社およびA社の貸借対照表は次のとおりである。なお，のれんについては，投資年度の翌年から10年間の均等償却を行う。

貸　借　対　照　表
×1年３月31日現在　　　　　　　　　　（単位：円）

資　　産	P　　社	A　　社	負債・純資産	P　　社	A　　社
諸　資　産	160,000	100,000	諸　負　債	40,000	23,500
A 社 株 式	40,000	──	資　本　金	100,000	50,000
			利 益 剰 余 金	60,000	26,500
	200,000	100,000		200,000	100,000

　×1年３月31日現在におけるA社の諸資産の時価は105,000円であり，純資産額の計算にあたっては税効果会計（法定実効税率30％）を考慮する。

（資料２）当期（×1年４月１日から×2年３月31日まで）に関する事項

(1)　A社の当期の配当は4,000円であった。

(2)　A社の当期純利益は12,000円であった。

【解　答】

A 社 株 式 の 残 高	42,400円
持分法による投資損益　（益）	4,000円

【解　説】

1．タイム・テーブル

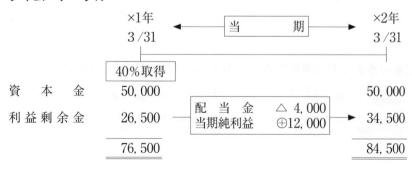

2．連結修正仕訳

(1) 開始仕訳（投資時：×1年3月31日：のれん（投資差額）の計算）
(2) 期中仕訳（×1年4月1日から×2年3月31日まで）
　① のれん（投資差額）の償却
　② 当期純利益の計上
　③ 配当金の修正

(1) **開始仕訳（投資時：×1年3月31日）**
① **のれん（投資差額）の計算**

$(105,000円 - 100,000円) \times 40\%〈P社取得割合〉\times (100\% - 30\%〈税率〉)$

$= 1,400円〈取得分に対する評価差額〉$

$40,000円 - \{(50,000円 + 26,500円) \times 40\%〈P社取得割合〉+ 1,400円\}$

$\underbrace{}_{32,000円〈P社持分〉}$

$= 8,000円〈のれん〉$

② **連結修正仕訳**

のれん（投資差額）については翌年度から償却するため「仕訳なし」となる。

なお，P社が作成する×1年3月31日現在の連結貸借対照表に表示される「A社株式」は次のようになる。

連　結　B/S
A社株式　40,000	

取得原価

(2) **期中仕訳（×1年4月1日から×2年3月31日まで）**
① **のれん（投資差額）の償却**

（持分法による投資損益）（＊）	800	（A　社　株　式）	800
A社株式評価損		A社株式の減少	

（＊）$8,000円 \div 10年 = 800円$

② **当期純利益の計上 ⇨ P社持分の増加＝「A社株式」の増額**

（A　社　株　式）（＊）	4,800	（持分法による投資損益）	4,800
P社持分の増加		A社株式評価益	

（＊）$12,000円〈A社当期純利益〉\times 40\%〈P社持分比率〉= 4,800円$

③ **配当金の修正 ⇨ P社持分の減少＝「投資」と「受取配当金」の相殺消去**

（受　取　配　当　金）（＊）	1,600	（A　社　株　式）	1,600
		A社株式の減少	

（＊）$4,000円〈A社配当金〉\times 40\%〈P社持分比率〉= 1,600円$

3．「A社株式」の残高と「持分法による投資損益」

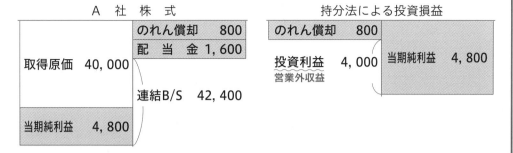

```
              A  社  株  式                         持分法による投資損益
                   ┌─────────────────┐          ┌─────────────────┐
                   │ のれん償却   800 │          │ のれん償却   800 │
                   │ 配 当 金 1,600 │          │                 │ 当期純利益  4,800
取得原価 40,000    │                 │          │ 投資利益   4,000 │
                   │                 │          │ 営業外収益       │
                   │ 連結B/S  42,400 │          └─────────────────┘
当期純利益  4,800  │                 │
```

4．翌期の持分法による開始仕訳

なお，持分法の連結修正仕訳は連結法と同様，個別財務諸表には反映されないため，翌期の連結財務諸表を作成するには，当期の連結修正仕訳を開始仕訳として行う必要がある。その際，「持分法による投資損益」および「受取配当金」は「利益剰余金当期首残高」に置き換えて処理する。翌期の開始仕訳を示すと次のようになる。

①	のれんの償却	(利益剰余金当期首残高) 持分法による投資損益	800	（A　社　株　式）	800
②	当期純利益の計上	（A　社　株　式）	4,800	(利益剰余金当期首残高) 持分法による投資損益	4,800
③	配当金の修正	(利益剰余金当期首残高) 受取配当金	1,600	（A　社　株　式）	1,600
④	①から③までの 合計・要約仕訳	（A　社　株　式）	2,400	(利益剰余金当期首残高)	2,400

⑷　株式売却損益の修正

投資会社が所有する被投資会社株式を売却した場合には，個別会計上，計上されている株式の売却損益を持分法の適用にあたって修正しなければならない。

〔設例8－1〕において×2年3月31日にP社が所有するA社株式のうち10％（所有するA社株式の4分の1）を12,000円で売却した場合の連結修正仕訳は次のようになる。

	個別会計上		持分法上
売却株式の売価	12,000		12,000
売却株式の原価	（＊1）△ 10,000		（＊2）△ 10,600
株 式 の 売 却 益	2,000 ── （＊3）△600 ──▶		1,400

（＊1）40,000円〈取得原価〉× $\frac{1}{4}$ ＝10,000円

（＊2）42,400円〈持分法評価額〉× $\frac{1}{4}$ ＝10,600円

（＊3）10,000円 － 10,600円 ＝△600円〈売却益の修正額〉

個別会計上の仕訳		持分法適用上あるべき仕訳	
（現　　　金）12,000（A社株式）10,000		（現　　　金）12,000（A社株式）10,600	
（A社株式売却益）　2,000		（A社株式売却益）　1,400	
連結修正仕訳			
（A社株式売却益）（＊3）　　　600		（A　社　株　式）　　　　600	

∴　連結P/L・A社株式売却益：1,400円

　　連結B/S・A社株式：42,400円 − 10,600円 = 31,800円

補足　持分法適用関連会社から連結子会社となった場合（段階取得）

　持分法適用関連会社の株式を追加取得することにより支配を獲得し，連結子会社となった場合には，連結会計上，追加取得するまでは，持分法を適用し，追加取得日（支配獲得日）には，持分法による評価額から支配獲得日の時価に評価替えし，支配獲得日の子会社の資本（評価差額を含む）にもとづいて投資と資本の相殺消去を行う。

　「設例8−1」において×2年3月31日にA社の発行済議決権株式の20%を22,500円で追加取得し，支配を獲得した場合の持分法による仕訳と連結修正仕訳は次のとおりである。なお，支配獲得日のA社の諸資産に10,000円の評価益が生じているものとする。

(1)　持分法による仕訳（×1年4月1日から×2年3月31日まで）

①　のれん（投資差額）の償却

（持分法による投資損益）　　800	（A　社　株　式）　　　800

②　当期純利益の計上

（A　社　株　式）　　4,800	（持分法による投資損益）　4,800

③　配当金の修正

（受　取　配　当　金）　1,600	（A　社　株　式）　　1,600

∴　追加取得前のA社株式（40%）：40,000円 − 800円 + 4,800円 − 1,600円 = 42,400円

(2)　連結修正仕訳（×2年3月31日）

①　A社株式の時価評価

（A　社　株　式）（＊）　2,600	（段階取得に係る差益）　2,600

（＊）22,500円〈追加取得株式（20%）の取得原価 = 支配獲得日の時価〉× $\dfrac{40\%}{20\%}$

　　　= 45,000円〈40%分の時価〉

　　　45,000円 − 42,400円 = 2,600円〈差益〉

∴　支配獲得日のA社株式の時価（60%）：42,400円 + 2,600円 + 22,500円 = 67,500円

② A社諸資産の時価評価

（諸　　資　　産）	10,000	（繰延税金負債）（＊1）	3,000
		（評　価　差　額）（＊2）	7,000

（＊1）10,000円×30％＝3,000円
（＊2）10,000円－3,000円＝7,000円

③ 投資と資本の相殺消去

（資　　本　　金）	50,000	（A　社　株　式）	67,500
（利　益　剰　余　金）	34,500	（非支配株主持分）（＊2）	36,600
（評　価　差　額）	7,000		
（の　　れ　　ん）（＊1）	12,600		

（＊1）(50,000円＋34,500円＋7,000円)×60％＝54,900円
　　　　<ins>91,500円〈A社資本〉</ins>
　　　　67,500円－54,900円＝12,600円
（＊2）(50,000円＋34,500円＋7,000円)×40％＝36,600円
　　　　<ins>91,500円〈A社資本〉</ins>

研究　未実現損益の消去

　投資会社と被投資会社との間で取引が行われ未実現損益が計上されている場合には，未実現損益を消去しなければならない。

　ここでは，期末棚卸資産に含まれる未実現利益の消去について説明する。期末棚卸資産に含まれる未実現利益の消去方法は次のように3つのケースに分類される。

① 被投資会社（関連会社・非連結子会社）から投資会社への販売（アップ・ストリーム）
② 投資会社から被投資会社（関連会社）への販売（ダウン・ストリーム）
③ 投資会社から被投資会社（非連結子会社）への販売（ダウン・ストリーム）

① **被投資会社（関連会社・非連結子会社）から投資会社への販売（アップ・ストリーム）**
　⇒ 投資会社持分相当額消去

　被投資会社（関連会社・非連結子会社）から投資会社へ販売された期末棚卸資産に含まれる未実現利益のうち投資会社の持分比率に応じた部分を消去する。この場合には，投資会社が所有する期末棚卸資産に未実現利益が含まれるため，原則として「投資」を減額せずに「棚卸資産」を減額する。ただし，「投資」を減額することも容認されている。

　また，税効果会計を適用する場合には，売手である被投資会社の利益の減少に対して被投資会社が税効果会計を適用したと仮定する。したがって，税効果会計の適用にあたって増加した利益を計上するために「投資」を増額させるとともに「持分法による投資損益」を計上する。

（持分法による投資損益）（＊1）	×××	（棚　卸　資　産）	×××
（投　　　　　　資）（＊2）	×××	（持分法による投資損益）	×××

（＊1）期末棚卸資産に含まれる未実現利益の全額×投資会社の持分比率＝未実現利益の投資会社持分相当額
（＊2）未実現利益の投資会社持分相当額×法定実効税率＝被投資会社の繰延税金資産＝投資会社持分の増加額

② **投資会社から被投資会社（関連会社）への販売（ダウン・ストリーム）**
　⇨ **投資会社持分相当額消去**

　　投資会社から被投資会社（関連会社）へ販売された期末棚卸資産に含まれる未実現利益のうち投資会社の持分比率に応じた部分を消去する。この場合には，投資会社が計上した売上高に未実現利益が含まれるため，原則として「持分法による投資損益」を計上せずに「売上高」を減額する。ただし，「持分法による投資損益」とすることも容認されている。

　　また，税効果会計を適用する場合には，売手である投資会社の利益の減少に対して税効果会計を適用する。

（売　　上　　高）（＊１）　×××	（投　　　　　資）	×××
（繰 延 税 金 資 産）（＊２）　×××	（法 人 税 等 調 整 額）	×××

（＊１）期末棚卸資産に含まれる未実現利益の全額×投資会社の持分比率＝未実現利益の投資会社持分相当額
（＊２）未実現利益の投資会社持分相当額×法定実効税率＝投資会社の繰延税金資産

③ **投資会社から被投資会社（非連結子会社）への販売（ダウン・ストリーム）**
　⇨ **全額消去・投資会社負担**

　　投資会社から被投資会社（非連結子会社）へ販売された期末棚卸資産に含まれる未実現利益の全額を消去する。この場合には，投資会社が計上した売上高に未実現利益が含まれるため，原則として「持分法による投資損益」を計上せずに「売上高」を減額する。

　　なお，未実現利益の全額を消去するのは，仮に連結法を適用していれば，親会社が販売した連結子会社が所有する期末棚卸高に含まれる未実現利益の消去は「全額消去・親会社負担方式」によるため，簡便法である持分法を適用した場合にも，同額の利益および剰余金を計算することができるようにするためである。

　　また，税効果会計を適用する場合には，売手である投資会社の利益の減少に対して税効果会計を適用する。

（売　　上　　高）（＊１）　×××	（投　　　　　資）	×××
（繰 延 税 金 資 産）（＊２）　×××	（法 人 税 等 調 整 額）	×××

（＊１）期末棚卸資産に含まれる未実現利益の全額
（＊２）未実現利益の全額×法定実効税率＝投資会社の繰延税金資産

〈例〉次の各取引について，連結財務諸表の作成にあたって持分法を適用した場合の連結修正仕訳を示しなさい。なお，税効果会計（法定実効税率30％）を適用する。

(1) A社（持分法適用関連会社）は，当期にP社（A社株式の20％を所有）に対して商品5,000円（原価4,000円）を販売した。P社は当期末現在この商品を所有している。

(2) P社（B社株式の20％を所有している）は，当期にB社（持分法適用関連会社）に対して商品5,000円（原価4,000円）を販売した。B社は当期末現在この商品を所有している。

(3) P社（S社株式の80％を所有している）は，当期にS社（持分法適用非連結子会社）に対して商品5,000円（原価4,000円）を販売した。S社は当期末現在この商品を所有している。

(1) 被投資会社から投資会社への販売（アップ・ストリーム）

⇨ **投資会社持分相当額消去**

(持分法による投資損益)(＊1)	200	(商　　　　品)	200
(A　社　株　式)(＊2)	60	(持分法による投資損益)	60

（＊1）(5,000円－4,000円)×20％＝200円〈未実現利益のうちP社持分相当額〉
（＊2）200円×30％＝60円〈A社の繰延税金資産＝P社持分の増加〉

(2) 投資会社から被投資会社（関連会社）への販売（ダウン・ストリーム）

⇨ **投資会社持分相当額消去**

(売　　上　　高)(＊1)	200	(B　社　株　式)	200
(繰 延 税 金 資 産)(＊2)	60	(法人税等調整額)	60

（＊1）(5,000円－4,000円)×20％＝200円〈未実現利益のうちP社持分相当額〉
（＊2）200円×30％＝60円〈P社の繰延税金資産〉

(3) 投資会社から被投資会社（非連結子会社）への販売（ダウン・ストリーム）

⇨ **全額消去・投資会社負担**

(売　　上　　高)(＊1)	1,000	(S　社　株　式)	1,000
(繰 延 税 金 資 産)(＊2)	300	(法人税等調整額)	300

（＊1）5,000円－4,000円＝1,000円〈未実現利益の全額〉
（＊2）1,000円×30％＝300円〈P社の繰延税金資産〉

研究 その他の包括利益がある場合

非連結子会社または関連会社の貸借対照表にその他の包括利益累計額が計上されている場合には，持分法適用上は非連結子会社または関連会社の資本として扱う。したがって，株式取得時の貸借対照表にその他の包括利益累計額がある場合には，当該金額を含めて持分を計算する。

株式取得後にその他の包括利益が計上された場合には，当該金額のうち投資会社の持分に相当する額を投資の額に加減するとともに「持分法適用会社に対する持分相当額」として一括して連結包括利益計算書のその他の包括利益の区分に計上する。

また，その他の包括利益が計上されると連結株主資本等変動計算書および連結貸借対照表のその他の包括利益累計額も増減するため，投資会社の持分相当額を加減する。なお，この場合には，その他有価証券評価差額金，繰延ヘッジ損益，退職給付に係る調整累計額などの科目ごとに計上する。

〈**例**〉P社はA社株式の40%を所有し，持分法適用関連会社としている。その他有価証券評価差額金の当期増加額は，P社が2,800円，A社が700円であった。なお，当期首のその他有価証券評価差額金はP社，A社ともにないものとする。

（A 社 株 式）（＊）	280	持分法適用会社 に対する持分相当額	280
		連結包括利益計算書	
持分法適用会社 に対する持分相当額	280	その他有価証券評価差額金 当 期 変 動 額	280
		連結株主資本等変動計算書	

（＊）700円〈A社〉× 40% = 280円〈持分の増加〉

（注）A社のその他有価証券評価差額金の当期増加額700円のうちP社持分の280円を投資の金額に加算するとともに，同額を「持分法適用会社に対する持分相当額」として連結包括利益計算書のその他の包括利益に計上する。また，当該金額は，連結株主資本等変動計算書および連結貸借対照表のその他の包括利益累計額を増加させるために，各科目ごと（本問の場合，その他有価証券評価差額金）に計上する。

上記の処理を行った結果，連結財務諸表上の各金額は次のようになる。

(1) 連結包括利益計算書

当 期 純 利 益	×××	
そ の 他 の 包 括 利 益		
そ の 他 有 価 証 券 評 価 差 額 金	2,800	←P社
持分法適用会社に対する持分相当額	280	←A社のうちP社持分
包 括 利 益	×××	

(2) 連結株主資本等変動計算書（一部）

	その他有価証券 評 価 差 額 金	
当 期 首 残 高	0	
当 期 変 動 額		
株主資本以外の項目 の当期変動額（純額）	3,080	←P社＋A社のうちP社持分
当 期 末 残 高	3,080	

(3) 連結貸借対照表（一部）

純 資 産 の 部

Ⅱ その他の包括利益累計額

その他有価証券評価差額金　3,080 ←P社＋A社のうちP社持分

3 持分法に関する会計基準

「持分法に関する会計基準」

範 囲

3．本会計基準は，連結財務諸表を作成する場合に適用する。

　　なお，連結財務諸表を作成していないが，個別財務諸表において持分法を適用して算定された財務情報に係る注記を行う場合には，本会計基準による。

用語の定義

4．「持分法」とは，投資会社が被投資会社の資本及び損益のうち投資会社に帰属する部分の変動に応じて，その投資の額を連結決算日ごとに修正する方法をいう。

4－2．「企業」とは，会社及び会社に準ずる事業体をいい，会社，組合その他これらに準ずる事業体（外国におけるこれらに相当するものを含む。）を指す。

5．「関連会社」とは，企業（当該企業が子会社を有する場合には，当該子会社を含む。）が，出資，人事，資金，技術，取引等の関係を通じて，子会社以外の他の企業の財務及び営業又は事業の方針の決定に対して重要な影響を与えることができる場合における当該子会社以外の他の企業をいう。

5－2．「子会社以外の他の企業の財務及び営業又は事業の方針の決定に対して重要な影響を与えることができる場合」とは，次の場合をいう。ただし，財務上又は営業上若しくは事業上の関係からみて子会社以外の他の企業の財務及び営業又は事業の方針の決定に対して重要な影響を与えることができないことが明らかであると認められるときは，この限りでない。

(1)　子会社以外の他の企業（更生会社，破産会社その他これらに準ずる企業であって，かつ，当該企業の財務及び営業又は事業の方針の決定に対して重要な影響を与えることができないと認められる企業を除く。下記(2)及び(3)においても同じ。）の議決権の100分の20以上を自己の計算において所有している場合

(2)　子会社以外の他の企業の議決権の100分の15以上，100分の20未満を自己の計算において所有している場合であって，かつ，次のいずれかの要件に該当する場合

①　役員若しくは使用人である者，又はこれらであった者で自己が子会社以外の他の企業の財務及び営業又は事業の方針の決定に関して影響を与えることができる者が，当該子会社以外の他の企業の代表取締役，取締役又はこれらに準ずる役職に就任していること

②　子会社以外の他の企業に対して重要な融資（債務の保証及び担保の提供を含む。）を行っていること

③　子会社以外の他の企業に対して重要な技術を提供していること

④　子会社以外の他の企業との間に重要な販売，仕入その他の営業上又は事業上の取引があること

⑤　その他子会社以外の他の企業の財務及び営業又は事業の方針の決定に対して重要な影響を与えることができることが推測される事実が存在すること

(3) 自己の計算において所有している議決権（当該議決権を所有していない場合を含む。）と，自己と出資，人事，資金，技術，取引等において緊密な関係があることにより自己の意思と同一の内容の議決権を行使すると認められる者及び自己の意思と同一の内容の議決権を行使することに同意している者が所有している議決権とを合わせて，子会社以外の他の企業の議決権の100分の20以上を占めているときであって，かつ，上記(2)の①から⑤までのいずれかの要件に該当する場合

会計処理

持分法の適用範囲

6. 非連結子会社及び関連会社に対する投資については，原則として持分法を適用する。ただし，持分法の適用により，連結財務諸表に重要な影響を与えない場合には，持分法の適用会社としないことができる。

7. （削　除）

被投資会社の財務諸表

8. 持分法の適用に際しては，被投資会社の財務諸表の適正な修正や資産及び負債の評価に伴う税効果会計の適用等，原則として，連結子会社の場合と同様の処理を行う。

9. 同一環境下で行われた同一の性質の取引等について，投資会社（その子会社を含む。）及び持分法を適用する被投資会社が採用する会計方針は，原則として統一する。

10. 持分法の適用にあたっては，投資会社は，被投資会社の直近の財務諸表を使用する。投資会社と被投資会社の決算日に差異があり，その差異の期間内に重要な取引又は事象が発生しているときには，必要な修正又は注記を行う。

持分法の会計処理

11. 投資会社の投資日における投資とこれに対応する被投資会社の資本との間に差額がある場合には，当該差額はのれん又は負ののれんとし，のれんは投資に含めて処理する。

12. 投資会社は，投資の日以降における被投資会社の利益又は損失のうち投資会社の持分又は負担に見合う額を算定して，投資の額を増額又は減額し，当該増減額を当期純利益の計算に含める。のれん（又は負ののれん）の会計処理は，企業会計基準第21号「企業結合に関する会計基準」（以下「企業結合会計基準」という。）第32項（又は第33項）に準じて行う。

13. 投資の増減額の算定にあたっては，連結会社（親会社及び連結される子会社）と持分法の適用会社との間の取引に係る未実現損益を消去するための修正を行う。

14. 被投資会社から配当金を受け取った場合には，当該配当金に相当する額を投資の額から減額する。

関連会社等に該当しなくなった場合の会計処理

15. 関連会社に対する投資の売却等により被投資会社が関連会社に該当しなくなった場合には，連結財務諸表上，残存する当該被投資会社に対する投資は，個別貸借対照表上の帳簿価額をもって評価する。

なお，持分法の適用対象となる非連結子会社に対する投資の売却等により，当該被投資会社が子会社及び関連会社に該当しなくなった場合には，上記に準じて処理する。

16. 連結財務諸表上, 持分法による投資損益は, 営業外収益又は営業外費用の区分に一括して表示する。

注記事項

17. 連結財務諸表には, 次の事項を注記する。
   (1) 持分法を適用した非連結子会社及び関連会社の範囲に関する事項及びこれらに重要な変更があったときは, その旨及びその理由
   (2) 持分法の適用の手続について特に記載する必要があると認められる事項がある場合には, その内容

理論問題としてのポイントは, 次のとおりである。

1. 持分法の適用範囲

　非連結子会社および関連会社に対する投資については, 原則として持分法を適用する。ただし, 重要性が乏しい場合には, 持分法を適用しないことができる。

2. 関連会社

関 連 会 社	重要な影響を与えることができる子会社以外の他の企業

（注1）他の企業に対して重要な影響を与えることができる場合とは, (1)子会社以外の他の企業の議決権の20％以上を所有している場合または(2)議決権の15％以上20％未満を所有し, かつ, 一定の要件を満たす企業などをいう。
（注2）更生会社, 破産会社その他これらに準ずる企業であって, かつ, 有効な支配従属関係が存在しないと認められる企業は関連会社から除かれる。

3. 被投資会社の財務諸表

(1) 持分法の適用に際しては, 被投資会社の財務諸表の適正な修正や資産および負債の評価に伴う税効果会計の適用等, 原則として, 連結子会社の場合と同様の処理を行う。
(2) 同一の環境下で行われた同一の性質の取引等について, 投資会社および持分法を適用する被投資会社が採用する会計方針は, 原則として, 統一する。
(3) 持分法の適用にあたっては, 投資会社は, 被投資会社の直近の財務諸表を使用する。投資会社と被投資会社の決算日に差異があり, その差異の期間内に重要な取引または事象が発生しているときには, 必要な修正を行う。

09 株式交換・会社の分割など
Theme

Check ここでは，株式交換・会社の分割などについて学習する。これらの行為は事業の統廃合をスムーズに行うために，近年新たに認められた制度であるが，その基本的な会計処理を確認してほしい。

1 株式交換

1. 株式交換とは

株式交換とは，既存の2つ以上の会社が事業の統合を行うために，完全親会社・完全子会社となるための手続きをいう。具体的には，完全親会社となる会社（以下，「完全親会社」という）が，完全親会社の株式と交換に完全子会社となる会社（以下，「完全子会社」という）の株主が所有する完全子会社の発行済株式の総数（100%）を取得することにより，完全親会社・完全子会社の関係となる。

(注1) 完全親会社とは，子会社の発行済株式の総数を所有することにより親会社となっている会社のことをいい，完全子会社とは，その子会社のことをいう。

(注2) 株式交換は，完全親会社の株式と交換に完全子会社の株式を取得する点においては，「テーマ2」で学習した吸収合併と同様の取引であるが，株式交換の場合には，両方の会社が存続しつづける点において吸収合併と異なっている。

〈例〉P社は，S社と株式交換し，S社を完全子会社とした。

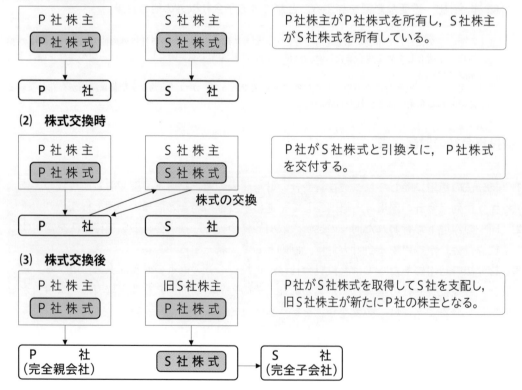

(1) 株式交換前

P社株主がP社株式を所有し，S社株主がS社株式を所有している。

(2) 株式交換時

P社がS社株式と引換えに，P社株式を交付する。

株式の交換

(3) 株式交換後

P社がS社株式を取得してS社を支配し，旧S社株主が新たにP社の株主となる。

2. 株式交換の会計処理（完全親会社が取得企業の場合＝取得の場合）

(1) 個別会社上の処理（完全親会社の会計処理）

完全親会社が，完全子会社の株式と交換に完全親会社の株式を新株を発行して交付した場合には，取得した完全子会社の株式を「子会社株式」として処理し，新株の発行により増加する株主資本は，「払込資本（資本金，資本準備金，その他資本剰余金）」として処理するが，その内訳は，株式交換契約等にもとづき会社が決定できるため，学習上は問題の指示に従うこと。また，取得原価は，取得の対価となる財の時価にもとづいて算定する。したがって，交付した完全親会社の株式に市場価格がある場合には，交付した株式の市場価格にもとづいて，子会社株式の取得原価および増加する株主資本を算定する。

(2) 連結会計上の処理

完全親会社の投資（株式交換により取得した子会社株式の取得原価）と完全子会社の資本（評価替後）を相殺消去し，のれんまたは負ののれんを計上する。

設例 9-1

P社（発行済株式総数4,000株）は，×1年4月1日に株式交換（P社を取得企業とする）によりS社（発行済株式総数2,000株）を完全子会社とした。よって，以下の資料にもとづいて，(1)P社の株式交換に関する仕訳をし，(2)連結貸借対照表を作成しなさい。なお，税効果会計は考慮しない。

（資料1）株式交換直前の個別貸借対照表

貸 借 対 照 表 （単位：円）

資　　　　産	P　社	S　社	負債・純資産	P　社	S　社
諸　資　産	600,000	300,000	諸　負　債	200,000	100,000
			資　本　金	200,000	90,000
			資 本 準 備 金	110,000	60,000
			利 益 準 備 金	50,000	30,000
			繰越利益剰余金	40,000	20,000
	600,000	300,000		600,000	300,000

（資料2）株式交換および連結に関する事項

1．P社はS社株主が所有するS社株式2,000株と交換にP社株式2,000株を発行して交付する。

2．P社株式の時価は1株あたり120円である。

3．P社の増加する払込資本のうち2分の1ずつを資本金と資本準備金とする。

4．S社の諸資産の時価は330,000円，諸負債の時価は110,000円である。

【解答・解説】

(1) P社の株式交換に関する仕訳

(S 社 株 式)(＊1) 240,000 子会社株式	(資 本 金)(＊2) 120,000	
	(資 本 準 備 金)(＊2) 120,000	

（＊1）@120円〈P社株式の時価〉×2,000株＝240,000円〈取得原価＝増加する払込資本〉

（＊2）240,000円〈増加する払込資本〉× $\frac{1}{2}$ ＝120,000円〈資本金・資本準備金〉

∴ P社の資本金：200,000円＋120,000円＝320,000円

P社の資本準備金：110,000円＋120,000円＝230,000円

(2) 株式交換直後の個別貸借対照表

貸 借 対 照 表　　　　　　　（単位：円）

資　　産	P　社	S　社	負債・純資産	P　社	S　社
諸　資　産	600,000	300,000	諸　負　債	200,000	100,000
S　社　株　式	240,000	——	資　本　金	320,000	90,000
			資 本 準 備 金	230,000	60,000
			利 益 準 備 金	50,000	30,000
			繰越利益剰余金	40,000	20,000
	840,000	300,000		840,000	300,000

(3) 連結修正仕訳

① 子会社の資産・負債の評価

(諸 資 産)(＊1) 30,000	(諸 負 債)(＊2) 10,000	
	(評 価 差 額)(＊3) 20,000	

（＊1）330,000円－300,000円＝30,000円

（＊2）110,000円－100,000円＝10,000円

（＊3）30,000円－10,000円＝20,000円

② 投資と資本の相殺消去

(資 本 金)	90,000	(S 社 株 式)	240,000
(資 本 剰 余 金)	60,000		
(利 益 剰 余 金)	50,000		
(評 価 差 額)	20,000		
(の れ ん)(＊)	20,000		

（＊）90,000円＋60,000円＋50,000円＋20,000円＝220,000円〈S社資本合計〉
240,000円－220,000円＝20,000円〈のれん〉

（注）資本準備金＝資本剰余金，利益準備金＋繰越利益剰余金＝利益剰余金としている。

206

(4) 連結貸借対照表

連結貸借対照表　　　　（単位：円）

資　　産	金　　額	負債・純資産	金　　額
諸　資　産	930,000	諸　負　債	310,000
の　れ　ん	20,000	資　本　金	320,000
		資本剰余金	230,000
		利益剰余金	90,000
	950,000		950,000

(5) 連結精算表

連結精算表　　　　（単位：円）

科　　目	株式交換直後の個別貸借対照表			連結修正仕訳		連結貸借対照表
	P　社	S　社	合　計	借　方	貸　方	
諸　資　産	600,000	300,000	900,000	30,000		930,000
の　れ　ん	——	——	——	20,000		20,000
S　社　株　式	240,000	——	240,000		240,000	0
合　　計	840,000	300,000	1,140,000	50,000	240,000	950,000
諸　負　債	200,000	100,000	300,000		10,000	310,000
資　本　金	320,000	90,000	410,000	90,000		320,000
資本剰余金	230,000	60,000	290,000	60,000		230,000
利益剰余金	90,000	50,000	140,000	50,000		90,000
評　価　差　額	——	——	——	20,000	20,000	0
合　　計	840,000	300,000	1,140,000	220,000	30,000	950,000

株式交換の計算手続

　　株式交換では，完全親会社の株式と完全子会社の株式とを交換するため，吸収合併と同様に(1)企業
評価額の算定，(2)株式交換比率の算定，(3)交付株式数の算定を行う。なお，各計算については，吸収
合併における企業評価額の算定，合併比率の算定，交付株式数の算定に準じて行う。

段階取得

　　完全親会社が完全子会社の株式の一部を株式交換前に保有している場合には，完全親会社以外の完
全子会社の株主（外部株主）が保有する完全子会社株式について株式交換を行うとともに，株式交換
前に保有する完全子会社株式を子会社株式に振り替える。この場合の取得原価は，完全親会社が交付
する完全親会社株式の時価と株式交換前に保有する完全子会社株式の帳簿価額を合算して算定する。
〈例〉Ｐ社（発行済株式総数4,000株）は，×1年４月１日に株式交換によりＳ社（発行済株式総数
2,000株）を完全子会社とした。Ｐ社はあらかじめＳ社株式のうち200株（10％）を20,000円で取得
（その他有価証券で処理）しており，Ｓ社株主（Ｐ社を除く）が所有するＳ社株式1,800株と交換に
Ｐ社株式1,800株を発行して交付した。Ｐ社株式の時価は１株あたり120円である。よって，パーチ
ェス法（Ｐ社を取得企業とする）によるＰ社の仕訳を示しなさい。なお，Ｐ社の増加する払込資本
のうち２分の１ずつを資本金と資本準備金とする。

（Ｓ 社 株 式）(＊1) 216,000	（資　　本　　金）(＊2) 108,000
子会社株式	
	（資 本 準 備 金）(＊2) 108,000
（Ｓ 社 株 式） 20,000	（その他有価証券） 20,000

（＊1）@120円〈Ｐ社株式の時価〉×1,800株＝216,000円〈取得原価＝増加する払込資本〉

（＊2）216,000円〈増加する払込資本〉$\times \dfrac{1}{2}$＝108,000円〈資本金・資本準備金〉

　　なお，連結会計においては，支配獲得までの段階取得に該当するため，投資と資本を相殺消去に先
立って，原始取得株式200株（帳簿価額20,000円）の時価評価を行う。

（Ｓ 社 株 式）(＊) 4,000	（段階取得に係る差益） 4,000
	利益剰余金の増加

（＊）216,000円〈追加取得株式の時価〉$\times \dfrac{200株}{1,800株}$＝24,000円〈原始取得株式の時価〉

　　　24,000円－20,000円〈帳簿価額〉＝4,000円〈段階取得に係る差益〉

補足　自己株式の処分

　完全親会社が，株式交換による新株の発行に代えて，その所有する自己株式を処分して交付した場合には，子会社株式の取得原価は，完全親会社が交付する完全親会社株式の時価とし，増加する資本の額から処分した自己株式の帳簿価額を控除した額を「払込資本（資本金，資本準備金，その他資本剰余金）」の増加として処理する。なお，増加する「払込資本（資本金，資本準備金，その他資本剰余金）」の内訳項目については，株式交換の契約等にもとづき会社が決定できるため，学習上は，問題の指示に従うこと。

〈例〉P社（発行済株式総数4,000株）は，×1年4月1日に株式交換によりS社（発行済株式総数2,000株）を完全子会社とした。P社は，S社株式2,000株と交換に交付するP社株式2,000株のうち，200株はP社の所有する自己株式（1株あたりの帳簿価額100円）を処分して交付し，1,800株は新株を発行して交付した。P社株式の時価は1株あたり120円である。よって，パーチェス法（P社を取得企業とする）によるP社の仕訳を示しなさい。なお，P社の増加する払込資本のうち2分の1ずつを資本金と資本準備金とする。

（S　社　株　式）（＊1）240,000	（自　己　株　式）（＊2）20,000
子会社株式	
	（資　　本　　金）（＊3）110,000
	（資　本　準　備　金）（＊3）110,000

（＊1）@120円〈P社株式の時価〉×2,000株＝240,000円〈取得原価＝増加する資本の額〉
（＊2）@100円〈自己株式の帳簿価額〉×200株＝20,000円〈自己株式の帳簿価額〉
（＊3）240,000円〈増加する資本の額〉－20,000円〈自己株式の帳簿価額〉＝220,000円〈増加する払込資本〉

$$220,000円〈増加する払込資本〉× \frac{1}{2} ＝110,000円〈資本金・資本準備金〉$$

研究　完全子会社が取得企業の場合（逆取得の場合）

1．個別会計上の処理（完全親会社の会計処理）

　完全子会社が取得企業の場合（逆取得の場合）には，完全子会社の株式交換直前における適正な帳簿価額による株主資本の額にもとづいて，取得企業株式（完全子会社）の取得原価を算定する。

2．連結会計上の処理

　完全子会社（取得企業）による完全親会社（被取得企業）の取得として，パーチェス法により処理を行う。

(1)　取得原価の算定

　完全親会社（被取得企業）の株主が株式交換後の会社（完全親会社）に対する実際の議決権比率と同じ比率を保有するのに必要な数の完全子会社（取得企業）の株式を完全子会社（取得企業）が交付したものとみなして算定する。

(2)　増加すべき株主資本の会計処理

　連結財務諸表上の資本金は，完全親会社（被取得企業）の資本金とし，これと完全子会社の資本金が異なる場合には，その差額を資本剰余金に振り替える。

〈例〉 A社（発行済株式総数500株）は，×1年4月1日に株式交換（B社を取得企業とする）により B社（発行済株式総数1,000株）を完全子会社とした。よって，以下の資料にもとづいて，(1)A社の株式交換に関する仕訳と(2)連結貸借対照表を作成しなさい。なお，税効果会計は考慮しない。

（資料1）株式交換直前の個別貸借対照表

	貸 借 対 照 表				（単位：円）

資　　産	A　社	B　社	負債・純資産	A　社	B　社
諸　資　産	60,000	250,000	諸　負　債	20,000	90,000
			資　本　金	24,000	95,000
			利益剰余金	16,000	65,000
	60,000	250,000		60,000	250,000

（資料2）株式交換および連結に関する事項

1．A社はB社株主が所有するB社株式1,000株と交換にA社株式2,000株を発行して交付する。

2．B社株式の時価は1株あたり200円である。

3．A社の増加する払込資本のうち60,000円を資本金とし，残りを資本剰余金とする。

4．A社の諸資産の時価は63,000円，B社の諸資産の時価は275,000円であり，諸負債の時価は両社とも帳簿価額と一致している。

5．A社の企業の価値は50,000円であり，B社の企業の価値は200,000円である。

1．個別会計上の処理

⑴　A社の株式交換に関する仕訳

（B　社　株　式）（＊1） 160,000	（資　　本　　金） 60,000
子会社株式	
	（資 本 剰 余 金）（＊2） 100,000

（＊1）95,000円〈B社資本金〉＋65,000円〈B社利益剰余金〉＝160,000円〈帳簿価額による株主資本〉

（＊2）160,000円－60,000円＝100,000円

∴　A社の資本金：24,000円＋60,000円＝84,000円

⑵　株式交換直後の個別貸借対照表

	貸 借 対 照 表				（単位：円）

資　　産	A　社	B　社	負債・純資産	A　社	B　社
諸　資　産	60,000	250,000	諸　負　債	20,000	90,000
B　社　株　式	160,000	——	資　本　金	84,000	95,000
			資 本 剰 余 金	100,000	——
			利 益 剰 余 金	16,000	65,000
	220,000	250,000		220,000	250,000

２．連結会計上の処理

取得企業（完全子会社Ｂ社）が被取得企業（完全親会社Ａ社）を取得したと考えて処理する。

(1) みなし交付株式数の算定

完全親会社（Ａ社）の株主が株式交換後の会社に対する実際の議決権比率と同じ比率を保有するために必要な完全子会社（Ｂ社）の株式を完全子会社（Ｂ社）が交付したものとみなして算定する。

① Ａ社株主の株式交換後の議決権比率の算定

500株〈株式交換前のＡ社発行済株式総数〉＋2,000株〈交付株式数〉

＝2,500株〈株式交換後のＡ社発行済株式総数〉

500株÷2,500株＝20％〈Ａ社株主の株式交換後の議決権比率〉

② みなし交付株式数の算定

Ｂ社株式のみなし交付数をｘとおくと以下の式が成り立つ。

ｘ÷（ｘ＋1,000株〈株式交換前のＢ社発行済株式総数〉）

＝20％〈Ａ社株主の株式交換後の議決権比率〉

∴ ｘ＝250株〈みなし交付株式数〉

または，

1,000株〈株式交換前のＢ社発行済株式総数〉÷80％〈Ｂ社株主の株式交換後の議決権比率〉

＝1,250株〈株式交換後のＢ社発行済株式総数〉

1,250株－1,000株＝250株〈みなし交付株式数〉

(2) Ｂ社がＡ社株式を取得した仕訳

| （Ａ 社 株 式）(＊) | 50,000 | （資 本 剰 余 金）(注) | 50,000 |

（＊）250株×200円〈Ｂ社株式の時価〉＝50,000円〈取得原価＝Ａ社の企業の価値〉

（注）便宜上，資本剰余金とする。

(参考) 株式交換直後の個別貸借対照表

貸 借 対 照 表 （単位：円）

資　　　産	Ａ　社	Ｂ　社	負債・純資産	Ａ　社	Ｂ　社
諸　資　産	60,000	250,000	諸　負　債	20,000	90,000
Ａ 社 株 式	——	50,000	資　本　金	24,000	95,000
			資 本 剰 余 金	——	50,000
			利 益 剰 余 金	16,000	65,000
	60,000	300,000		60,000	300,000

(3) Ａ社の諸資産の時価評価

| （諸　資　産）(＊) | 3,000 | （評　価　差　額） | 3,000 |

（＊）63,000円〈時価〉－60,000円＝3,000円

(4) 投資と資本の相殺消去

（資　本　金）	24,000	（Ａ　社　株　式）	50,000
（利益剰余金）	16,000		
（評　価　差　額）	3,000		
（の　れ　ん）（＊）	7,000		

（＊）24,000円 + 16,000円 + 3,000円 = 43,000円〈Ａ社資本合計〉
　　　50,000円 − 43,000円 = 7,000円〈のれん〉

(5) 資本金の振替え

　連結会計上の資本金は，完全親会社（Ａ社）の資本金とし，これと完全子会社（Ｂ社）の資本金が異なる場合には，その差額を資本剰余金に振り替える。

（資　本　金）（＊）	11,000	（資本剰余金）	11,000

（＊）84,000円〈1.(2)Ａ社資本金〉− 95,000円〈2.(2)Ｂ社資本金〉= △11,000円

(6) 連結貸借対照表

連結貸借対照表　　　　　（単位：円）

資　　　　　産	金　　　額	負債・純資産	金　　　額
諸　　資　　産	313,000	諸　　負　　債	110,000
の　　れ　　ん	7,000	資　　本　　金	84,000
		資 本 剰 余 金	61,000
		利 益 剰 余 金	65,000
	320,000		320,000

(7) 連結精算表

連結精算表　　　　　（単位：円）

科　　　目	株式交換直後の個別貸借対照表			連結修正仕訳		連　　結
	Ａ　社	Ｂ　社	合　　計	借　方	貸　方	貸借対照表
諸　資　産	60,000	250,000	310,000	3,000		313,000
の　れ　ん	――	――	――	7,000		7,000
Ａ 社 株 式	――	50,000	50,000		50,000	0
合　　計	60,000	300,000	360,000	10,000	50,000	320,000
諸　負　債	20,000	90,000	110,000			110,000
資　本　金	24,000	95,000	119,000	24,000 11,000		84,000
資本剰余金	――	50,000	50,000		11,000	61,000
利益剰余金	16,000	65,000	81,000	16,000		65,000
評 価 差 額	――	――	――	3,000	3,000	0
合　　計	60,000	300,000	360,000	54,000	14,000	320,000

2 株式移転

1. 株式移転とは

　株式移転とは，純粋持株会社を新設し，新設会社を完全親会社とし，既存の会社を完全子会社とするための手続きをいう。株式移転は，一般に2以上の会社が事業統合するために，純粋持株会社を新設し，純粋持株会社が完全親会社として既存の会社を完全子会社として支配する目的で行われる。

　株式移転は，株式交換と同様に完全親会社となる新設会社（以下，「完全親会社」という）が，完全親会社の発行する新株と交換に完全子会社となる既存の会社（以下，「完全子会社」という）の株主が所有する完全子会社の発行済株式の総数（100％）を取得することにより，完全親会社・完全子会社の関係となる。すなわち，株式移転とは，①完全親会社の設立と②株式交換を同時に行うことである。

　　（注）純粋持株会社とは，通常の事業は行わずに，完全子会社の支配・管理を主たる業務として行う会社のことをいう。

〈例〉　S1社とS2社は，新設したP社を完全親会社とする株式移転を行った。

(1)　株式移転前

　S1社株主がS1社株式を所有し，S2社株主がS2社株式を所有している。

(2)　株式移転時

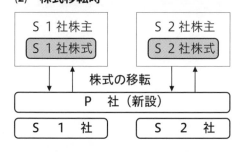

　P社を新設し，P社がS1社株式およびS2社株式と引換えにP社株式を交付する。

(3)　株式移転後

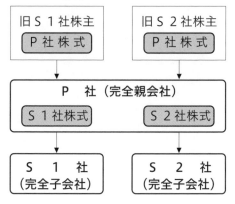

　P社はS1社株式およびS2社株式を取得し完全子会社として支配し，旧S1社株主および旧S2社株主はP社株式を取得し，P社の株主となる。

2. 完全親会社の会計処理（個別会計上の処理）

　完全親会社（新設会社）が，完全子会社（既存の会社）の株式と交換に完全親会社の株式を新株を発行して交付した場合には，取得した完全子会社の株式を「子会社株式」として処理し，新株の発行により増加する株主資本は，「払込資本（資本金，資本準備金，その他資本剰余金）」とする。

（子 会 社 株 式）	×××	（資　　本　　金）	×××
		（資 本 準 備 金）	×××

　株式移転では，完全子会社のうち1社を取得企業として扱う。したがって，完全親会社が取得した子会社株式の取得原価は，取得企業と判定された完全子会社の株式については，完全子会社の適正な帳簿価額による株主資本の額にもとづいて算定し，他の完全子会社（被取得企業）の株式については，取得の対価となる財の時価（完全親会社株式の時価）にもとづいて算定する。ただし，株式移転時には，完全親会社株式の時価は存在しないため，取得の対価となる財の時価は，他の完全子会社（被取得企業）の株主が完全親会社に対する実際の議決権比率と同じ比率を保有するのに必要な数の取得企業となる完全子会社の株式を取得企業となる完全子会社が交付したとみなして算定する。なお，一般的に取得企業となる完全子会社の株式と完全親会社の株式は1株につき1株の割合で交付されるので，実質的に完全親会社株式の価値は，取得企業である完全子会社の株式の価値にもとづいて算定することができる。

	子会社株式の取得原価
取 得 企 業 の 株 式	完全子会社の適正な帳簿価額による株主資本の額
被取得企業の株式	一般的に取得企業となる完全子会社株式の市場価格

　S1社とS2社は，P社を新設し完全親会社とする株式移転を行い，両社ともにP社の完全子会社となった。次の資料にもとづいて，パーチェス法（S1社を取得企業とする）によるP社の仕訳を示しなさい。なお，P社の増加する払込資本のうち2分の1ずつを資本金と資本準備金とする。

（資料1）株式移転の各条件

	S1社	S2社
発行済株式総数	5,000株	2,500株
株式の時価	@125円	@110円
1株につき交付するP社株式	1株につき1株	1株につき0.88株

（資料2）株式移転直前の個別貸借対照表

貸　借　対　照　表　　　　　（単位：円）

資　産	S1社	S2社	負債・純資産	S1社	S2社
諸　資　産	800,000	400,000	諸　負　債	400,000	200,000
			資　本　金	250,000	125,000
			資本準備金	60,000	30,000
			利益準備金	40,000	20,000
			繰越利益剰余金	50,000	25,000
	800,000	400,000		800,000	400,000

【解答・解説】

(1)　S1社株式（取得企業）…適正な帳簿価額による株主資本の額で評価

（S 1 社 株 式）(＊1) 400,000	（資　本　金）(＊2) 200,000
子会社株式	
	（資 本 準 備 金）(＊2) 200,000

（＊1）250,000円〈資本金〉＋60,000円〈資本準備金〉＋40,000円〈利益準備金〉＋50,000円〈繰越利益剰余金〉
　　　＝400,000円〈S1社の適正な帳簿価額による株主資本の額＝取得原価＝増加する払込資本〉

（＊2）400,000円〈増加する払込資本〉× $\frac{1}{2}$ ＝200,000円〈資本金・資本準備金〉

(2)　S2社株式（被取得企業）…S1社株式の時価で評価

（S 2 社 株 式）(＊1) 275,000	（資　本　金）(＊2) 137,500
子会社株式	
	（資 本 準 備 金）(＊2) 137,500

（＊1）2,500株〈S2社株式〉×0.88＝2,200株〈交付するP社株式〉
　　　@125円〈S1社株式の時価＝P社株式の時価〉×2,200株
　　　＝275,000円〈取得原価＝増加する払込資本〉

（＊2）275,000円〈増加する払込資本〉× $\frac{1}{2}$ ＝137,500円〈資本金・資本準備金〉

(3) 株式移転直後の貸借対照表

貸 借 対 照 表　　　　　（単位：円）

資　　　産	P　　社	S 1 社	S 2 社	負債・純資産	P　　社	S 1 社	S 2 社
諸　資　産	——	800,000	400,000	諸　負　債	——	400,000	200,000
S 1 社株式	400,000	——	——	資　本　金	337,500	250,000	125,000
S 2 社株式	275,000	——	——	資本準備金	337,500	60,000	30,000
				利益準備金	——	40,000	20,000
				繰越利益剰余金	——	50,000	25,000
	675,000	800,000	400,000		675,000	800,000	400,000

補足　連結会計上の処理

　株式移転により完全親会社，完全子会社の関係になった場合には，完全親会社（新設会社，純粋持株会社）は連結財務諸表を作成する。［設例 9 - 2 ］における連結会計上の連結修正仕訳は次のとおりである。なお，S 1 社の諸資産の時価は950,000円，諸負債の時価は450,000円，S 2 社の諸資産の時価は470,000円，諸負債の時価は220,000円とし，税効果会計は無視するものとする。また，取得企業の利益剰余金については，そのまま引き継ぐものとする。

(1)　S 1 社（取得企業）に関する連結修正仕訳

①　子会社の資産・負債の評価

　S 1 社は取得企業のため評価替えしない。

仕 訳 な し

②　投資と資本の相殺消去

　S 1 社は取得企業のため「のれん」は計上されない。

（資　　本　　金）	250,000	（S　1　社　株　式）	400,000
		子会社株式	
（資 本 剰 余 金）	60,000		
（利 益 剰 余 金）	90,000		

(注) 資本準備金＝資本剰余金，利益準備金＋繰越利益剰余金＝利益剰余金としている。

③　利益剰余金の引継ぎ

　S 1 社は取得企業のため利益剰余金を引き継ぐ。

（資 本 剰 余 金）	90,000	（利 益 剰 余 金）	90,000

(2) S 2社（被取得企業）に関する連結修正仕訳

① 子会社の資産・負債の評価

（諸　資　産）（＊1）	70,000		（諸　負　債）（＊2）	20,000		
			（評　価　差　額）（＊3）	50,000		

（＊1）470,000円 − 400,000円 = 70,000円
（＊2）220,000円 − 200,000円 = 20,000円
（＊3）貸借差額

② 投資と資本の相殺消去

（資　本　金）	125,000	（S 2 社 株 式）	275,000
		子会社株式	
（資 本 剰 余 金）	30,000		
（利 益 剰 余 金）	45,000		
（評　価　差　額）	50,000		
（の　れ　ん）（＊）	25,000		

（＊）125,000円 + 30,000円 + 45,000円 + 50,000円 = 250,000円〈S社資本合計〉
　　275,000円 − 250,000円 = 25,000円〈のれん〉
（注）資本準備金 = 資本剰余金，利益準備金 + 繰越利益剰余金 = 利益剰余金としている。

(3) 連結貸借対照表

連結貸借対照表　　　　（単位：円）

資　　　産	金　　　額	負債・純資産	金　　　額
諸　資　産	1,270,000	諸　負　債	620,000
の　れ　ん	25,000	資　本　金	337,500
		資 本 剰 余 金	247,500
		利 益 剰 余 金	90,000
	1,295,000		1,295,000

⑷　**連結精算表**

科　　目	個別貸借対照表				連結修正仕訳		連　　結
	P　　社	S　1　社	S　2　社	合　　計	借　　方	貸　　方	貸借対照表
諸　資　産	——	800,000	400,000	1,200,000	70,000		1,270,000
S 1 社株式	400,000	——	——	400,000		400,000	0
S 2 社株式	275,000	——	——	275,000		275,000	0
の　れ　ん	——	——	——	——	25,000		25,000
合　　計	675,000	800,000	400,000	1,875,000	95,000	675,000	1,295,000
諸　負　債	——	400,000	200,000	600,000		20,000	620,000
資　本　金	337,500	250,000	125,000	712,500	250,000 125,000		337,500
資本剰余金	337,500	60,000	30,000	427,500	60,000 90,000 30,000		247,500
利益剰余金	——	90,000	45,000	135,000	90,000 45,000	90,000	90,000
評価差額	——	——	——	——	50,000	50,000	0
合　　計	675,000	800,000	400,000	1,875,000	740,000	160,000	1,295,000

3　会社の分割（事業分離）

1.　会社の分割とは

　会社の分割とは，事業分離の一手法であり，事業の分離独立や既存の事業会社を純粋持株会社へ移行する目的のため，既存の事業会社（以下，「分割会社」という）が所有する事業の一部または全部を移転することにより，既存の会社が2以上の会社に分割される手続きをいう。会社の分割では，分割会社が所有する事業の一部または全部を引き継ぐ会社（以下，「承継会社」という）に移転し，承継会社が分割会社（または分割会社の株主）に対して，原則として承継会社の株式を交付することにより，会社が分割される。

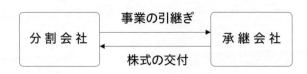

2. 会社の分割の形態

会社の分割は，取引の形態により以下のように分類される。

(1) 承継会社による分類

① **吸収分割**：承継会社が既存の会社（以下，「吸収会社」という）である場合
② **新設分割**：承継会社が新設された会社（以下，「新設会社」という）である場合

(2) 承継会社の交付株式の割当てによる分類

① **分社型分割**：承継会社が交付する株式を分割会社に割り当てる場合
② **分割型分割**：承継会社が交付する株式を分割会社の株主に割り当てる場合

(注)「会社法」では，分割型分割は，承継会社の株式を分割会社が取得し，取得した承継会社株式を分割会社の株主に現物配当すると考え，分社型分割と分割型分割をまとめて規定している。

(3) まとめ

上記の分類を組み合わせると，会社の分割には，次の4つのケースが考えられる。

	吸 収 分 割	新 設 分 割
分社型	分割会社が吸収会社に事業を承継させ，吸収会社が分割に際して交付する株式を分割会社に割り当てる。	分割会社が新設会社に事業を承継させ，新設会社が分割に際して交付する株式を分割会社に割り当てる。
分割型	分割会社が吸収会社に事業を承継させ，吸収会社が分割に際して交付する株式を分割会社の株主に割り当てる。	分割会社が新設会社に事業を承継させ，新設会社が分割に際して交付する株式を分割会社の株主に割り当てる。

これらのうち本テキストでは，分社型吸収分割の処理について説明する。

3. 分割会社の会計処理（個別会計上の処理）

分割会社の会計処理は，事業分離によってその事業に対する投資が清算されたか，投資が継続しているかどうかにより異なる。

分社型吸収分割を行い，分割会社が承継会社（吸収会社）の株式を取得した場合には，次のように区別して処理する。

(1) 承継会社が子会社または関連会社にならない場合（投資が清算されたとみる場合）

分割会社が取得した承継会社の株式（その他有価証券など）の取得原価は，時価にもとづいて算定する。また，移転した事業に係る株主資本相当額との差額は，「事業移転利益」または「事業移転損失」として処理し，損益計算書の「特別利益」または「特別損失」に表示する。

(2) 承継会社が子会社または関連会社になる場合（投資が継続しているとみる場合）

分割会社が取得した承継会社の株式（子会社株式または関連会社株式）の取得原価は，移転した事業に係る株主資本相当額にもとづいて算定する。

承 継 会 社	株式の取得原価	移 転 損 益
子会社・関連会社	株主資本相当額	認識しない
そ の 他	時 価	認 識 す る

　　甲事業と乙事業を営むＡ社は，分社型の会社分割により，Ｂ社に対して甲事業を移転
し，Ｂ社株式2,000株を取得した。次の資料にもとづき，(1)Ｂ社が子会社または関連会
社にならない場合（その他有価証券で処理）と(2)Ｂ社が子会社になる場合のＡ社の仕訳
を示しなさい。

（資　料）

　1．分割直前のＡ社の貸借対照表

貸 借 対 照 表　　　（単位：円）

資　　　産	金　　額	負債・純資産	金　　額
諸　　資　　産	590,000	諸　　負　　債	260,000
甲事業用資産	210,000	甲事業用負債	50,000
		資　　本　　金	300,000
		資 本 準 備 金	60,000
		利 益 準 備 金	40,000
		繰越利益剰余金	90,000
	800,000		800,000

　2．移転した甲事業およびＢ社株式の金額

	適正な帳簿価額	時　　　価
甲 事 業 用 資 産	210,000円	250,000円
甲 事 業 用 負 債	50,000円	70,000円
Ｂ　社　株　式	――	@100円

【解答・解説】

(1)　Ｂ社が子会社または関連会社にならない場合…時価で計上し，移転損益を認識

（甲事業用負債）	50,000	（甲事業用資産）	210,000
（その他有価証券）（＊1）	200,000	（事業移転利益）（＊2）	40,000

　（＊1）@100円×2,000株＝200,000円〈Ｂ社株式の時価〉
　（＊2）200,000円－160,000円〈株主資本相当額〉＝40,000円〈移転利益〉

(2)　Ｂ社が子会社になる場合…株主資本相当額で計上

（甲事業用負債）	50,000	（甲事業用資産）	210,000
（子 会 社 株 式）（＊）	160,000		

　（＊）210,000円－50,000円＝160,000円〈株主資本相当額〉

(参考) (2)の場合の分割後のＡ社の貸借対照表

貸　借　対　照　表　　　　（単位：円）

資　　　産	金　　額	負債・純資産	金　　額
諸　資　産	590,000	諸　　負　　債	260,000
子 会 社 株 式	160,000	資　　本　　金	300,000
		資 本 準 備 金	60,000
		利 益 準 備 金	40,000
		繰越利益剰余金	90,000
	750,000		750,000

4. 承継会社の会計処理（個別会計上の処理）

(1) 取得の場合（逆取得を除く）

分社型吸収分割を行い，承継会社が資産および負債を引き継ぎ，その対価として承継会社の株式を新株を発行して交付した場合には，吸収合併と同様に処理する。なお，増加する株主資本は，「払込資本（資本金，資本準備金，その他資本剰余金）」とする。

(2) 逆取得の場合

分社型吸収分割を行い承継会社が分割会社の子会社となる場合には，承継会社は資産および負債を移転直前の適正な帳簿価額で計上し，株主資本相当額は，原則として，払込資本（資本金，資本準備金，その他資本剰余金）として処理する。

設例 9-4　　　　　　　　　　　　　　　　　　　　　　　　　　　　　**仕　訳**

甲事業と乙事業を営むＡ社は，分社型の会社分割により，Ｂ社に対して甲事業を移転し，Ｂ社株式2,000株を取得した。次の資料にもとづき，(1)Ｂ社が取得企業となる場合と(2)Ａ社が取得企業となる場合（Ｂ社がＡ社の子会社となる場合）におけるＢ社の仕訳を示しなさい。なお，増加する払込資本のうち2分の1ずつを資本金と資本準備金とする。

（資　料）

1．分割直前のＢ社の貸借対照表

貸　借　対　照　表　　　　（単位：円）

資　　　産	金　　額	負債・純資産	金　　額
諸　資　産	70,000	諸　　負　　債	28,000
		資　　本　　金	15,000
		資 本 準 備 金	5,000
		利 益 準 備 金	4,000
		繰越利益剰余金	18,000
	70,000		70,000

2．承継した甲事業およびB社株式の金額

	適正な帳簿価額	時　　価
甲 事 業 用 資 産	210,000円	250,000円
甲 事 業 用 負 債	50,000円	70,000円
B 　 社 　 株 　 式	──	@100円

【解答・解説】

(1) B社が取得企業となる場合（通常の取得）

（甲事業用資産）(＊1)	250,000	（甲事業用負債）(＊1)	70,000
（の　　れ　　ん）(＊2)	20,000	（資　　本　　金）(＊3)	100,000
		（資 本 準 備 金）(＊3)	100,000

(＊1) 時価で引き継ぐ。

(＊2) @100円×2,000株＝200,000円〈取得原価＝増加する払込資本〉
　　　250,000円－70,000円＝180,000円〈配分された純額〉
　　　200,000円－180,000円＝20,000円〈のれん〉

(＊3) 200,000円〈増加する払込資本〉× $\frac{1}{2}$ ＝100,000円〈資本金・資本準備金〉

(2) A社が取得企業となる場合（逆取得）

（甲事業用資産）(＊1)	210,000	（甲事業用負債）(＊1)	50,000
		（資　　本　　金）(＊2)	80,000
		（資 本 準 備 金）(＊2)	80,000

(＊1) 帳簿価額

(＊2) 210,000円－50,000円＝160,000円〈株主資本相当額〉
　　　160,000円× $\frac{1}{2}$ ＝80,000円〈資本金・資本準備金〉

(参考) (2)の場合の分割後のB社の貸借対照表

貸　借　対　照　表　　　　（単位：円）

資　　　産	金　　額	負債・純資産	金　　額
諸　　資　　産	70,000	諸　　負　　債	28,000
甲事業用資産	210,000	甲事業用負債	50,000
		資　　本　　金	95,000
		資 本 準 備 金	85,000
		利 益 準 備 金	4,000
		繰越利益剰余金	18,000
	280,000		280,000

補足	承継会社が子会社になる場合の連結会計上の処理

　分社型吸収分割により分割会社（分離元企業）が承継会社（分離先企業）の支配を獲得し，子会社にした場合（逆取得の場合）には，分割会社（分離元企業）は連結財務諸表を作成する。［設例9－3］(2)と［設例9－4］(2)における連結会計上の連結修正仕訳は次のとおりである。なお，条件は資料のとおりである。

（資　料）

1．分割直後の個別貸借対照表

貸 借 対 照 表　　　　　　　　（単位：円）

資　　産	A　社	B　社	負債・純資産	A　社	B　社
諸　資　産	590,000	70,000	諸　負　債	260,000	28,000
甲事業用資産	——	210,000	甲事業用負債	——	50,000
子会社株式	160,000	——	資　本　金	300,000	95,000
			資本剰余金	60,000	85,000
			利益剰余金	130,000	22,000
	750,000	280,000		750,000	280,000

　（注）資本準備金＝資本剰余金，利益準備金＋繰越利益剰余金＝利益剰余金としている。

2．分割前のB社の株式総数は500株であり，A社はB社株式を2,000株取得したことにより，分割後のB社株式の80％を取得している。

3．譲渡した甲事業の価値は200,000円である。

4．分割直前のB社の企業の価値は50,000円，諸資産の時価は71,000円であり，諸負債の時価は帳簿価額と一致している。

5．税効果会計は考慮しない。

(1)　B社諸資産の時価評価

（諸　　資　　産）(*)	1,000	（評　価　差　額）	1,000

（＊）71,000円－70,000円＝1,000円

(2)　投資と資本の相殺消去

（資　　本　　金）	95,000	（子　会　社　株　式）	160,000
（資　本　剰　余　金）	85,000	（非支配株主持分）(*1)	40,600
（利　益　剰　余　金）	22,000	**（資　本　剰　余　金）(*2)**	**8,000**
（評　価　差　額）	1,000		
（の　　れ　　ん）(*3)	**5,600**		

（＊1）95,000円＋85,000円＋22,000円＋1,000円＝203,000円〈分割後B社資本（評価替後）〉
　　　203,000円×20％＝40,600円〈非支配株主持分〉

（＊2）① 160,000円〈甲事業の帳簿価額〉×20％＝32,000円〈A社持分の減少額〉
　　　② 200,000円〈甲事業の事業の価値〉×20％＝40,000円〈譲渡したものの価値〉
　　　③ 50,000円〈B社の企業の価値〉×80％＝40,000円〈取得したものの価値〉
　　　②＝③40,000円－①32,000円＝8,000円〈持分変動による差額＝資本剰余金〉

（＊3）④　15,000円〈資本金〉＋5,000円〈資本準備金〉＋4,000円〈利益準備金〉＋18,000円〈繰越利益剰余金〉
　　　　＋1,000円〈評価差額〉＝43,000円〈B社の分割直前の資本（評価替後）〉
　　　43,000円×80％＝34,400円〈A社持分の増加額〉
　　　②＝③40,000円－④34,400円＝5,600円〈のれん〉

（注）　B社に対するA社持分の増加額（④34,400円）と甲事業に対するA社持分の減少額（①32,000円）との
　　　差額2,400円は，さらにA社持分の変動による差額＝資本剰余金8,000円とのれん5,600円とに区分して処
　　　理する。

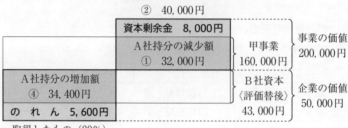

譲渡したもの（20％）
②　40,000円

資本剰余金　8,000円
A社持分の減少額　①　32,000円　｝甲事業　160,000円　｝事業の価値　200,000円
A社持分の増加額　④　34,400円
のれん　5,600円　｝B社資本〈評価替後〉　43,000円　｝企業の価値　50,000円

取得したもの（80％）
③　40,000円

（3）連結精算表

連結精算表　　　　　　　　　　　　　　（単位：円）

科　　目	分割直後の個別貸借対照表			連結修正仕訳		連　結
	A　社	B　社	合　計	借　方	貸　方	貸借対照表
諸　資　産	590,000	70,000	660,000	1,000		661,000
甲事業用資産	——	210,000	210,000			210,000
の　れ　ん	——	——	——	5,600		5,600
子会社株式	160,000	——	160,000		160,000	0
合　　計	750,000	280,000	1,030,000	6,600	160,000	876,600
諸　負　債	260,000	28,000	288,000			288,000
甲事業用負債	——	50,000	50,000			50,000
資　本　金	300,000	95,000	395,000	95,000		300,000
資本剰余金	60,000	85,000	145,000	85,000	8,000	68,000
利益剰余金	130,000	22,000	152,000	22,000		130,000
評　価　差　額	——	——	——	1,000	1,000	0
非支配株主持分	——	——	——		40,600	40,600
合　　計	750,000	280,000	1,030,000	203,000	49,600	876,600

研究 共同支配企業の形成

　共同支配企業とは，複数の独立した企業により共同で支配される企業をいい，共同支配企業の形成とは，複数の独立した企業が契約等にもとづき，共同支配企業を形成する企業結合をいう（合弁会社の設立など）。

1．個別会計上の処理

(1) 共同支配企業（共同で支配される側の企業）

　共同支配企業は，共同支配投資企業から移転する資産および負債を，移転直前に共同支配投資企業において付されていた適正な帳簿価額により計上する。

(2) 共同支配投資企業（共同で支配する側の企業）

　共同支配投資企業は，共同支配投資企業が受け取った共同支配企業に対する投資（株式など）の取得原価を移転した事業に係る株主資本相当額（移転した資産および負債の適正な帳簿価額による純資産額）にもとづいて算定する。

2．連結会計上の処理

　共同支配投資企業は，連結財務諸表上，共同支配企業に対する投資（株式など）に対して持分法を適用する。具体的には，事業分離により，共同支配企業（分離先企業）に対する共同支配投資企業（分離元企業）の持分の増加額と，移転した事業に対する共同支配投資企業（分離元企業）の持分の減少額との間に生じた差額を次のように処理する。

(1) のれん（または負ののれん）

　共同支配企業（分離先企業）に投資したとみなされる額と持分の増加額との差額は，「のれん（または負ののれん）」として処理する。

(2) 持分変動差額

　共同支配投資企業（分離元企業）の事業が移転したとみなされる額と持分の減少額との差額は持分変動差額とする。

　ただし，「のれん」は共同支配企業に対する投資（株式など）の中に含まれ翌期から償却するため，共同支配企業の形成直後（事業分離直後）には，持分変動差額だけを計上すればよい。

〈例〉　A社とB社は，A社が営むa事業とB社が営むb事業をそれぞれ事業分離し，共同新設分割により新設分割設立会社であるC社を設立した。C社が発行した株式のうち3,000株（60％）はA社が取得し，2,000株（40％）はB社が取得した。なお，C社の増加する払込資本はすべて資本金とする。C社はA社とB社の共同支配企業となると判断された。a事業用資産（負債はなかった）のA社における簿価は120,000円，時価は130,000円であり，a事業の価値は150,000円であった。b事業用資産（負債はなかった）のB社における簿価は80,000円，時価は90,000円であり，b事業の価値は100,000円であった。

1．個別会計上の処理

⑴　共同支配企業＝分離先企業（C社）の会計処理

①　a事業の受入れ…a事業の簿価で引き継ぐ

（a事業用資産）	120,000	（資　本　金）	120,000

②　b事業の受入れ…b事業の簿価で引き継ぐ

（b事業用資産）	80,000	（資　本　金）	80,000

⑵　共同支配投資企業＝分離元企業（A社とB社）の会計処理

①　A社の会計処理…C社株式の取得原価はa事業の簿価

（C　社　株　式）	120,000	（a事業用資産）	120,000

②　B社の会計処理…C社株式の取得原価はb事業の簿価

（C　社　株　式）	80,000	（b事業用資産）	80,000

2．連結会計上の処理（持分法の適用）

⑴　A社の連結会計上の処理

①　120,000円〈a事業の簿価〉×40％＝48,000円〈A社持分の減少額〉

②　150,000円〈a事業の価値〉×40％＝60,000円〈移転したとみなされる額〉

　　②60,000円－①48,000円＝12,000円〈持分変動差額〉

　　∴　A社連結B/SのC社株式：120,000円＋12,000円＝**132,000円**

③　100,000円〈b事業の価値〉×60％＝60,000円〈投資したとみなされる額〉

④　90,000円〈b事業の時価〉×60％＝54,000円〈A社持分の増加額〉

　　③60,000円－④54,000円＝6,000円〈のれん〉

移転したもの（40％）
②　60,000円

	持分変動差額 12,000円		事業の価値
A社持分のまま 72,000円	A社持分の減少額 ① 48,000円	a事業簿価 120,000円	150,000円

C社株式 132,000円

A社持分の増加額 ④ 54,000円		b事業時価 90,000円	事業の価値 100,000円
の　れ　ん 6,000円			

投資したもの（60％）
③　60,000円

（C　社　株　式）（＊）	12,000	（持分変動差額）	12,000

（＊）持分変動差額

226

(2) B社の連結会計上の処理

① 80,000円〈b事業の簿価〉× 60% = 48,000円〈B社持分の減少額〉

② 100,000円〈b事業の価値〉× 60% = 60,000円〈移転したとみなされる額〉

　②60,000円 − ①48,000円 = 12,000円〈持分変動差額〉

　∴　B社連結B/SのC社株式：80,000円 + 12,000円 = **92,000円**

③ 150,000円〈a事業の価値〉× 40% = 60,000円〈投資したとみなされる額〉

④ 130,000円〈a事業の時価〉× 40% = 52,000円〈B社持分の増加額〉

　③60,000円 − ④52,000円 = 8,000円〈のれん〉

	移転したもの（60%） ② 60,000円		
	持分変動差額 12,000円		事業の価値 100,000円
B社持分のまま 32,000円	B社持分の減少額 ① 48,000円	b事業簿価 80,000円	
B社持分の増加額 ④ 52,000円		a事業時価 130,000円	事業の価値 150,000円
のれん 8,000円			

C社株式 92,000円

投資したもの（40%）
③ 60,000円

（C　社　株　式）（＊）　　　12,000　　　（持 分 変 動 差 額）　　　12,000

（＊）持分変動差額

---

4 企業結合に関する会計基準　　理論

「企業結合に関する会計基準」のうち，主要な部分を紹介しておく。

「企業結合に関する会計基準」 一部抜粋

用語の定義

4．「企業」とは，会社及び会社に準ずる事業体をいい，会社，組合その他これらに準ずる事業体（外国におけるこれらに相当するものを含む。）を指す。

5．「企業結合」とは，ある企業又はある企業を構成する事業と他の企業又は他の企業を構成する事業とが1つの報告単位に統合されることをいう。なお，複数の取引が1つの企業結合を構成している場合には，それらを一体として取り扱う。

6．「事業」とは，企業活動を行うために組織化され，有機的一体として機能する経営資源をいう。

7．「支配」とは，ある企業又は企業を構成する事業の活動から便益を享受するために，その企業又は事業の財務及び経営方針を左右する能力を有していることをいう。

8．「共同支配」とは，複数の独立した企業が契約等に基づき，ある企業を共同で支配することをいう。

9．「取得」とは，ある企業が他の企業又は企業を構成する事業に対する支配を獲得することをいう。

10. 「取得企業」とは，ある企業又は企業を構成する事業を取得する企業をいい，当該取得される企業を「被取得企業」という。

11. 「共同支配企業」とは，複数の独立した企業により共同で支配される企業をいい，「共同支配企業の形成」とは，複数の独立した企業が契約等に基づき，当該共同支配企業を形成する企業結合をいう。

12. 「共同支配投資企業」とは，共同支配企業を共同で支配する企業をいう。

13. 「結合当事企業」とは，企業結合に係る企業をいい，このうち，他の企業又は他の企業を構成する事業を受け入れて対価（現金等の財産や自社の株式）を支払う企業を「結合企業」，当該他の企業を「被結合企業」という。また，企業結合によって統合された1つの報告単位となる企業を「結合後企業」という。

14. 「時価」とは，公正な評価額をいう。通常，それは観察可能な市場価格をいい，市場価格が観察できない場合には，合理的に算定された価額をいう。ただし，金融商品及びトレーディング目的で保有する棚卸資産については，算定日において市場参加者間で秩序ある取引が行われると想定した場合の，当該取引における資産の売却によって受け取る価格又は負債の移転のために支払う価格とする。

15. 「企業結合日」とは，被取得企業若しくは取得した事業に対する支配が取得企業に移転した日，又は結合当事企業の事業のすべて若しくは事実上すべてが統合された日をいい，企業結合日の属する事業年度を「企業結合年度」という。

16. 「共通支配下の取引」とは，結合当事企業（又は事業）のすべてが，企業結合の前後で同一の株主により最終的に支配され，かつ，その支配が一時的ではない場合の企業結合をいう。親会社と子会社の合併及び子会社同士の合併は，共通支配下の取引に含まれる。

取得の会計処理

17. 共同支配企業の形成（第11項参照）及び共通支配下の取引（前項参照）以外の企業結合は取得となる。また，この場合における会計処理は，次項から第36項による（以下，次項から第33項による会計処理を「パーチェス法」という。）。

取得企業の決定方法

18. 取得とされた企業結合においては，いずれかの結合当事企業を取得企業として決定する。被取得企業の支配を獲得することとなる取得企業を決定するために，企業会計基準第22号「連結財務諸表に関する会計基準」（以下「連結会計基準」という。）の考え方を用いる。また，連結会計基準の考え方によってどの結合当事企業が取得企業となるかが明確ではない場合には，次項から第22項の要素を考慮して取得企業を決定する。

19. 主な対価の種類として，現金若しくは他の資産を引き渡す又は負債を引き受けることとなる企業結合の場合には，通常，当該現金若しくは他の資産を引き渡す又は負債を引き受ける企業（結合企業）が取得企業となる。

20. 主な対価の種類が株式（出資を含む。以下同じ。）である企業結合の場合には，通常，当該株式を交付する企業（結合企業）が取得企業となる。ただし，必ずしも株式を交付した企業が取得企業にならないとき（逆取得）もあるため，対価の種類が株式である場合の取得企業の決定にあたっては，次のような要素を総合的に勘案しなければならない。

(1) 総体としての株主が占める相対的な議決権比率の大きさ

　　ある結合当事企業の総体としての株主が，結合後企業の議決権比率のうち最も大きい割合を占める場合には，通常，当該結合当事企業が取得企業となる。なお，結合後企業の議決権比率を判断するにあたっては，議決権の内容や潜在株式の存在についても考慮しなければならない。

(2) 最も大きな議決権比率を有する株主の存在

　　結合当事企業の株主又は株主グループのうち，ある株主又は株主グループが，結合後企業の議決権を過半には至らないものの最も大きな割合を有する場合であって，当該株主又は株主グループ以外には重要な議決権比率を有していないときには，通常，当該株主又は株主グループのいた結合当事企業が取得企業となる。

(3) 取締役等を選解任できる株主の存在

　　結合当事企業の株主又は株主グループのうち，ある株主又は株主グループが，結合後企業の取締役会その他これに準ずる機関（重要な経営事項の意思決定機関）の構成員の過半数を選任又は解任できる場合には，通常，当該株主又は株主グループのいた結合当事企業が取得企業となる。

(4) 取締役会等の構成

　　結合当事企業の役員若しくは従業員である者又はこれらであった者が，結合後企業の取締役会その他これに準ずる機関（重要な経営事項の意思決定機関）を事実上支配する場合には，通常，当該役員又は従業員のいた結合当事企業が取得企業となる。

(5) 株式の交換条件

　　ある結合当事企業が他の結合当事企業の企業結合前における株式の時価を超えるプレミアムを支払う場合には，通常，当該プレミアムを支払った結合当事企業が取得企業となる。

21. 結合当事企業のうち，いずれかの企業の相対的な規模（例えば，総資産額，売上高あるいは純利益）が著しく大きい場合には，通常，当該相対的な規模が著しく大きい結合当事企業が取得企業となる。

22. 結合当事企業が３社以上である場合の取得企業の決定にあたっては，前項に加えて，いずれの企業がその企業結合を最初に提案したかについても考慮する。

取得原価の算定

基本原則

23. 被取得企業又は取得した事業の取得原価は，原則として，取得の対価（支払対価）となる財の企業結合日における時価で算定する。支払対価が現金以外の資産の引渡し，負債の引受け又は株式の交付の場合には，支払対価となる財の時価と被取得企業又は取得した事業の時価のうち，より高い信頼性をもって測定可能な時価で算定する。

株式の交換の場合の算定方法

24. 市場価格のある取得企業等の株式が取得の対価として交付される場合には，取得の対価となる財の時価は，原則として，企業結合日における株価を基礎にして算定する（注1）。

（注1）被取得企業の株式が交付された場合，取得の対価となる財の時価は，被取得企業の株主が結合後企業に対する実際の議決権比率と同じ比率を保有するのに必要な数の取得企業株式を，取得企業が交付したものとみなして算定する。株式移転により共同持株会社の株式が交付された場合も同様とする。

取得が複数の取引により達成された場合（段階取得）の会計処理

25. 取得が複数の取引により達成された場合（以下「段階取得」という。）における被取得企業の取得原価の算定は，次のように行う。

(1) 個別財務諸表上，支配を獲得するに至った個々の取引ごとの原価の合計額をもって，被取得企業の取得原価とする。

(2) 連結財務諸表上，支配を獲得するに至った個々の取引すべての企業結合日における時価をもって，被取得企業の取得原価を算定する。なお，当該被取得企業の取得原価と，支配を獲得するに至った個々の取引ごとの原価の合計額（持分法適用関連会社と企業結合した場合には，持分法による評価額）との差額は，当期の段階取得に係る損益として処理する。

取得関連費用の会計処理

26. 取得関連費用（外部のアドバイザー等に支払った特定の報酬・手数料等）は，発生した事業年度の費用として処理する。

取得原価の配分方法

28. 取得原価は，被取得企業から受け入れた資産及び引き受けた負債のうち企業結合日時点において識別可能なもの（識別可能資産及び負債）の企業結合日時点の時価を基礎として，当該資産及び負債に対して企業結合日以後1年以内に配分する（注6）。

29. 受け入れた資産に法律上の権利など分離して譲渡可能な無形資産が含まれる場合には，当該無形資産は識別可能なものとして取り扱う。

30. 取得後に発生することが予測される特定の事象に対応した費用又は損失であって，その発生の可能性が取得の対価の算定に反映されている場合には，負債として認識する。当該負債は，原則として，固定負債として表示し，その主な内容及び金額を連結貸借対照表及び個別貸借対照表に注記する。

31. 取得原価が，受け入れた資産及び引き受けた負債に配分された純額を上回る場合には，その超過額はのれんとして次項に従い会計処理し，下回る場合には，その不足額は負ののれんとして第33項に従い会計処理する。

（注6）企業結合日以後の決算において，配分が完了していなかった場合は，その時点で入手可能な合理的な情報等に基づき暫定的な会計処理を行い，その後追加的に入手した情報等に基づき配分額を確定させる。

なお，暫定的な会計処理の確定が企業結合年度の翌年度に行われた場合には，企業結合年度に当該確定が行われたかのように会計処理を行う。企業結合年度の翌年度の連結財務諸表及び個別財務諸表（以下合わせて「財務諸表」という。）と併せて企業結合年度の財務諸表を表示するときには，当該企業結合年度の財務諸表に暫定的な会計処理の確定による取得原価の配分額の見直しを反映させる。

のれんの会計処理

32. のれんは，資産に計上し，20年以内のその効果の及ぶ期間にわたって，定額法その他の合理的な方法により規則的に償却する。ただし，のれんの金額に重要性が乏しい場合には，当該のれんが生じた事業年度の費用として処理することができる。

負ののれんの会計処理

33. 負ののれんが生じると見込まれる場合には，次の処理を行う。ただし，負ののれんが生じると見込まれたときにおける取得原価が受け入れた資産及び引き受けた負債に配分された純額を下回る額に重要性が乏しい場合には，次の処理を行わずに，当該下回る額を当期の利益として処理することができる。

(1) 取得企業は，すべての識別可能資産及び負債（第30項の負債を含む。）が把握されているか，また，それらに対する取得原価の配分が適切に行われているかどうかを見直す。

(2) (1)の見直しを行っても，なお取得原価が受け入れた資産及び引き受けた負債に配分された純額を下回り，負ののれんが生じる場合には，当該負ののれんが生じた事業年度の利益として処理する。

逆取得における個別財務諸表上の会計処理

吸収合併

34. 消滅会社が取得企業となる場合，存続会社の個別財務諸表では，当該取得企業（消滅会社）の資産及び負債を合併直前の適正な帳簿価額により計上する。

現物出資又は吸収分割

35. 現物出資会社又は吸収分割会社が取得企業となる場合（現物出資又は吸収分割による子会社化の形式をとる場合），取得企業の個別財務諸表では，移転した事業に係る株主資本相当額に基づいて，被取得企業株式の取得原価を算定する。

株式交換

36. 完全子会社が取得企業となる場合，完全親会社の個別財務諸表では，当該完全子会社の株式交換直前における適正な帳簿価額による株主資本の額に基づいて，取得企業株式（完全子会社株式）の取得原価を算定する。

共同支配企業の形成の会計処理

共同支配企業の形成の判定

37. ある企業結合を共同支配企業の形成と判定するためには，共同支配投資企業となる企業が，複数の独立した企業から構成されていること及び共同支配となる契約等を締結していることに加え，次の要件を満たしていなければならない。

(1) 企業結合に際して支払われた対価のすべてが，原則として，議決権のある株式であること

(2) 支配関係を示す一定の事実が存在しないこと

共同支配企業の形成の会計処理

38. 共同支配企業の形成において，共同支配企業は，共同支配投資企業から移転する資産及び負債を，移転直前に共同支配投資企業において付されていた適正な帳簿価額により計上する。

39. 共同支配企業の形成において，共同支配企業に事業を移転した共同支配投資企業は次の会計処理を行う。

　⑴　個別財務諸表上，当該共同支配投資企業が受け取った共同支配企業に対する投資の取得原価は，移転した事業に係る株主資本相当額に基づいて算定する。

　⑵　連結財務諸表上，共同支配投資企業は，共同支配企業に対する投資について持分法を適用する。

共通支配下の取引等の会計処理

40. 企業集団内における企業結合である共通支配下の取引及び非支配株主との取引（以下合わせて「共通支配下の取引等」という。）は，次項から第46項の会計処理を行う。

共通支配下の取引

個別財務諸表上の会計処理

41. 共通支配下の取引により企業集団内を移転する資産及び負債は，原則として，移転直前に付されていた適正な帳簿価額により計上する（注9）。

42. 移転された資産及び負債の差額は，純資産として処理する（注10）。

　（注9）親会社と子会社が企業結合する場合において，子会社の資産及び負債の帳簿価額を連結上修正しているときは，親会社が作成する個別財務諸表においては，連結財務諸表上の金額である修正後の帳簿価額（のれんを含む。）により計上する。

　（注10）共通支配下の取引により子会社が法律上消滅する場合には，当該子会社に係る子会社株式（抱合せ株式）の適正な帳簿価額とこれに対応する増加資本との差額は，親会社の損益とする。

43. 移転された資産及び負債の対価として交付された株式の取得原価は，当該資産及び負債の適正な帳簿価額に基づいて算定する。

連結財務諸表上の会計処理

44. 共通支配下の取引は，内部取引としてすべて消去する。

非支配株主との取引

個別財務諸表上の会計処理

45. 非支配株主から追加取得する子会社株式の取得原価は，追加取得時における当該株式の時価とその対価となる財の時価のうち，より高い信頼性をもって測定可能な時価で算定する（注11）。

　（注11）対価となる財の時価は，第23項から第27項に準じて算定する。

連結財務諸表上の会計処理

46. 非支配株主との取引については，連結会計基準における子会社株式の追加取得及び一部売却等の取扱い（連結会計基準第28項から第30項）に準じて処理する。

開　示

のれんの表示

47. のれんは無形固定資産の区分に表示し，のれんの当期償却額は販売費及び一般管理費の区分に表示する。

負ののれんの表示

48. 負ののれんは，原則として，特別利益に表示する。

5 事業分離等に関する会計基準

「事業分離等に関する会計基準」のうち，主要な部分を紹介しておく。なお，連結会計上の処理に関するものは除いてある。

「事業分離等に関する会計基準」 一部抜粋

用語の定義

2－2.「企業」とは，会社及び会社に準ずる事業体をいい，会社，組合その他これらに準ずる事業体（外国におけるこれらに相当するものを含む。）を指す。

3.「事業」とは，企業活動を行うために組織化され，有機的一体として機能する経営資源をいう。

4.「事業分離」とは，ある企業を構成する事業を他の企業（新設される企業を含む。）に移転することをいう。なお，複数の取引が1つの事業分離を構成している場合には，それらを一体として取り扱う。

5.「分離元企業」とは，事業分離において，当該企業を構成する事業を移転する企業をいう。

6.「分離先企業」とは，事業分離において，分離元企業からその事業を受け入れる企業（新設される企業を含む。）をいう。

7.「結合当事企業」とは，企業結合に係る企業をいい，このうち，他の企業又は他の企業を構成する事業を受け入れて対価（現金等の財産や自社の株式）を支払う企業を「結合企業」，当該他の企業を「被結合企業」という。また，企業結合によって統合された1つの報告単位となる企業を「結合後企業」という。

8.「事業分離日」とは，分離元企業の事業が分離先企業に移転されるべき日をいい，通常，事業分離を定める契約書等に記載され，会社分割の場合は分割期日，事業譲渡の場合は譲渡期日となる。また，事業分離日の属する事業年度を「事業分離年度」という。

分離元企業の会計処理

10. 分離元企業は，事業分離日に，次のように会計処理する。

(1) 移転した事業に関する投資が清算されたとみる場合には，その事業を分離先企業に移転したことにより受け取った対価となる財の時価と，移転した事業に係る株主資本相当額（移転した事業に係る資産及び負債の移転直前の適正な帳簿価額による差額から，当該事業に係る評価・換算差額等及び新株予約権を控除した額をいう。以下同じ。）との差額を移転損益として認識するとともに，改めて当該受取対価の時価にて投資を行ったものとする。

　現金など，移転した事業と明らかに異なる資産を対価として受け取る場合には，投資が清算されたとみなされる（第14項から第16項及び第23項参照）。ただし，事業分離後においても，分離元企業の継続的関与（分離元企業が，移転した事業又は分離先企業に対して，事業分離後も引き続き関与すること）があり，それが重要であることによって，移転した事業に係る成果の変動性を従来と同様に負っている場合には，投資が清算されたとみなされず，移転損益は認識されない。

---

(2) 移転した事業に関する投資がそのまま継続しているとみる場合，移転損益を認識せず，その事業を分離先企業に移転したことにより受け取る資産の取得原価は，移転した事業に係る株主資本相当額に基づいて算定するものとする。

子会社株式や関連会社株式となる分離先企業の株式のみを対価として受け取る場合には，当該株式を通じて，移転した事業に関する事業投資を引き続き行っていると考えられることから，当該事業に関する投資が継続しているとみなされる（第17項から第22項参照）。

いずれの場合においても，分離元企業において，事業分離により移転した事業に係る資産及び負債の帳簿価額は，事業分離日の前日において一般に公正妥当と認められる企業会計の基準に準拠した適正な帳簿価額のうち，移転する事業に係る金額を合理的に区分して算定する。

11. 事業分離に要した支出額は，発生時の事業年度の費用として処理する。

12. 移転損益を認識する場合の受取対価となる財の時価は，受取対価が現金以外の資産等の場合には，受取対価となる財の時価と移転した事業の時価のうち，より高い信頼性をもって測定可能な時価で算定する。

13. 市場価格のある分離先企業の株式が受取対価とされる場合には，受取対価となる財の時価は，事業分離日の株価を基礎にして算定する。

受取対価が現金等の財産のみである場合の分離元企業の会計処理

子会社を分離先企業として行われた事業分離の場合

14. 現金等の財産のみを受取対価とする事業分離において，子会社へ事業分離する場合，分離元企業（親会社）は次の処理を行う。

(1) 個別財務諸表上，共通支配下の取引として，分離元企業が受け取った現金等の財産は，移転前に付された適正な帳簿価額により計上する。この結果，当該価額と移転した事業に係る株主資本相当額との差額は，原則として，移転損益として認識する。

関連会社を分離先企業として行われた事業分離の場合

15. 現金等の財産のみを受取対価とする事業分離において，関連会社へ事業分離する場合，分離元企業は次の処理を行う。

(1) 個別財務諸表上，分離元企業が受け取った現金等の財産は，原則として，時価により計上する。この結果，当該時価と移転した事業に係る株主資本相当額との差額は，原則として，移転損益として認識する。

子会社や関連会社以外を分離先企業として行われた事業分離の場合

16. 現金等の財産のみを受取対価とする事業分離において，子会社や関連会社以外へ事業分離する場合，分離元企業が受け取った現金等の財産は，原則として，時価により計上し，移転した事業に係る株主資本相当額との差額は，原則として，移転損益として認識する。

受取対価が分離先企業の株式のみである場合の分離元企業の会計処理

分離先企業が子会社となる場合

17. 事業分離前に分離元企業は分離先企業の株式を有していないが，事業分離により分離先企業が新たに分離元企業の子会社となる場合，分離元企業（親会社）は次の処理を行う。

  (1) 個別財務諸表上，移転損益は認識せず，当該分離元企業が受け取った分離先企業の株式（子会社株式）の取得原価は，移転した事業に係る株主資本相当額に基づいて算定する。

分離先企業が関連会社となる場合

20. 事業分離前に分離元企業は分離先企業の株式を有していないが，事業分離により分離先企業が新たに分離元企業の関連会社となる場合（共同支配企業の形成の場合は含まれない。次項及び第22項において同じ。），分離元企業は次の処理を行う。

  (1) 個別財務諸表上，移転損益は認識せず，当該分離元企業が受け取った分離先企業の株式（関連会社株式）の取得原価は，移転した事業に係る株主資本相当額に基づいて算定する。

分離先企業が子会社や関連会社以外となる場合

23. 分離先企業の株式のみを受取対価とする事業分離により分離先企業が子会社や関連会社以外となる場合（共同支配企業の形成の場合を除く。），分離元企業の個別財務諸表上，原則として，移転損益が認識される。また，分離先企業の株式の取得原価は，移転した事業に係る時価又は当該分離先企業の株式の時価のうち，より高い信頼性をもって測定可能な時価に基づいて算定される。

開　示

損益計算書における表示

27. 移転損益は，原則として，特別損益に計上する。

資産の現物出資等における移転元の企業の会計処理

31. 資産を移転し移転先の企業の株式を受け取る場合（事業分離に該当する場合を除く。）において，移転元の企業の会計処理は，事業分離における分離元企業の会計処理に準じて行う。

10 外貨建財務諸表項目

Theme

Check ここでは，在外支店および在外子会社等の外貨建財務諸表項目の換算について学習する。両者の換算方法の違いに注意して学習してほしい。

1 在外支店の財務諸表項目

本支店合併財務諸表を作成するにあたり，外国にある支店の外国通貨で表示される財務諸表項目を円換算する必要がある。

1. 換算方法

在外支店の財務諸表項目の換算方法は，基本的には本店における外貨建取引の換算方法と同じである。その理由は，在外支店の財務諸表項目は本店が作成する個別財務諸表の構成要素となるので，本店の外貨建項目の換算基準と整合させることにある。このような考え方を本国主義という。

項 目			適 用 為 替 相 場
外 国 通 貨			決算時の為替相場（CR）
外貨建金銭債権債務(外貨預金，未収収益・未払費用を含む)			
貸 倒 引 当 金			
外貨建有価証券	売買目的有価証券		決算時の為替相場（CR）
	満期保有目的の債券		
	そ の 他 有 価 証 券		
	子会社株式・関連会社株式		取得時の為替相場（HR）
費 用 性 資 産 (非貨幣性資産)	棚 卸 資 産	取得原価で記録されているもの	取得時の為替相場（HR）
		時価または実質価額が付されているもの	決算時の為替相場（CR）
	有形固定資産	取 得 原 価	取得時の為替相場（HR）
		減価償却累計額	
	そ の 他		
本 店 勘 定			個々の本支店取引につき，取引発生時の為替相場（HR）（本店における支店勘定の金額）
前受金・前受収益等の収益性負債の収益化額			負債発生時の為替相場（HR）
取得原価で記録されている費用性資産の費用化額		減価償却費	資産取得時の為替相場（HR）
		そ の 他	
その他の収益および費用		原 則	計上時の為替相場（HR）
		例 外	期 中 平 均 相 場（AR）
換算差額の処理	換算によって生じた換算差額は，当期の「為替差損益(為替差益または為替差損)」として処理する。		

換算の特例

　在外支店の外国通貨で表示された財務諸表項目の換算にあたり，非貨幣項目の額に重要性がない場合には，すべての貸借対照表項目（支店における本店勘定などを除く）について決算時の為替相場による円換算額を付する方法を適用することができる。この場合において，損益項目についても決算時の為替相場によることを妨げない。

2. 換算手順

　在外支店の財務諸表項目は，(1)貸借対照表項目，(2)損益計算書項目の順で換算する。

(1) 貸借対照表項目

① 資産および負債をそれぞれ適用される為替相場で換算する。
② 「本店」については，個々の本支店間取引について，取引発生時の為替相場により換算する。ただし，その取引発生時の為替相場が不明の場合には，本店における「支店」の金額を支店における「本店」の円換算額とする。
③ 円換算後貸借対照表の貸借差額により，「当期純利益（または当期純損失)」を求める。したがって，外国通貨で表示されている財務諸表では当期純利益が計上されていても，換算の結果，当期純損失が計上されることがある（換算のパラドックス)。

(2) 損益計算書項目

① 円換算後貸借対照表の貸借差額で求めた「当期純利益（または当期純損失)」を損益計算書に移記する。
② 収益および費用をそれぞれ適用される為替相場で換算する。
③ 円換算後損益計算書の貸借差額を，「為替差損益（為替差益または為替差損)」として処理する。

(3) まとめ

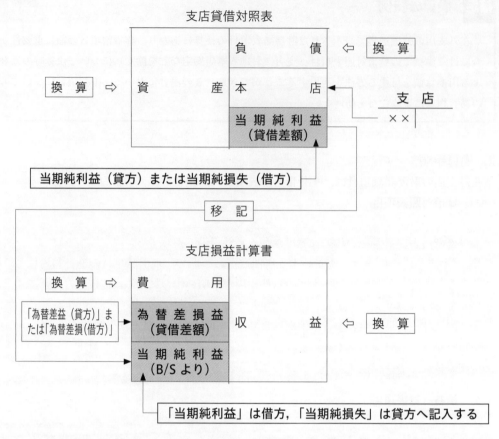

なお，当期純損益（当期純利益または当期純損失）の計上は，支店における資本勘定を意味する「本店」の増減として引き継がれることから，「本店」の次期繰越額は次のようになる。

238

設例 10-1

次の資料により，在外支店の円貨額による貸借対照表および損益計算書を作成しなさい。

（資料1）在外支店の貸借対照表および損益計算書

貸借対照表
×1年12月31日現在 （単位：ドル）

借方科目	金額	貸方科目	金額
現　金	1,100	買　掛　金	3,000
売　掛　金	2,400	長期借入金	5,000
商　品	3,000	本　店	2,500
短期貸付金	1,000	当期純利益	1,500
備　品	5,000		
減価償却累計額	△ 500		
	12,000		12,000

損益計算書
自×1年1月1日 至×1年12月31日 （単位：ドル）

借方科目	金額	貸方科目	金額
売上原価	13,000	売上高	17,000
減価償却費	500	その他の収益	500
その他の費用	2,500		
当期純利益	1,500		
	17,500		17,500

（資料2）
(1) 期首商品はなかった。なお，期末商品の正味売却価額は，下落していない。
(2) 本店勘定はすべて本店からの送金金額であり，本店における支店勘定の金額は285,000円である。
(3) 換算に必要な1ドルあたりの為替相場は次のとおりである。

備品購入時	120円	本店からの送金時	114円
売上計上時	115円	仕入計上時	114円
期中平均相場	113円	決算時	116円

(4) 計上時の為替相場が不明の項目については期中平均相場によること。

外貨建財務諸表項目

239

【解　答】

貸借対照表
×1年12月31日現在　　　　　　　　　（単位：円）

借　方　科　目	金　額	貸　方　科　目	金　額
現　　　　　金	127,600	買　　掛　　金	348,000
売　　掛　　金	278,400	長　期　借　入　金	580,000
商　　　　　品	342,000	本　　　　　店	285,000
短　期　貸　付　金	116,000	当　期　純　利　益	191,000
備　　　　　品	600,000		
減　価　償　却　累　計　額	△　60,000		
	1,404,000		1,404,000

損益計算書
自×1年1月1日　至×1年12月31日　　　　（単位：円）

借　方　科　目	金　額	貸　方　科　目	金　額
売　上　原　価	1,482,000	売　　上　　高	1,955,000
減　価　償　却　費	60,000	そ　の　他　の　収　益	56,500
そ　の　他　の　費　用	282,500	為　替　差　益	4,000
当　期　純　利　益	191,000		
	2,015,500		2,015,500

【解　説】

科　　　目	円換算前（単位：ドル）		換算レート	円換算後（単位：円）	
	借　方	貸　方		借　方	貸　方
〔貸借対照表〕					
現　　　　　金	1,100		116円(CR)	127,600	
売　　掛　　金	2,400		116円(CR)	278,400	
商　　　　　品	3,000		114円(HR)	342,000	
短　期　貸　付　金	1,000		116円(CR)	116,000	
備　　　　　品	5,000		120円(HR)	600,000	
減価償却累計額	△　500		120円(HR)	△　60,000	
買　　掛　　金		3,000	116円(CR)		348,000
長　期　借　入　金		5,000	116円(CR)		580,000
本　　　　　店		2,500	（注）		285,000
当　期　純　利　益		1,500	貸借差額		191,000
計	12,000	12,000		1,404,000	1,404,000

（注）本店における支店勘定の金額
　　　または，2,500ドル×114円〈HR〉＝285,000円

240

科　　　　目	円換算前(単位：ドル)		換算レート	円換算後(単位：円)	
	借　　方	貸　　方		借　　方	貸　　方
〔損益計算書〕					
売　上　高		17,000	115円(HR)		1,955,000
その他の収益		500	113円(AR)		56,500
為　替　差　益			貸借差額		4,000
売　上　原　価	13,000		114円(HR)	1,482,000	
減　価　償　却　費	500		120円(HR)	60,000	
その他の費用	2,500		113円(AR)	282,500	
当　期　純　利　益	1,500		B/Sより	191,000	
計	17,500	17,500		2,015,500	2,015,500

補足　棚卸資産の換算

在外支店において外国通貨で表示されている棚卸資産についての換算は，次のように行う。

B/S価額	①　HC(原価または簿価)×HR ②　CC(時価)×CR	いずれか低い価額を付する。
評価損	②が低い場合⇒①－②＝評価損	

設例〔10-1〕の正味売却価額が2,900ドルだった場合の商品のB/S価額と商品評価損は，次のように計算する。

3,000ドル〈HC〉×114円〈HR〉＝342,000円〈円貨による原価〉

2,900ドル〈CC〉×116円〈CR〉＝336,400円〈円貨による正味売却価額〉

342,000円 ＞ 336,400円　∴　336,400円〈B/S価額〉

342,000円－336,400円＝5,600円〈商品評価損〉

10

外貨建財務諸表項目

2 在外子会社等の財務諸表項目

　連結財務諸表の作成または持分法の適用にあたり，外国にある子会社（在外子会社）または関連会社（在外関連会社）の外国通貨で表示されている財務諸表項目を円換算する必要がある。

1. 換算方法

　「外貨建取引等会計処理基準」では，在外子会社等の財務諸表項目の換算につき，「決算日レート法」の考え方を採用している。これは，在外子会社等の独立事業体としての性格が強くなり，現地通貨による測定値そのものを重視する（現地主義という）とともに換算を簡便にするためである。

　換算方法を示すと次のとおりである。

項　　　　目		適 用 為 替 相 場
資産および負債		決算時の為替相場（CR）
純　　資　　産	親会社による株式の取得時における純資産に属する項目	株式取得時の為替相場（HR）
	親会社による株式の取得後に生じた純資産に属する項目	当該項目の発生時の為替相場（HR）
収益および費用	親会社との取引により生じた収益および費用	親会社が換算に用いる為替相場 この場合に生じる差額は当期の損益（為替差損益）として処理する。
	そ　　の　　他	原則：期中平均相場（AR） 容認：決算時の為替相場（CR）
当 期 純 利 益		原則：期中平均相場（AR） 容認：決算時の為替相場（CR）
換算差額の処理	貸借対照表項目の換算によって生じた換算差額は「為替換算調整勘定」として貸借対照表の「純資産の部(その他の包括利益累計額)」に計上する。	

2. 換算手順

　在外子会社等の財務諸表項目の換算は，(1)損益計算書項目，(2)株主資本等変動計算書項目，(3)貸借対照表項目の順で換算する。

(1) 損益計算書項目

① 　親会社との取引により生じた収益および費用を親会社が換算に用いる為替相場により換算する。

② 　①以外の取引により生じた収益および費用は原則として期中平均相場（AR）により換算する。ただし，決算時の為替相場（CR）により換算することもできる。

③ 　「当期純利益」を期中平均相場（AR）または決算時の為替相場（CR）により換算し，株主資本等変動計算書に移記する。

④ 　損益計算書の貸借差額を「為替差損益（為替差益または為替差損）」として処理する。

　　(注) 当期純利益を貸借差額により算定しないことに注意すること。

242

(2) 株主資本等変動計算書項目

① 「当期首残高」のうち，親会社による株式取得時における純資産項目は，株式取得時の為替相場により換算し，株式取得後に生じた増減額は，各年度における発生時の為替相場により換算する。
② 損益計算書から「当期純利益」を移記する。
③ その他の当期変動額（「剰余金の配当」など）を取引時の為替相場により換算する。
④ 「当期末残高」を株主資本等変動計算書により求め，貸借対照表に移記する。

(3) 貸借対照表項目

① 資産および負債を決算時の為替相場により換算する。
② 株主資本等変動計算書から純資産項目の「当期末残高」を移記する。
③ 貸借対照表の貸借差額を「為替換算調整勘定」として処理し，「純資産の部（その他の包括利益累計額）」に計上する。「為替換算調整勘定」が借方に生じた場合は，「純資産の部」の控除項目として処理し，貸方に生じた場合は，「純資産の部」の加算項目として処理する。

補足 | 為替換算調整勘定について

1. 為替換算調整勘定の表示区分

円換算後貸借対照表上における「為替換算調整勘定」の計上については，これを資産の部または負債の部に記載すべしとの考え方と，純資産の部に記載すべしとの考え方がある。

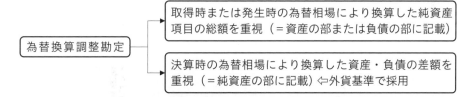

```
                    ┌─ 取得時または発生時の為替相場により換算した純資産
                    │  項目の総額を重視（＝資産の部または負債の部に記載）
  為替換算調整勘定 ──┤
                    └─ 決算時の為替相場により換算した資産・負債の差額を
                       重視（＝純資産の部に記載）⇐外貨基準で採用
```

2. 為替換算調整勘定の非支配株主持分への振替え

為替換算調整勘定は，子会社の資本（その他の包括利益累計額）に該当するため，当期の発生高のうち非支配株主に帰属する部分を非支配株主持分へ振り替える。連結修正仕訳は，次のとおりである。

(1) 為替換算調整勘定が貸方に生じた場合

（為替換算調整勘定 当期変動額）	×××	（非支配株主持分 当期変動額）	×××

(2) 為替換算調整勘定が借方に生じた場合

（非支配株主持分 当期変動額）	×××	（為替換算調整勘定 当期変動額）	×××

(4) まとめ

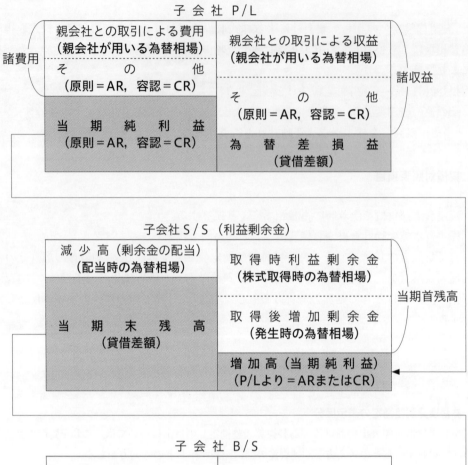

子 会 社 P/L

諸費用	親会社との取引による費用 (親会社が用いる為替相場)	親会社との取引による収益 (親会社が用いる為替相場)	諸収益
	その　　他 (原則＝AR, 容認＝CR)		
		その　　他 (原則＝AR, 容認＝CR)	
	当 期 純 利 益 (原則＝AR, 容認＝CR)		
		為 替 差 損 益 (貸借差額)	

子 会 社 S/S （利益剰余金）

減 少 高（剰余金の配当） (配当時の為替相場)	取 得 時 利 益 剰 余 金 (株式取得時の為替相場)	当期首残高
	取 得 後 増 加 剰 余 金 (発生時の為替相場)	
当 期 末 残 高 (貸借差額)	増 加 高（当期純利益） (P/Lより＝ARまたはCR)	

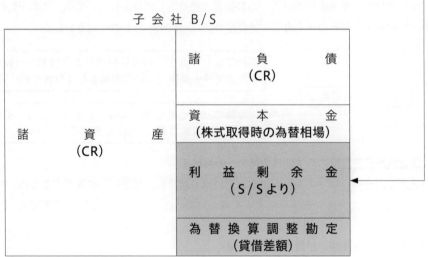

子 会 社 B/S

諸　資　産 (CR)	諸　　　負　　　債 (CR)
	資　　本　　金 (株式取得時の為替相場)
	利 益 剰 余 金 (S/Sより)
	為 替 換 算 調 整 勘 定 (貸借差額)

(注) 資本金の増減はなかったものとする。

　次の資料により，Ｓ社の当期（×1年４月１日から×2年３月31日まで）における円貨表示の財務諸表を作成しなさい。なお，Ｓ社の諸資産の時価評価は，連結修正仕訳とし，税効果会計は，考慮外とする。

（資　料）

(1)　Ｐ社は×1年３月31日にＳ社の発行済議決権株式の80％を520ドルで取得し，支配を獲得した。×1年３月31日現在におけるＳ社の資本金は400ドル，利益剰余金は200ドルであり，その時の為替相場は１ドル118円であった。なお，諸資産に50ドルの評価益が生じている（土地に起因するもの）。

(2)　Ｓ社は当期中にＰ社へ商品300ドルを販売しており，Ｐ社はこの商品を１ドル114円で換算している。

(3)　Ｓ社の当期における配当時の為替相場は１ドル117円であり，決算時の為替相場は１ドル115円であった。なお，Ｓ社の諸収益および諸費用は期中平均相場（１ドル116円）により換算すること。

損　益　計　算　書

自×1年４月１日　至×2年３月31日　　　　　（単位：ドル）

借　方　科　目	金　額	貸　方　科　目	金　額
諸　　費　　用	1,550	諸　　収　　益	1,500
減　価　償　却　費	100	Ｐ　社　へ　売　上	300
当　期　純　利　益	150		
	1,800		1,800

株主資本等変動計算書（利益剰余金のみ）

自×1年４月１日　至×2年３月31日　　　　　（単位：ドル）

借　方　科　目	金　額	貸　方　科　目	金　額
剰　余　金　の　配　当	50	利益剰余金当期首残高	200
利益剰余金当期末残高	300	当　期　純　利　益	150
	350		350

貸　借　対　照　表

×2年３月31日現在　　　　　（単位：ドル）

資　　　産	金　額	負債・純資産	金　額
諸　　資　　産	900	諸　　負　　債	600
備　　　　品	500	資　　本　　金	400
減価償却累計額	△　100	利　益　剰　余　金	300
	1,300		1,300

【解　答】

損　益　計　算　書
自×1年４月１日　至×2年３月31日　　（単位：円）

借　方　科　目	金　　額	貸　方　科　目	金　　額
諸　　　　　費　　　　　用	179,800	諸　　　　収　　　　益	174,000
減　価　償　却　費	11,600	Ｐ　社　へ　売　上	34,200
当　期　純　利　益	17,400	為　　替　　差　　益	600
	208,800		208,800

株主資本等変動計算書（利益剰余金のみ）
自×1年４月１日　至×2年３月31日　　（単位：円）

借　方　科　目	金　　額	貸　方　科　目	金　　額
剰　余　金　の　配　当	5,850	利益剰余金当期首残高	23,600
利益剰余金当期末残高	35,150	当　期　純　利　益	17,400
	41,000		41,000

貸　借　対　照　表
×2年３月31日現在　　（単位：円）

資　　　　産	金　　額	負債・純資産	金　　額
諸　　資　　産	103,500	諸　　　負　　　債	69,000
備　　　　　品	57,500	資　　本　　金	47,200
減価償却累計額	△　11,500	利　益　剰　余　金	35,150
		為替換算調整勘定	△　1,850
	149,500		149,500

【解　説】

1．換算

勘 定 科 目	円換算前(単位：ドル) 借　方	円換算前(単位：ドル) 貸　方	換算レート	円換算後(単位：円) 借　　方	円換算後(単位：円) 貸　　方
〔損 益 計 算 書〕					
諸　　収　　益		1,500	116円（AR）		174,000
P 社 へ 売 上		300	114円（注2）		34,200
為　替　差　益			貸 借 差 額		600
諸　　費　　用	1,550		116円（AR）	179,800	
減 価 償 却 費	100		116円（AR）	11,600	
当 期 純 利 益	150		116円（AR）	17,400	
計	1,800	1,800		208,800	208,800
〔株主資本等変動計算書〕					
利益剰余金当期首残高		200	118円（注3）		23,600
当 期 純 利 益		150	P/L より		17,400
剰 余 金 の 配 当	50		117円（注4）	5,850	
利益剰余金当期末残高	300		貸 借 差 額	35,150	
計	350	350		41,000	41,000
〔貸 借 対 照 表〕					
諸　　資　　産	（注1）900		115円（CR）	103,500	
備　　　　　品	500		115円（CR）	57,500	
減価償却累計額	△ 100		115円（CR）	△ 11,500	
諸　　負　　債		600	115円（CR）		69,000
資　　本　　金		400	118円（注3）		47,200
利 益 剰 余 金		300	S/S より		35,150
為替換算調整勘定			貸 借 差 額		△ 1,850
計	1,300	1,300		149,500	149,500

（注1）帳簿価額

（注2）親会社が換算に用いる為替相場（HR）

（注3）支配獲得時の為替相場（HR）

（注4）配当時の為替相場（HR）

（注5）損益計算書の「減価償却費」は，期中平均相場（AR）で換算しているが，貸借対照表の「減価償却累計額」は，決算時の為替相場で換算している点に注意すること。

（注6）円換算後損益計算書の貸借差額を「為替差益」として処理する。

（注7）円換算後貸借対照表の貸借差額を「為替換算調整勘定」として処理する。

外貨建財務諸表項目

2．支配獲得日（×1 年 3 月 31 日）の連結修正仕訳

  ⑴ 諸資産の時価評価

    ① 外貨による時価評価

（諸　資　産）	50ドル	（評　価　差　額）	50ドル

    ② 円貨による時価評価（実際の連結修正仕訳）

（諸　資　産）（＊）	5,900	（評　価　差　額）	5,900

    （＊）50ドル〈評価益〉× 118円〈支配獲得時の為替相場〉＝ 5,900円

  ⑵ 投資と資本の相殺消去

    ① 外貨による投資と資本の相殺消去

（資　本　金）	400ドル	（S　社　株　式）	520ドル
（利 益 剰 余 金）	200ドル	（非支配株主持分）（＊）	130ドル
（評　価　差　額）	50ドル		

    （＊）（400ドル＋200ドル＋50ドル）× 20％ ＝ 130ドル〈非支配株主持分〉

   （注）（400ドル＋200ドル＋50ドル）× 80％ ＝ 520ドル〈P 社持分〉であり，S 社株
      式の取得原価520ドルと一致するため，のれんは生じない。

    ② 円貨による投資と資本の相殺消去（実際の連結修正仕訳）

（資　本　金）（＊）	47,200	（S　社　株　式）（＊）	61,360
（利 益 剰 余 金）（＊）	23,600	（非支配株主持分）（＊）	15,340
（評　価　差　額）（＊）	5,900		

    （＊）すべて118円〈支配獲得時の為替相場〉で換算

3．支配から1年後（×2年3月31日）の連結修正仕訳

(1)　開始仕訳（×1年3月31日）

① 諸資産の時価評価

（諸　　資　　産）	5,900	（評　価　差　額）	5,900

② 投資と資本の相殺消去

（資　本　金 当期首残高）	47,200	（S　社　株　式）	61,360
（利益剰余金 当期首残高）	23,600	（非支配株主持分 当期首残高）	15,340
（評　価　差　額）	5,900		

(2)　期中仕訳（×1年4月1日から×2年3月31日まで）

① 諸資産の時価評価の修正

　　子会社の資産および負債の時価評価は「支配獲得時」に行われる。なお，評価差額は資本の項目に該当するため「支配獲得時の為替相場」で換算した額で固定されるが，資産および負債は各期のCRで換算するため，各期に修正を行う。

（為替換算調整勘定 当期変動額）	150	（諸　　資　　産）（＊）	150

（＊）（115円〈CR〉－118円〈支配獲得時の為替相場〉）×50ドル＝△150円〈修正額〉

② 当期純利益の非支配株主持分への振替え

（非支配株主に帰属 する当期純利益）	3,480	（非支配株主持分 当期変動額）（＊）	3,480

（＊）17,400円×20％＝3,480円

③ 配当金の修正

（受取配当金）（＊1）	4,680	（利益剰余金 剰余金の配当）	5,850
（非支配株主持分 当期変動額）（＊2）	1,170		

（＊1）5,850円×80％＝4,680円
（＊2）5,850円×20％＝1,170円

④ 為替換算調整勘定の非支配株主持分への振替え

（非支配株主持分 当期変動額）（＊）	400	（為替換算調整勘定 当期変動額）	400

（＊）（△1,850円－150円）×20％＝△400円

⑤ 内部取引の相殺

（P社へ売上）	34,200	（売　上　原　価）	34,200

補足 のれんの換算（のれんを円換算後に連結修正仕訳で計上する方法）

　在外子会社株式の取得等により生じた「のれん」は，外国通貨で把握し，決算時の為替相場により換算する。また，「のれん償却額」は，外国通貨で把握された「のれん」の当期償却額を他の費用と同様に期中平均相場（原則）または決算時の為替相場（容認）により換算する。

項　　　目	適用為替相場
B／S「の　れ　ん」	決算時の為替相場（CR）
P／L「のれん償却額」	原則：期中平均相場（AR）
	容認：決算時の為替相場（CR）

　［設例10−2］において，S社株式の取得原価が620ドルであり，のれんを計上年度の翌年から10年間で均等償却する場合の連結修正仕訳は，次のようになる。

1．支配獲得日（×1年3月31日）の連結修正仕訳

(1)　諸資産の時価評価

①　外貨による時価評価

（諸　　資　　産）	50ドル	（評　価　差　額）	50ドル

②　円貨による時価評価（実際の連結修正仕訳）

（諸　　資　　産）（＊）	5,900	（評　価　差　額）	5,900

（＊）50ドル〈評価益〉×118円〈支配獲得時の為替相場〉＝5,900円

(2)　投資と資本の相殺消去

①　外貨による投資と資本の相殺消去

（資　　本　　金）	400ドル	（S　社　株　式）	620ドル
（利　益　剰　余　金）	200ドル	（非支配株主持分）（＊2）	130ドル
（評　価　差　額）	50ドル		
（の　　れ　　ん）（＊1）	100ドル		

（＊1）（400ドル＋200ドル＋50ドル）×80％＝520ドル〈P社持分〉
　　　620ドル−520ドル＝100ドル〈のれん〉
（＊2）（400ドル＋200ドル＋50ドル）×20％＝130ドル〈非支配株主持分〉

②　円貨による投資と資本の相殺消去（実際の連結修正仕訳）

（資　　本　　金）（＊）	47,200	（S　社　株　式）（＊）	73,160
（利　益　剰　余　金）（＊）	23,600	（非支配株主持分）（＊）	15,340
（評　価　差　額）（＊）	5,900		
（の　　れ　　ん）（＊）	11,800		

（＊）すべて118円〈支配獲得時の為替相場〉で換算

2．支配から１年後（×2年３月31日）の連結修正仕訳

(1) **開始仕訳**

① **諸資産の時価評価**

| （諸　資　産） | 5,900 | （評　価　差　額） | 5,900 |

② **投資と資本の相殺消去**

$\binom{資\quad 本\quad 金}{当\ 期\ 首\ 残\ 高}$	47,200	（S　社　株　式）	73,160
$\binom{利\ 益\ 剰\ 余\ 金}{当\ 期\ 首\ 残\ 高}$	23,600	$\binom{非支配株主持分}{当\ 期\ 首\ 残\ 高}$	15,340
（評　価　差　額）	5,900		
（の　　れ　　ん）	11,800		

(2) **期中仕訳（×1年４月１日から×2年３月31日まで）**

① **諸資産の時価評価の修正**

| $\binom{為替換算調整勘定}{当\ 期\ 変\ 動\ 額}$ | 150 | （諸　資　産）（＊） | 150 |

（＊）（115円〈CR〉－118円〈支配獲得時の為替相場〉）×50ドル＝△150円〈修正額〉

② **のれんの処理**

　支配獲得後には，外貨による「のれん」の未償却残高および「のれん償却額」を把握し，外貨による「のれん」の未償却残高は，決算時の為替相場（１ドル115円）で換算し，「のれん償却額」は，期中平均相場（１ドル116円）で換算する。なお，換算する為替相場が異なることにより生じた差額は，「為替換算調整勘定」とする。

（a）のれんの償却…外貨による償却額を期中平均相場（１ドル116円）で換算

| （の れ ん 償 却 額）（＊） | 1,160 | （の　　れ　　ん） | 1,160 |

（＊）100ドル〈外貨によるのれん〉÷10年＝10ドル〈外貨による償却額〉
　　　10ドル×@116円〈AR〉＝1,160円〈円貨による償却額〉

（b）のれんの期末換算（為替換算調整勘定の計上）

　のれんの未償却残高は，決算時の為替相場（１ドル115円）で換算される。したがって，支配獲得時の為替相場（１ドル118円）で換算したのれんの計上額から期中平均相場（１ドル116円）で換算したのれん償却額を控除した残額との差額を「為替換算調整勘定」として計上する。

| $\binom{為替換算調整勘定}{当\ 期\ 変\ 動\ 額}$（＊） | 290 | （の　　れ　　ん） | 290 |

（＊）100ドル－10ドル＝90ドル〈外貨による未償却残高〉
　　　90ドル×@115円〈CR〉＝10,350円〈円貨による未償却残高〉
　　　10,350円－(11,800円－1,160円)＝△290円〈のれんの減少額＝借方の為替換算調整勘定〉
　　　　　　　　　　　　　10,640円

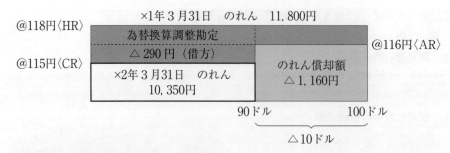

③ **当期純利益の非支配株主持分への振替え**

(非支配株主に帰属する当期純利益)	3,480	(非支配株主持分当期変動額)(＊)	3,480

（＊）17,400円×20％＝3,480円

④ **配当金の修正**

(受取配当金)(＊1)	4,680	(利益剰余金剰余金の配当)	5,850
(非支配株主持分当期変動額)(＊2)	1,170		

（＊1）5,850円×80％＝4,680円
（＊2）5,850円×20％＝1,170円

⑤ **為替換算調整勘定の非支配株主持分への振替え**

(非支配株主持分当期変動額)(＊)	400	(為替換算調整勘定当期変動額)	400

（＊）（△1,850円－150円）×20％＝△400円
（注）のれんの換算に伴って生じた為替換算調整勘定は，すべて親会社の持分に帰属するため，非支配株主持分への振替えは行わない。

⑥ **内部取引の相殺**

(P 社 へ 売 上)	34,200	(売 上 原 価)	34,200

研究 のれんをＳ社修正仕訳で計上する方法

　在外子会社株式の取得等により生じた「のれん」および「のれん償却額」は，外国通貨で把握する必要があるため，換算前の外国通貨によるＳ社の個別財務諸表に対する修正として計上することがある。これを「のれんをＳ社修正仕訳で計上する方法」という。なお，のれんを計算するためには，その他の資産および負債を時価評価したさいの評価差額を持分の計算に含めなければならないため，資産および負債の評価もＳ社の個別財務諸表に対する修正として扱う。

　［設例10－2］において，Ｓ社株式の取得原価が620ドルであり，「のれんをＳ社修正仕訳で計上する方法」によった場合には，次のようになる。

1．Ｓ社修正仕訳（外国通貨で仕訳する）

⑴　諸資産の時価評価

（諸 　 資 　 産）	50ドル	（評 　 価 　 差 　 額）	50ドル

⑵　のれんの計上

　　のれんを計上したさいの相手科目は「のれん評価勘定」とし，円換算後の投資と資本の相殺消去においては，子会社の資本として扱う。

（の 　 　 れ 　 　 ん）（＊）	100ドル	（のれん評価勘定）	100ドル

（＊）（400ドル＋200ドル＋50ドル）×80％＝520ドル〈Ｐ社持分〉
　　　620ドル－520ドル＝100ドル〈のれん〉

⑶　のれんの償却

（の れ ん 償 却 額）（＊）	10ドル	（の 　 　 れ 　 　 ん）	10ドル

（＊）100ドル÷10年＝10ドル

∴　のれん：100ドル－10ドル＝90ドル
　　当期純利益：150ドル－10ドル＝140ドル
　　利益剰余金：300ドル－10ドル＝290ドル

（注）のれん償却額の計上により，当期純利益，利益剰余金なども影響を受けることに注意すること。

2．換算

勘定科目	円換算前（単位：ドル） 借 方	円換算前（単位：ドル） 貸 方	換算レート	円換算後（単位：円） 借 方	円換算後（単位：円） 貸 方
〔損益計算書〕					
諸　　収　　益		1,500	116円（AR）		174,000
P 社 へ 売 上		300	114円（注2）		34,200
為　替　差　益			貸 借 差 額		600
諸　　費　　用	1,550		116円（AR）	179,800	
減 価 償 却 費	100		116円（AR）	11,600	
の れ ん 償 却 額	10		116円（AR）	1,160	
当 期 純 利 益	140		116円（AR）	16,240	
計	1,800	1,800		208,800	208,800
〔株主資本等変動計算書〕					
利益剰余金当期首残高		200	118円（注3）		23,600
当 期 純 利 益		140	P/L より		16,240
剰 余 金 の 配 当	50		117円（注4）	5,850	
利益剰余金当期末残高	290		貸 借 差 額	33,990	
計	340	340		39,840	39,840
〔貸借対照表〕					
諸　　資　　産	（注1） 950		115円（CR）	109,250	
備　　　　品	500		115円（CR）	57,500	
減 価 償 却 累 計 額	△ 100		115円（CR）	△ 11,500	
の　　れ　　ん	90		115円（CR）	10,350	
諸　　負　　債		600	115円（CR）		69,000
資　　本　　金		400	118円（注3）		47,200
利 益 剰 余 金		290	S/S より		33,990
評 価 差 額		50	118円（注3）		5,900
のれん評価勘定		100	118円（注3）		11,800
為替換算調整勘定			貸 借 差 額		△ 2,290
計	1,440	1,440		165,600	165,600

（注1）900ドル＋50ドル＝950ドル〈時価〉

（注2）親会社が換算に用いる為替相場（HR）

（注3）支配獲得時の為替相場（HR）

（注4）配当時の為替相場（HR）

（注5）損益計算書の「減価償却費」は，期中平均相場（AR）で換算しているが，貸借対照表の「減価償却累計額」は，決算時の為替相場で換算している点に注意すること。

（注6）円換算後損益計算書の貸借差額を「為替差益」として処理する。

（注7）円換算後貸借対照表の貸借差額を「為替換算調整勘定」として処理する。

　　　なお，「為替換算調整勘定」2,290円（純資産のマイナス）には，前述したのれんの換算にともなう「為替換算調整勘定」290円（純資産のマイナス）が含まれている。

3．支配獲得日（×1年3月31日）の連結修正仕訳～投資と資本の相殺消去

（資　本　金）	47,200	（S　社　株　式）	73,160
（利　益　剰　余　金）	23,600	（非支配株主持分）	15,340
（評　価　差　額）	5,900		
（のれん評価勘定）	11,800		

4．支配から1年後（×2年3月31日）の連結修正仕訳

⑴　開始仕訳（投資と資本の相殺消去）

（資　本　金 当期首残高）	47,200	（S　社　株　式）	73,160
（利　益　剰　余　金 当　期　首　残　高）	23,600	（非支配株主持分 当　期　首　残　高）	15,340
（評　価　差　額）	5,900		
（のれん評価勘定）	11,800		

⑵　期中仕訳（×1年4月1日から×2年3月31日まで）

①　当期純利益の非支配株主持分への振替え

（非支配株主に帰属 する当期純利益）	3,480	（非支配株主持分 当　期　変　動　額）（＊）	3,480

（＊）150ドル〈のれん償却額を控除する前の本来の当期純利益〉×116〈AR〉＝17,400円
17,400円×20％＝3,480円

②　配当金の修正

（受　取　配　当　金）（＊1）	4,680	（利　益　剰　余　金 剰　余　金　の　配　当）	5,850
（非支配株主持分 当　期　変　動　額）（＊2）	1,170		

（＊1）5,850円×80％＝4,680円
（＊2）5,850円×20％＝1,170円

③　為替換算調整勘定の非支配株主持分への振替え

（非支配株主持分 当　期　変　動　額）（＊）	400	（為替換算調整勘定 当　期　変　動　額）	400

（＊）△2,290円〈為替換算調整勘定〉＋290円〈のれんの換算に関するもの〉
　＝△2,000円〈のれんの換算に関するもの以外の為替換算調整勘定〉
　△2,000円×20％＝△400円

④　内部取引の相殺

（P　社　へ　売　上）	34,200	（売　上　原　価）	34,200

（右側縦書き）Theme 10　外貨建財務諸表項目

255

「外貨建取引等会計処理基準」（一部修正）
二　在外支店の財務諸表項目の換算
　在外支店における外貨建取引については，原則として，本店と同様に処理する。ただし，外国通貨で表示されている在外支店の財務諸表に基づき本支店合併財務諸表を作成する場合には，在外支店の財務諸表について次の方法によることができる。（注11）
１．収益及び費用の換算の特例
　収益及び費用（収益性負債の収益化額及び費用性資産の費用化額を除く。）の換算については，期中平均相場によることができる。（注12）
２．外貨表示財務諸表項目の換算の特例
　在外支店の外国通貨で表示された財務諸表項目の換算にあたり，非貨幣性項目の額に重要性がない場合には，すべての貸借対照表項目（支店における本店勘定等を除く。）について決算時の為替相場による円換算額を付する方法を適用することができる。この場合において，損益項目についても決算時の為替相場によることを妨げない。
３．換算差額の処理
　本店と異なる方法により換算することによって生じた換算差額は，当期の為替差損益として処理する。
三　在外子会社等の財務諸表項目の換算
　連結財務諸表の作成又は持分法の適用にあたり，外国にある子会社又は関連会社の外国通貨で表示されている財務諸表項目の換算は，次の方法による。
１．資産及び負債
　資産及び負債については，決算時の為替相場による円換算額を付する。
２．資　本
　親会社による株式の取得時における資本に属する項目については，株式取得時の為替相場による円換算額を付する。
　親会社による株式の取得後に生じた資本に属する項目については，当該項目の発生時の為替相場による円換算額を付する。
３．収益及び費用
　収益及び費用については，原則として期中平均相場による円換算額を付する。ただし，決算時の為替相場による円換算額を付することを妨げない。なお，親会社との取引による収益及び費用の換算については，親会社が換算に用いる為替相場による。この場合に生じる差額は当期の為替差損益として処理する。（注12）
４．換算差額の処理
　換算によって生じた換算差額については，為替換算調整勘定として貸借対照表の純資産の部に記載する。（注13）

注11　在外支店のたな卸資産に係る低価基準等について

　在外支店において外国通貨で表示されているたな卸資産について低価基準を適用する場合又は時価の著しい下落により評価額の引下げが求められる場合には，外国通貨による時価又は実質価額を決算時の為替相場により円換算した額による。

注12　期中平均相場について

　収益及び費用の換算に用いる期中平均相場には，当該収益及び費用が帰属する月又は半期等を算定期間とする平均相場を用いることができる。

注13　子会社持分投資に係るヘッジ取引の処理について

　子会社に対する持分への投資をヘッジ対象としたヘッジ手段から生じた為替換算差額については，為替換算調整勘定に含めて処理する方法を採用することができる。

外貨建財務諸表項目

Theme 11 キャッシュ・フロー計算書

Check ここでは，キャッシュ・フロー計算書について学習する。特に間接法による個別キャッシュ・フロー計算書の作成が重要であり，しっかりと覚えてほしい。

1 個別キャッシュ・フロー計算書（個別C/F）

1. キャッシュ・フロー計算書とは

　キャッシュ・フロー計算書（C/F）とは，一会計期間におけるキャッシュ・フロー（資金の収入・支出）の状況を一定の活動区分別に表示し報告するための財務諸表である。キャッシュ・フロー計算書は，貸借対照表および損益計算書と同様に企業活動全体を対象とする重要な情報を提供するものである。

　キャッシュ・フロー計算書には，企業の一会計期間におけるキャッシュ・フローの状況を表示し報告する「キャッシュ・フロー計算書（個別キャッシュ・フロー計算書）」と企業集団の一会計期間におけるキャッシュ・フローの状況を表示し報告する「連結キャッシュ・フロー計算書」がある。

　ここでは，まず，「個別キャッシュ・フロー計算書」について説明する。

2. 資金（キャッシュ）の範囲

　キャッシュ・フロー計算書が対象とする資金（キャッシュ）の範囲は，「現金及び現金同等物」である。

　現金とは，手許現金および要求払預金をいう。要求払預金とは預入期間の定めのない預金であり，普通預金，当座預金，通知預金が含まれる。

　現金同等物とは，容易に換金が可能で，かつ，価値変動のリスクが僅少な短期の投資をいい，具体的には，取得日から満期日までの期間が3か月以内の短期投資である定期預金，譲渡性預金，コマーシャル・ペーパー，公社債投資信託，売戻し条件付現先が含まれる。

資　　金 （キャッシュ）	現　　　金	手　許　現　金	
		要求払預金	普　通　預　金
			当　座　預　金（注1）
			通　知　預　金（注2）
	現 金 同 等 物	容易に換金が可能で，かつ，価値変動のリスクが僅少な短期の投資	定　期　預　金
			譲 渡 性 預 金（注3）
			コマーシャル・ペーパー（注4）
			公社債投資信託（注5）
			売戻し条件付現先（注6）

（注1）当座借越契約にもとづき，当座借越限度枠を企業が保有する当座預金と同様に利用している場合，期末において当座借越が生じているときは，後述するキャッシュ・フロー計算書の作成上，その当座借越を負の現金同等物として処理する。したがって，負の現金同等物期末残高を貸借対照表上，短期借入金として表示している場合でも，「現金及び現金同等物の期末残高」は，負の現金同等物期末残高控除後の金額となる。

（注2）通知預金とは引出予定日の一定期間前に通知を要する預金をいう。

（注3）譲渡性預金（サーティフィケーション・オブ・ディポジット：CD）とは，銀行が発行する無記名の預金証書で，預金者はこれを金融市場で自由に売買できる。

（注4）コマーシャル・ペーパー（CP）とは，市場を通じて短期資金を調達するために発行する無担保の証券をいう。法的には約束手形と同じ性格をもつが，証券の発行によって資金を調達する機能などに着目し，資金運用側（保有側）では「有価証券」として処理する。

（注5）公社債投資信託とは，投資家などが信託銀行に対し金銭で信託し，信託銀行はその預かった金銭で公社債を運用し，信託終了時に信託財産を投資家などに金銭で交付するものをいう。

（注6）売戻し条件付現先とは，債券を担保とした短期貸付金である。

3．キャッシュ・フロー計算書の様式

(1) 表示区分

キャッシュ・フロー計算書は，次のように区分して表示する。

Ⅰ	営 業 活 動 に よ る キ ャ ッ シ ュ ・ フ ロ ー	×××	（注1）
Ⅱ	投 資 活 動 に よ る キ ャ ッ シ ュ ・ フ ロ ー	×××	（注1）
Ⅲ	財 務 活 動 に よ る キ ャ ッ シ ュ ・ フ ロ ー	×××	（注1）
Ⅳ	現 金 及 び 現 金 同 等 物 に 係 る 換 算 差 額	×××	（注2）
Ⅴ	現 金 及 び 現 金 同 等 物 の 増 加 額（減 少 額）	×××	⇦Ⅰ～Ⅳまでの合計
Ⅵ	現 金 及 び 現 金 同 等 物 の 期 首 残 高	×××	
Ⅶ	現 金 及 び 現 金 同 等 物 の 期 末 残 高	×××	⇦Ⅴ＋Ⅵ

（注1）キャッシュ・フロー（資金の収入・支出）を「営業活動」，「投資活動」，「財務活動」の3つに区別し記載する。

（注2）本来のキャッシュ・フローではないが，外貨建ての現金及び現金同等物は，為替相場の変動により価値が変動するため，その増減額を「現金及び現金同等物に係る換算差額」として記載する。

(2) 営業活動によるキャッシュ・フローの表示方法

「営業活動によるキャッシュ・フロー」の区分の表示方法には，主要な取引ごとに収入総額と支出総額を表示する方法（以下，「直接法」という）と純利益に必要な調整項目を加減して表示する方法（以下，「間接法」という）の2つの方法があり，継続適用することを条件に選択適用が認められている。

なお，「投資活動によるキャッシュ・フロー」および「財務活動によるキャッシュ・フロー」の区分には，「直接法」と「間接法」の区別はない。

「直接法」および「間接法」によるキャッシュ・フロー計算書の様式は次のとおりである。

直接法			間接法		
キャッシュ・フロー計算書			キャッシュ・フロー計算書		
自×年×月×日　至×年×月×日			自×年×月×日　至×年×月×日		
I	営業活動によるキャッシュ・フロー		I	営業活動によるキャッシュ・フロー	
	営　業　収　入	××		税引前当期純利益	××
	原材料又は商品の仕入支出	△××		減　価　償　却　費	××
	人　件　費　支　出	△××		貸倒引当金の増加額	××
	その他の営業支出	△××		受取利息及び受取配当金	△××
	小　　　計	××		支　払　利　息	××
	利息及び配当金の受取額	××		為　替　差　損	××
	利　息　の　支　払　額	△××		有形固定資産売却益	△××
	損害賠償金の支払額	△××		損　害　賠　償　損　失	××
	法人税等の支払額	△××		売上債権の増加額	△××
	営業活動によるキャッシュ・フロー	××		棚卸資産の減少額	××
II	投資活動によるキャッシュ・フロー			仕入債務の減少額	△××
	有価証券の取得による支出	△××		小　　　計	××
	有価証券の売却による収入	××		利息及び配当金の受取額	××
	有形固定資産の取得による支出	△××		利　息　の　支　払　額	△××
	有形固定資産の売却による収入	××		損害賠償金の支払額	△××
	投資有価証券の取得による支出	△××		法人税等の支払額	△××
	投資有価証券の売却による収入	××		営業活動によるキャッシュ・フロー	××
	貸付けによる支出	△××	II	投資活動によるキャッシュ・フロー	
	貸付金の回収による収入	××		（直接法と同じ記載となる）	
	投資活動によるキャッシュ・フロー	××		投資活動によるキャッシュ・フロー	××
III	財務活動によるキャッシュ・フロー		III	財務活動によるキャッシュ・フロー	
	短期借入れによる収入	××		（直接法と同じ記載となる）	
	短期借入金の返済による支出	△××		財務活動によるキャッシュ・フロー	××
	長期借入れによる収入	××	IV	現金及び現金同等物に係る換算差額	××
	長期借入金の返済による支出	△××	V	現金及び現金同等物の増加額	××
	社債の発行による収入	××	VI	現金及び現金同等物の期首残高	××
	社債の償還による支出	△××	VII	現金及び現金同等物の期末残高	××
	株式の発行による収入	××			
	自己株式の取得による支出	△××			
	配当金の支払額	△××			
	財務活動によるキャッシュ・フロー	××			
IV	現金及び現金同等物に係る換算差額	××			
V	現金及び現金同等物の増加額	××			
VI	現金及び現金同等物の期首残高	××			
VII	現金及び現金同等物の期末残高	××			

4. 直接法によるキャッシュ・フロー計算書

(1) 営業活動によるキャッシュ・フロー

「営業活動によるキャッシュ・フロー」の区分を「直接法」により表示する場合には，「営業活動によるキャッシュ・フロー」の区分には，商品および役務の販売による収入，商品および役務の購入による支出等，営業損益計算の対象となった取引のほか，投資活動および財務活動以外の取引によるキャッシュ・フローを記載する。

なお，商品および役務の販売により取得した手形の割引による収入等，営業活動に係る債権・債務から生ずるキャッシュ・フローは「営業活動によるキャッシュ・フロー」の区分に表示する。

具体的には，まず，営業損益計算の対象となった取引によるキャッシュ・フローを「営業収入」，「原材料又は商品の仕入支出」，「人件費支出」，「その他の営業支出」などの項目に分けて記載し，本来の営業活動によるキャッシュ・フローを算定する（小計まで）。

Ⅰ　営業活動によるキャッシュ・フロー		
営　業　収　入	××	
原材料又は商品の仕入支出	△××	
人　件　費　支　出	△××	
そ　の　他　の　営　業　支　出	△××	
小　　計	××	⇦ **本来の営業CF**

その後，本来の営業活動によるキャッシュ・フローではないが，投資活動および財務活動にも分類できないその他の取引によるキャッシュ・フローを記載し，最終的な営業キャッシュ・フローを算定する。たとえば，「法人税等の支払額」のように，すべての活動に関連し，特定の活動に分類できない支払額がここに記載される。

小　　計	××	⇦ **本来の営業CF**
利息及び配当金の受取額	××	⎫
利　息　の　支　払　額	△××	⎪
損害賠償金の支払額	△××	⎬ **その他の取引によるCF**
法人税等の支払額	△××	⎭
営業活動によるキャッシュ・フロー	××	

「営業活動によるキャッシュ・フロー」の区分に記載する主な項目とその内容は，次のとおりである。

項　　　目	内　　　容
営　業　収　入	商品の売上による受取額（現金売上，売掛金の回収額，受取手形の回収額・割引額）
	前受金の受取額
	営業債権から生じた破産債権・更生債権等や償却済営業債権の取立額
原材料又は商品の仕入支出	原材料や商品の仕入による支払額（現金仕入，買掛金の支払額，支払手形の支払額）
	前渡金の支払額
人　件　費　支　出	従業員の給料，賞与，退職給付などの支払額
	役員の報酬，賞与，退職給付などの支払額
その他の営業支出	人件費以外の販売費及び一般管理費の支払額
利息及び配当金の受取額	預金・貸付金に係る受取利息の受取額
	保有株式に係る受取配当金の受取額
	保有債券に係る有価証券利息の受取額
利　息　の　支　払　額	借入金に係る利息の支払額
	当座借越に係る利息の支払額
	発行社債に係る社債利息の支払額
保　険　金　の　受　取　額	火災，地震など災害による保険金の受取額
損害賠償金の支払額	損害賠償金の支払額
法人税等の支払額	法人税・住民税・事業税の前期未払額
	法人税・住民税・事業税の当期中間納付額

(2) **投資活動によるキャッシュ・フロー**

「投資活動によるキャッシュ・フロー」の区分には，固定資産の取得および売却，現金同等物に含まれない短期投資の取得および売却等によるキャッシュ・フローを記載する。

「投資活動によるキャッシュ・フロー」の区分に記載する主な項目は，次のとおりである。

① 有形固定資産および無形固定資産の取得による支出
② 有形固定資産および無形固定資産の売却による収入
③ 有価証券（現金同等物を除く）および投資有価証券の取得による支出
④ 有価証券（現金同等物を除く）および投資有価証券の売却による収入
⑤ 貸付けによる支出
⑥ 貸付金の回収による収入

　なお，預入期間が3か月を超える定期預金の預入れによる支出および満期または解約による収入は，投資活動によるキャッシュ・フローの区分に記載されるが，預入期間が3か月以内の定期預金は，現金同等物に含まれるため，預入れによる支出および満期または解約による収入ともにキャッシュ・フロー計算書には記載されない。

⑶　財務活動によるキャッシュ・フロー

　「財務活動によるキャッシュ・フロー」の区分には，資金の調達および返済によるキャッシュ・フローを記載する。

　「財務活動によるキャッシュ・フロー」の区分に記載する主な項目は，次のとおりである。

① 　株式の発行による収入
② 　自己株式の取得による支出
③ 　配当金の支払（中間配当の支払いを含む）
④ 　社債の発行または借入れによる収入
⑤ 　社債の償還または借入金の返済による支出

⑷　現金及び現金同等物に係る換算差額

　為替相場の変動による現金及び現金同等物の増減額は，他のキャッシュ・フローと区別して「現金及び現金同等物に係る換算差額」として記載する。

　（注）現金及び現金同等物に含まれない債権・債務等に対する為替相場の変動による増減額を含めないことに注意する。

次の資料にもとづいて，直接法によるキャッシュ・フロー計算書を作成しなさい。なお，キャッシュ・フローの減少となる場合には，金額の前に△印を付すこと。また，現金預金はすべて現金及び現金同等物に該当する。

（資料1）財務諸表

貸 借 対 照 表 （単位：円）

資　産	前 期 末	当 期 末	負債・純資産	前 期 末	当 期 末
現 金 預 金	26,100	37,900	支 払 手 形	10,000	6,000
受 取 手 形	10,000	14,000	買 掛 金	6,000	8,000
売 掛 金	15,000	16,000	借 入 金	14,000	10,000
貸 倒 引 当 金	△ 500	△ 600	未 払 法 人 税 等	3,000	4,500
有 価 証 券	8,000	3,600	未 払 利 息	600	400
商　　品	12,000	8,000	未 払 給 料	200	300
貸 付 金	2,000	1,000	退職給付引当金	17,800	18,200
前 払 営 業 費	200	400	資 本 金	40,000	42,000
未 収 利 息	400	200	利 益 準 備 金	4,000	4,600
有 形 固 定 資 産	60,000	66,000	別 途 積 立 金	6,000	8,000
減価償却累計額	△ 20,000	△ 24,000	繰越利益剰余金	11,600	20,500
	113,200	122,500		113,200	122,500

損 益 計 算 書 （単位：円）

Ⅰ 売 上 高	136,000
Ⅱ 売 上 原 価	△ 88,000
売 上 総 利 益	48,000
Ⅲ 販売費及び一般管理費	
給料・賞与手当	△ 10,000
貸倒引当金繰入	△ 300
退職給付費用	△ 1,600
減 価 償 却 費	△ 8,200
その他の営業費	△ 2,400
営 業 利 益	25,500
Ⅳ 営 業 外 収 益	
受取利息・配当金	800
有価証券売却益	2,700
Ⅴ 営 業 外 費 用	
支 払 利 息	△ 1,200
有価証券評価損	△ 400
為 替 差 損	△ 600
経 常 利 益	26,800

Ⅵ 特 別 損 失	
固定資産売却損	△ 1,800
税引前当期純利益	25,000
法 人 税 等	△ 7,500
当 期 純 利 益	17,500

（資料2）その他のデータ

(1) 貸倒引当金は売上債権期末残高に対して設定している。なお，前期に取得した売掛金200円が期中に貸し倒れた。また，売上はすべて掛けによる。

(2) 仕入はすべて掛けによる。

(3) 帳簿価額6,000円の有価証券を8,700円で売却した。

(4) 貸付金の当期回収額は1,600円である。

(5) 有形固定資産（取得原価24,000円，期首減価償却累計額4,000円）を18,000円で売却した。

(6) 借入金の当期返済額は8,000円である。

(7) 当期に退職一時金1,200円を支払った。

(8) 当期に新株発行による増資2,000円を行った。

(9) 当期に配当金6,000円を支払った。

(10) 為替差損は外貨預金の期末換算替えによる換算差額である。

【解　答】

I　営業活動によるキャッシュ・フロー

営　業　収　入	130,800
商品の仕入支出	△86,000
人　件　費　支　出	△11,100
その他の営業支出	△ 2,600
小　計	31,100
利息及び配当金の受取額	1,000
利　息　の　支　払　額	△ 1,400
法　人　税　等　の　支　払　額	△ 6,000
営業活動によるキャッシュ・フロー	24,700

II　投資活動によるキャッシュ・フロー

有価証券の取得による支出	△ 2,000
有価証券の売却による収入	8,700
有形固定資産の取得による支出	△30,000
有形固定資産の売却による収入	18,000
貸付けによる支出	△ 600
貸付金の回収による収入	1,600
投資活動によるキャッシュ・フロー	△ 4,300

III　財務活動によるキャッシュ・フロー

借入れによる収入	4,000
借入金の返済による支出	△ 8,000
株式の発行による収入	2,000
配　当　金　の　支　払　額	△ 6,000
財務活動によるキャッシュ・フロー	△ 8,000

IV 現金及び現金同等物に係る換算差額	△ 600
V 現金及び現金同等物の増加額	11,800
VI 現金及び現金同等物の期首残高	26,100
VII 現金及び現金同等物の期末残高	37,900

【解　説】

(1) 営業収入

（受取手形・売掛金）	136,000	（売　　　　　上）	136,000
（貸 倒 引 当 金）	200	（受取手形・売掛金）	200
（現 金 預 金）	130,800	（受取手形・売掛金）（＊1）	130,800
営業収入			
（貸倒引当金繰入）	300	（貸 倒 引 当 金）	300

受取手形・売掛金

期首	受取手形10,000 売掛金15,000	営業収入130,800 貸借差額　（＊1）	
売　上136,000		貸 倒 れ 200	
		期末 受取手形14,000 売掛金16,000	

貸 倒 引 当 金

取 崩 額 200		期首残高 500	
期末残高 600		P/L繰入額 300	

(2) 商品の仕入支出

（仕　　　　　入）	84,000	（支払手形・買掛金）（＊2）	84,000
売上原価			
（支払手形・買掛金）（＊3）	86,000	（現 金 預 金）	86,000
		商品の仕入支出	
（仕　　　　　入）	12,000	（繰 越 商 品）	12,000
売上原価		期首商品	
（繰 越 商 品）	8,000	（仕　　　　　入）	8,000
期末商品		売上原価	

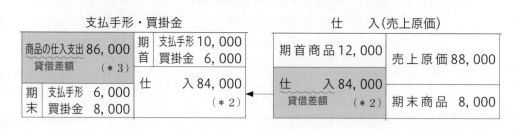

支払手形・買掛金

商品の仕入支出86,000 貸借差額　（＊3）		期首 支払手形10,000 買掛金 6,000	
期末 支払手形 6,000 買掛金 8,000		仕　入84,000 （＊2）	

仕　入（売上原価）

期首商品12,000		売上原価88,000	
仕　入84,000 貸借差額　（＊2）		期末商品 8,000	

(3) 人件費支出

① 給料・賞与手当

(未 払 給 料)	200	(給料・賞与手当) (＊4)	200
前期末残高		再振替仕訳	
(給料・賞与手当) (＊5)	9,900	(現 金 預 金)	9,900
		人件費支出	
(給料・賞与手当) (＊6)	300	(未 払 給 料)	300
見越計上		当期末残高	

給料・賞与手当

人件費の支出	9,900	未払給料 200	⇐ 前期末残高 (＊4)
貸借差額	(＊5)		
(＊6) 当期末残高 ⇒ 未払給料	300	P/L 10,000	

② 退職給付引当金

(退職給付引当金) (＊7)	1,200	(現 金 預 金)	1,200
		人件費支出	
(退職給付費用)	1,600	(退職給付引当金) (＊8)	1,600

退職給付引当金

(＊7) ⇒ 取 崩 額 1,200	期首残高17,800	
期 末 残 高18,200	退職給付費用 1,600	⇐ (＊8)

∴ 9,900円＋1,200円＝11,100円〈人件費支出〉

(4) その他の営業支出

(その他の営業費) (＊9)	200	(前 払 営 業 費)	200
再振替仕訳		前期末残高	
(その他の営業費) (＊10)	2,600	(現 金 預 金)	2,600
		その他の営業支出	
(前 払 営 業 費)	400	(その他の営業費) (＊11)	400
当期末残高		繰延処理	

その他の営業費

(＊9) 前期末残高 ⇒ 前払営業費	200	前払営業費 400	⇐ 当期末残高 (＊11)
その他の営業支出	2,600		
貸借差額	(＊10)	P/L 2,400	

Theme 11

キャッシュ・フロー計算書

267

(5) 利息及び配当金の受取額

(受取利息・配当金)(*12)	400	(未 収 利 息)	400
再振替仕訳		前期末残高	
(現 金 預 金)	1,000	(受取利息・配当金)(*13)	1,000
利息配当金の受取額			
(未 収 利 息)	200	(受取利息・配当金)(*14)	200
当期末残高		見越計上	

受取利息・配当金

(*12) 前期末残高 ⇨

未 収 利 息	400	利息配当金の受取額	1,000
		貸借差額 (*13)	
P/L	800	未 収 利 息	200	⇦ 当期末残高 (*14)

(6) 利息の支払額

(未 払 利 息)	600	(支 払 利 息)(*15)	600
前期末残高		再振替仕訳	
(支 払 利 息)(*16)	1,400	(現 金 預 金)	1,400
		利息の支払額	
(支 払 利 息)(*17)	400	(未 払 利 息)	400
見越計上		当期末残高	

支 払 利 息

| 利息の支払額 | 1,400 | 未払利息 | 600 | ⇦ 前期末残高 (*15) |
| 貸借差額 (*16) | | | | |

(*17) 当期末残高 ⇨

| 未 払 利 息 | 400 | P/L | 1,200 |

(7) 法人税等の支払額

(未払法人税等)(*18)	3,000	(現 金 預 金)	3,000
前期末残高		法人税等の支払額	
(法 人 税 等)(*19)	3,000	(現 金 預 金)	3,000
仮払法人税等		法人税等の支払額	
(法 人 税 等)(*20)	4,500	(未払法人税等)(*20)	4,500
		当期末残高	

未 払 法 人 税 等

法人税等の支払額	3,000	前期末残高	3,000
(*18)		(*18)	
期 末 残 高	4,500	当期末残高	4,500
		(*20)	

法 人 税 等

法人税等の支払額	3,000		
貸借差額 (*19)			
未払法人税等	4,500	P/L	7,500
当期末残高 (*20)			

∴ 3,000円 + 3,000円 = 6,000円〈法人税等の支払額〉

⑻　有価証券

（有　価　証　券）(＊21)	2,000	（現　金　預　金）	2,000
		有価証券の取得による支出	
（現　金　預　金）	8,700	（有　価　証　券）(＊22)	6,000
有価証券の売却による収入		（有価証券売却益）	2,700
（有価証券評価損）	400	（有　価　証　券）(＊23)	400

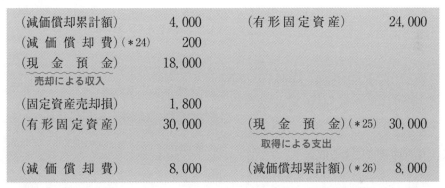

有　価　証　券

期首残高 8,000	売　　　却　6,000	⇦ (＊22)
	評　価　損　　　400	⇦ (＊23)
	期末残高　3,600	

（＊21）貸借差額 ⇨ 取得による支出 2,000

⑼　有形固定資産

（減価償却累計額）	4,000	（有　形　固　定　資　産）	24,000
（減　価　償　却　費）(＊24)	200		
（現　金　預　金）	18,000		
売却による収入			
（固定資産売却損）	1,800		
（有　形　固　定　資　産）	30,000	（現　金　預　金）(＊25)	30,000
		取得による支出	
（減　価　償　却　費）	8,000	（減価償却累計額）(＊26)	8,000

（＊24）貸借差額

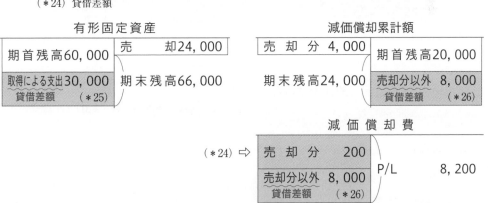

有形固定資産

期首残高60,000	売　　　却24,000
取得による支出30,000	期末残高 66,000
貸借差額　　（＊25）	

減価償却累計額

売　却　分　4,000	期首残高20,000
期末残高24,000	売却分以外　8,000
	貸借差額　　（＊26）

減　価　償　却　費

（＊24）⇨

売　却　分　　200	P/L　　8,200
売却分以外　8,000	
貸借差額　　（＊26）	

⑽　貸付金

（貸 付 金）（＊27）	600	（現 金 預 金）	600
		貸付けによる支出	
（現 金 預 金）	1,600	（貸 付 金）（＊28）	1,600
回収による収入			

貸　付　金

| 期首残高　2,000 | 回収による収入 1,600 | ⇦ （＊28） |
| （＊27）貸借差額 ⇨　貸付けによる支出　　600 | 期末残高 1,000 | |

⑾　借入金

（現 金 預 金）	4,000	（借 入 金）（＊29）	4,000
借入れによる収入			
（借 入 金）（＊30）	8,000	（現 金 預 金）	8,000
		返済による支出	

借　入　金

| （＊30）⇨　返済による支出　8,000 | 期首残高14,000 | |
| 期末残高10,000 | 借入れによる収入　4,000 | ⇦貸借差額（＊29） |

⑿　株式の発行による収入

| （現 金 預 金） | 2,000 | （資 本 金）（＊31） | 2,000 |
| 株式の発行による収入 | | | |

資　本　金

| 期末残高42,000 | 期首残高40,000 | |
| | 株式の発行による収入　2,000 | ⇦ （＊31） |

⒀　配当金の支払額

（繰越利益剰余金）	6,000	（未 払 配 当 金）	6,000
（未 払 配 当 金）	6,000	（現 金 預 金）	6,000
		配当金の支払額	

⒁　為替差損

　　外貨預金の「為替差損益」については，「現金及び現金同等物」の増減額の調整項目である「現金及び現金同等物に係る換算差額」に計上する。

| （為　替　差　損） | 600 | （現　金　預　金） | 600 |
| | | 現金及び現金同等物に係る換算差額 | |

5. 間接法によるキャッシュ・フロー計算書

(1) 営業活動によるキャッシュ・フロー

　「営業活動によるキャッシュ・フロー」の区分を「間接法」により表示する場合には，「営業活動によるキャッシュ・フロー」の区分のうち「本来の営業活動によるキャッシュ・フロー（小計）」の算定を次のように行う。

　損益計算書で計算された税引前当期純利益に非資金損益項目，営業活動に係る資産および負債の増減，「投資活動によるキャッシュ・フロー」および「財務活動によるキャッシュ・フロー」の区分に含まれる損益項目を加減して「本来の営業活動によるキャッシュ・フロー（小計）」を算定する。

　間接法による「営業活動によるキャッシュ・フロー」の区分は，次のように表示する。

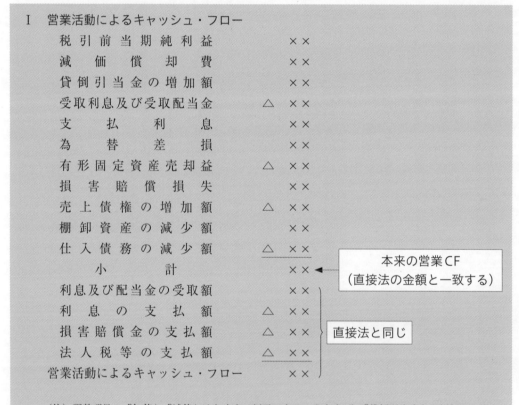

(注) 調整項目の「加算」・「減算」はあくまで例示である。たとえば，「貸倒引当金」が増加した場合は加算調整するが，減少した場合は減算調整する。また，「有形固定資産売却益」は減算調整するが，「有形固定資産売却損」は加算調整する。

補足	直接法と間接法の比較

直接法と間接法の特徴を比較すると次のようになる。

	直 接 法	間 接 法
表 示	営業活動によるキャッシュ・フロー 　営業収入(総額)　　　×× 　営業支出(総額)　－ ×× 　小　　計　　　　　　××	営業活動によるキャッシュ・フロー 　税引前当期純利益　　　×× 　調整項目を加減　± ×× 　小　　計　　　　　　××
作成の手間	総額表示のため非常に手間がかかる	作成が簡単なため手間がかからない
P/Lとの 関連	P/Lのどの金額も表示されないため P/Lとの関連が不明	税引前当期純利益からスタートする のでP/Lとの関連が明示される
見やすさ	総額で表示するためわかりやすい	調整項目がわかりにくい
分析利用	経営分析に利用しにくい	経営分析に利用しやすい

(2) 間接法による調整項目

「本来の営業活動によるキャッシュ・フロー（小計）」を算定するために税引前当期純利益に加減しなければならない間接法による調整項目は，次のように大きく３つに分類できる。

税引前当期純利益

① 「特 別 損 失」の加算調整
「特 別 利 益」の減算調整
「営業外費用」の加算調整
「営業外収益」の減算調整
⇐ 「税引前当期純利益」には営業活動に関係のない「特別損益」および「営業外損益」が含まれているので，「本来の営業活動によるキャッシュ・フロー」を算出するため，これらを加減する。

営 業 利 益

② 非資金損益項目の調整
③ 営業資産および営業負債の増減の調整
⇐ 利益をキャッシュ・フローに調整するため，収益・費用と収入・支出のズレを加減する。

本来の営業CF（小計）

① 「特別損益」および「営業外損益」の調整

「税引前当期純利益」の算定には，営業活動に関係のない「特別損益」および「営業外損益」が含まれているので，「本来の営業活動によるキャッシュ・フロー（小計）」を算出するため，これらを加減する。

項　　目		利益の計算	営業CFの計算	調　　整
営業活動に関係のない	特 別 損 失	マイナス	影響しない	加算調整
	特 別 利 益	プ ラ ス	影響しない	減算調整
	営業外費用	マイナス	影響しない	加算調整
	営業外収益	プ ラ ス	影響しない	減算調整

（注）営業活動に関係のある「特別損益」および「営業外損益」は，調整する必要がない。
　　　したがって，「商品評価損」，営業債権・債務に係る「為替差損益」，営業債権に対する「償却債権取立益」などが「特別損益」または「営業外損益」に計上されていても調整しないことに注意すること。

② 非資金損益項目の調整

利益をキャッシュ・フローに調整するため，営業損益計算に含まれる非資金損益項目（減価償却費，引当金の増減額など）を調整する。

項　　目		利益の計算	営業CFの計算	調　　整
営業損益計算に含まれる	減 価 償 却 費	マイナス	影響しない	加算調整
	引当金の　増 加 額	マイナス	影響しない	加算調整
	引当金の　減 少 額	プ ラ ス	影響しない	減算調整

（注）引当金の増加額または減少額は，一般的に非資金損益項目による調整と考えられているが，後述する営業資産および営業負債の増減として調整すると考えたほうが理解しやすいと思う。

③ 営業資産および営業負債の増減

利益をキャッシュ・フローに調整するため，営業活動に係る資産（営業債権，棚卸資産）および負債（営業債務）の増減を調整する。

項　　目		収益・費用と収入・支出の関係	調　　整
営 業 資 産（営業債権・棚卸資産）	増 加 額	収　益＞収　入　費　用＜支　出	減算調整
	減 少 額	収　益＜収　入　費　用＞支　出	加算調整
営 業 負 債（営 業 債 務）	増 加 額	収　益＜収　入　費　用＞支　出	加算調整
	減 少 額	収　益＞収　入　費　用＜支　出	減算調整

なお，調整が必要な営業資産および営業負債とは，主に次のようなものである。

営　業　資　産 （営業債権・棚卸資産）	売上債権（受取手形，売掛金など）
	営業費用に係る前払費用
	棚卸資産（商品，原材料，仕掛品，製品など）　など
営　業　負　債 （営　業　債　務）	仕入債務（支払手形，買掛金など）
	営業費用に係る未払費用　など
営業損益計算に含まれる 引　　　当　　　金	貸倒引当金
	退職給付引当金
	役員賞与引当金　など

（注）前述したように営業損益計算に含まれる引当金の増加額または減少額は，一般的に非資金損益項目による調整と考えられているが，営業資産および営業負債の増減として調整すると考えたほうが理解しやすいので，上記の表に含めておく。

補足 営業資産および営業負債の増減

　営業資産および営業負債の増減がキャッシュ・フローに与える影響は，次のように考えることができる。

〈例〉売掛金の期首残高　200円，当期の売上高　1,000円（すべて掛売上）
　　　売掛金の当期回収高　900円，売掛金の期末残高　300円

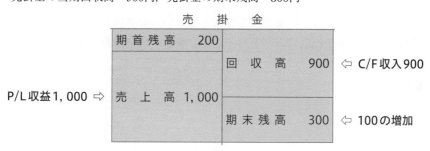

　利益の計算上，損益計算書に計上される収益（売上高）は1,000円であるが，キャッシュ・フローの計算上，キャッシュ・フロー計算書に計上される収入（営業収入）は900円であり，損益計算書に記載された収益（売上高）より100円少ないことがわかる。この結果，利益よりもキャッシュ・フローの方が100円少なく計算されるはずである。この差額は，期首残高200円よりも期末残高が100円増加し300円になったことから生じた差額であるといえる。

　したがって，間接法により，利益からキャッシュ・フローを求めるためには，売掛金の増加額100円を減算調整すればよいことになる。

　このことを定義づけると次のようになる。

① 営業資産の増加　⇨　利益 > CF　∴　減算調整

また，このことから類推すると次のような関係を導くことができる。

① 営業資産の増加 ⇨ 利益 > CF ∴ 減算調整
② 営業資産の減少 ⇨ 利益 < CF ∴ 加算調整
③ 営業負債の増加 ⇨ 利益 < CF ∴ 加算調整
④ 営業負債の減少 ⇨ 利益 > CF ∴ 減算調整

① 営業資産の増加

期 首 残 高	期 末 残 高
減 算 調 整	

③ 営業負債の増加

期 末 残 高	期 首 残 高
	加 算 調 整

② 営業資産の減少

期 首 残 高	期 末 残 高
	加 算 調 整

④ 営業負債の減少

期 末 残 高	期 首 残 高
減 算 調 整	

設例 11-2 （設例11-1と同じ資料）

　次の資料にもとづいて，間接法によるキャッシュ・フロー計算書（営業活動によるキャッシュ・フローの「小計」欄まで）を作成しなさい。なお，キャッシュ・フローの減少となる場合には，金額の前に△印を付すこと。また，現金預金はすべて現金及び現金同等物に該当する。

（資料1）財務諸表

貸 借 対 照 表 （単位：円）

資　　　産	前 期 末	当 期 末	負債・純資産	前 期 末	当 期 末
現 金 預 金	26,100	37,900	支 払 手 形	10,000	6,000
受 取 手 形	10,000	14,000	買 掛 金	6,000	8,000
売 掛 金	15,000	16,000	借 入 金	14,000	10,000
貸 倒 引 当 金	△ 500	△ 600	未 払 法 人 税 等	3,000	4,500
有 価 証 券	8,000	3,600	未 払 利 息	600	400
商　　　品	12,000	8,000	未 払 給 料	200	300
貸 付 金	2,000	1,000	退職給付引当金	17,800	18,200
前 払 営 業 費	200	400	資 本 金	40,000	42,000
未 収 利 息	400	200	利 益 準 備 金	4,000	4,600
有 形 固 定 資 産	60,000	66,000	別 途 積 立 金	6,000	8,000
減価償却累計額	△ 20,000	△ 24,000	繰越利益剰余金	11,600	20,500
	113,200	122,500		113,200	122,500

276

損 益 計 算 書（単位：円）

Ⅰ	売　　上　　高		136,000
Ⅱ	売　上　原　価	△	88,000
	売 上 総 利 益		48,000
Ⅲ	販売費及び一般管理費		
	給料・賞与手当	△	10,000
	貸倒引当金繰入	△	300
	退職給付費用	△	1,600
	減 価 償 却 費	△	8,200
	その他の営業費	△	2,400
	営 業 利 益		25,500
Ⅳ	営 業 外 収 益		
	受取利息・配当金		800
	有価証券売却益		2,700
Ⅴ	営 業 外 費 用		
	支 払 利 息	△	1,200
	有価証券評価損	△	400
	為 替 差 損	△	600
	経 常 利 益		26,800

Ⅵ	特 別 損 失		
	固定資産売却損	△	1,800
	税引前当期純利益		25,000
	法 人 税 等	△	7,500
	当 期 純 利 益		17,500

（資料2）その他のデータ

(1) 貸倒引当金は売上債権期末残高に対して設定している。なお，前期に取得した売掛金200円が期中に貸し倒れた。また，売上はすべて掛けによる。

(2) 仕入はすべて掛けによる。

(3) 帳簿価額6,000円の有価証券を8,700円で売却した。

(4) 貸付金の当期回収額は1,600円である。

(5) 有形固定資産（取得原価24,000円，期首減価償却累計額4,000円）を18,000円で売却した。

(6) 借入金の当期返済額は8,000円である。

(7) 当期に退職一時金1,200円を支払った。

(8) 当期に新株発行による増資2,000円を行った。

(9) 当期に配当金6,000円を支払った。

(10) 為替差損は外貨預金の期末換算替えによる換算差額である。

【解　答】

Ⅰ　営業活動によるキャッシュ・フロー

税 引 前 当 期 純 利 益	25,000
減 価 償 却 費	8,200
貸 倒 引 当 金 の 増 加 額	100
退職給付引当金の増加額	400
受 取 利 息 配 当 金	△ 800
支 払 利 息	1,200
有 価 証 券 売 却 益	△ 2,700
有 価 証 券 評 価 損	400
為 替 差 損	600
固 定 資 産 売 却 損	1,800
売 上 債 権 の 増 加 額	△ 5,000
棚 卸 資 産 の 減 少 額	4,000
前 払 費 用 の 増 加 額	△ 200
仕 入 債 務 の 減 少 額	△ 2,000
未 払 費 用 の 増 加 額	100
小　　計	31,100

（注）以下〈直接法〉と同じ

【解　説】

減 価 償 却 費　　　　8,200円 ⇦ 非資金損益項目　∴　加算調整
貸倒引当金の増加額　　　100円 ⇦ 非資金損益項目　∴　加算調整
退職給付引当金の増加額　400円 ⇦ 非資金損益項目　∴　加算調整
受 取 利 息 配 当 金　△　800円 ⇦ 営業外収益　　　∴　減算調整
支 　 払 　 利 　 息　 1,200円 ⇦ 営業外費用　　　∴　加算調整
有 価 証 券 売 却 益　△2,700円 ⇦ 営業外収益　　　∴　減算調整
有 価 証 券 評 価 損　　400円 ⇦ 営業外費用　　　∴　加算調整
為 　 替 　 差 　 損　　600円 ⇦ 営業外費用　　　∴　加算調整
固 定 資 産 売 却 損　 1,800円 ⇦ 特別損失　　　　∴　加算調整
売 上 債 権 の 増 加 額　△5,000円 ⇦ 営業資産の増加　∴　減算調整
　　　　　　　　　　　　　 $(14,000+16,000) - (10,000+15,000) = +5,000$
棚 卸 資 産 の 減 少 額　 4,000円 ⇦ 営業資産の減少　∴　加算調整
　　　　　　　　　　　　　 $8,000 - 12,000 = \triangle 4,000$
前 払 費 用 の 増 加 額　△　200円 ⇦ 営業資産の増加　∴　減算調整
　　　　　　　　　　　　　 $400 - 200 = +200$
仕 入 債 務 の 減 少 額　△2,000円 ⇦ 営業債務の減少　∴　減算調整
　　　　　　　　　　　　　 $(6,000+8,000) - (10,000+6,000) = \triangle 2,000$
未 払 費 用 の 増 加 額　　100円 ⇦ 営業債務の増加　∴　加算調整
　　　　　　　　　　　　　 $300 - 200 = +100$（未払利息は営業外の負債なので含めない）

② 連結キャッシュ・フロー計算書（連結C/F）

1.　連結キャッシュ・フロー計算書（連結C/F）の作成方法

連結キャッシュ・フロー計算書（連結C/F）の作成方法には，原則法と簡便法がある。

⑴　原則法

原則法は，各連結会社の個別キャッシュ・フロー計算書を基礎として，連結キャッシュ・フロー計算書を作成する方法である。まず，各連結会社において作成した個別キャッシュ・フロー計算書を合算し，次に連結手続上で連結会社相互間のキャッシュ・フローを相殺消去して，連結キャッシュ・フロー計算書を作成する。

親会社	個別損益計算書 個別株主資本等変動計算書 個別貸借対照表 個別キャッシュ・フロー計算書
子会社	個別損益計算書 個別株主資本等変動計算書 個別貸借対照表 個別キャッシュ・フロー計算書

合算　＋　連結修正仕訳　＝

連結損益計算書
連結株主資本等変動計算書
連結貸借対照表
連結キャッシュ・フロー計算書

(2) **簡便法**

　簡便法は，連結財務諸表を基礎として，連結キャッシュ・フロー計算書を作成する方法である。まず，各連結会社において作成した個別キャッシュ・フロー計算書以外の個別財務諸表を合算し，連結手続を行うことにより連結財務諸表を作成し，そのうえで，連結財務諸表から連結キャッシュ・フロー計算書を作成する。

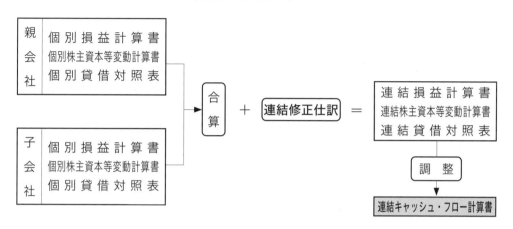

　なお，原則法により作成する場合には，個別キャッシュ・フロー計算書の「営業活動によるキャッシュ・フロー」の区分の表示方法にあわせて，連結キャッシュ・フロー計算書においても直接法または間接法のいずれかで表示することになる。また，簡便法により作成する場合にも，直接法または間接法のいずれかで表示することになる。

　本書では，原則法・直接法による場合と簡便法・間接法による場合の注意点について説明する。

2. 原則法・直接法による連結キャッシュ・フロー計算書の作成

　連結会社相互間のキャッシュ・フローは，連結キャッシュ・フロー計算書の作成にあたり相殺消去しなければならない。なお，相殺消去の対象となる連結会社相互間のキャッシュフローの例としては次のようなものがある。

> (1) 営業収入と仕入支出
> (2) 貸付けによる支出と借入れによる収入と，利息の受取額と利息の支払額
> (3) 配当金の受取額と配当金の支払額
> (4) 有形固定資産の売却による収入と有形固定資産の購入による支出

(1) 営業収入と仕入支出の相殺消去

　連結会社相互間の取引による営業収入と仕入支出は，相殺消去する。

　P社（S社株式の60％を所有）は，当期に商品30,000円をS社に掛けで販売し，うち20,000円を現金で回収した。よって，次の資料により，連結キャッシュ・フロー計算書（直接法）における営業活動によるキャッシュ・フロー（「小計」欄の金額まで）を求めなさい。

（資　料）個別キャッシュ・フロー計算書（一部）

（単位：円）

	P 社	S 社	合 算
営業活動によるキャッシュ・フロー			
営　業　収　入	200,000	100,000	300,000
商　品　の　仕　入　支　出	△ 100,000	△ 50,000	△ 150,000
小　　計	100,000	50,000	150,000

【解　答】

（単位：円）

	P 社	S 社	合 算	連結修正仕訳	連結 C/F
営業活動によるCF					
営　業　収　入	200,000	100,000	300,000	△ 20,000	280,000
商品の仕入支出	△ 100,000	△ 50,000	△ 150,000	20,000	△ 130,000
小　　計	100,000	50,000	150,000	0	150,000

【解　説】

1．個別会計上の仕訳

P 社	S 社
個別会計上の仕訳	個別会計上の仕訳
（売 掛 金）30,000 （売　　　上）30,000 P/L売上高	（仕　　　入）30,000 （買 掛 金）30,000 P/L売上原価
（現 金 預 金）20,000 （売 掛 金）20,000	（買 掛 金）20,000 （現 金 預 金）20,000
個別C/F上の仕訳（直接法）	個別C/F上の仕訳（直接法）
（現 金 預 金）20,000 （営 業 収 入）20,000	（商品の仕入支出）20,000 （現 金 預 金）20,000

2．連結修正仕訳

連結修正仕訳	（売　　上　　高）　　30,000 P社売上高	（売　上　原　価）　　30,000 S社仕入高
連結C/F作成上の連結修正仕訳	（営　業　収　入）　　20,000 P社営業収入	（商品の仕入支出）　　20,000 S社商品の仕入支出

(2)　**配当金の受取額と配当金の支払額の相殺消去**

　　子会社の配当金の支払額のうち親会社に対する支払額は，親会社の配当金の受取額と相殺消去する。また，子会社の配当金の支払額のうち非支配株主への支払額は，「非支配株主への配当金の支払額」として独立して記載する。

設例 11-4

　　S社は利益剰余金の配当として配当金2,000円を支払った。なお，P社はS社株式の60％を所有している。よって，次の資料により，連結キャッシュ・フロー計算書（直接法）における営業活動によるキャッシュ・フローおよび財務活動によるキャッシュ・フローをそれぞれ求めなさい。

（資　料）個別キャッシュ・フロー計算書（一部）

（単位：円）

	P 社	S 社	合 算
営業活動によるキャッシュ・フロー			
営　業　収　入	180,000	100,000	280,000
商品の仕入支出	△ 100,000	△ 30,000	△ 130,000
人　件　費　支　出	△ 20,000	△ 10,000	△ 30,000
小　計	60,000	60,000	120,000
利息及び配当金の受取額	3,000	800	3,800
営業活動によるキャッシュ・フロー	63,000	60,800	123,800
財務活動によるキャッシュ・フロー			
配　当　金　の　支　払　額	△ 4,000	△ 2,000	△ 6,000
財務活動によるキャッシュ・フロー	△ 4,000	△ 2,000	△ 6,000

【解　答】

（単位：円）

	P 社	S 社	合 算	連結修正仕訳	連結 C/F
営業活動によるCF					
営　業　収　入	180,000	100,000	280,000		280,000
商品の仕入支出	△ 100,000	△ 30,000	△ 130,000		△ 130,000
人　件　費　支　出	△ 20,000	△ 10,000	△ 30,000		△ 30,000
小　計	60,000	60,000	120,000		120,000
利息及び配当金の受取額	3,000	800	3,800	△ 1,200	2,600
営業活動によるCF	63,000	60,800	123,800	△ 1,200	122,600
財務活動によるCF					
配当金の支払額	△ 4,000	△ 2,000	△ 6,000	2,000	△ 4,000
非支配株主への配当金の支払額	——	——	——	△ 800	△ 800
財務活動によるCF	△ 4,000	△ 2,000	△ 6,000	1,200	△ 4,800

【解 説】

1．個別会計上の仕訳

P 社	S 社
個別会計上の仕訳	個別会計上の仕訳
仕 訳 な し	（配　当　金）2,000（未払配当金）2,000 繰越利益剰余金
（現 金 預 金）1,200（受取配当金）1,200 2,000×60％＝1,200	（未払配当金）2,000（現 金 預 金）2,000
個別C/F上の仕訳（直接法）	個別C/F上の仕訳（直接法）
（現 金 預 金）1,200（利息及び配当金の受取額）1,200	（配当金の支払額）2,000（現 金 預 金）2,000

2．連結修正仕訳

連結修正仕訳	（受 取 配 当 金）（＊1）1,200	$\binom{利益剰余金}{剰余金の配当}$（＊3）2,000
	$\binom{非支配株主持分}{当期変動額}$（＊2）800	
連結C/F作成上 の連結修正仕訳	（利息及び配当金の受取額）（＊1）1,200 P 社	（配当金の支払額）（＊3）2,000 財務活動によるCF
	（非支配株主への配当金の支払額）（＊2）800 財務活動によるCF	

（＊1）2,000円×60％＝1,200円　┐
（＊2）2,000円×40％＝　800円　┘（＊3）2,000円

3．簡便法・間接法による連結キャッシュ・フロー計算書の作成

　簡便法においては，連結財務諸表作成手続上，すでに連結会社間取引については相殺消去が行われているため，連結キャッシュ・フロー計算書の作成にあたり，改めて連結会社相互間のキャッシュ・フローの相殺消去を行う必要はない。したがって，個別キャッシュ・フロー計算書の間接法の作成と同様に行えばよい。その際，以下の連結特有の科目に注意すること。

⑴　のれん償却額

　　借方に生じた「のれん償却額」は，非資金損益項目なので，「税金等調整前当期純利益」に対する加算調整項目となる。また，貸方に生じた「負ののれん発生益」は，営業活動に関係のない特別利益項目なので，「税金等調整前当期純利益」に対する減算調整項目となる。

> の れ ん 償 却 額（非資金損益項目）⇨ 加算調整項目
> 負ののれん発生益（特　別　利　益）⇨ 減算調整項目

⑵　持分法による投資損益

　　「持分法による投資損益」は，営業活動に関係のない営業外損益項目なので，「税金等調整前当期純利益」に対する調整項目となる。

> 持分法による投資利益（貸方＝営業外収益）⇨ 減算調整項目
> 持分法による投資損失（借方＝営業外費用）⇨ 加算調整項目

補足　その他の注意点

1．非支配株主に帰属する当期純利益

　非支配株主に帰属する当期純利益は，「税金等調整前当期純利益」を計算した後に計上される項目であるため，間接法による調整項目にはならない。

2．持分法適用会社からの配当金の受取額

　持分法適用会社からの配当金の受取額については，特に区別することは要求されていない。したがって，他の「利息及び配当金の受取額」に含めたまま「営業活動によるキャッシュ・フロー」の区分または「投資活動によるキャッシュ・フロー」の区分に記載する。

　ただし，「利息及び配当金の受取額」を「営業活動によるキャッシュ・フロー」の区分に表示している場合で，かつ，間接法による場合には，間接法の調整項目である「持分法による投資利益」から控除または「持分法による投資損失」に加算して表示することもできる。

4. 連結キャッシュ・フロー計算書の様式

直接法	間接法
連結キャッシュ・フロー計算書	連結キャッシュ・フロー計算書
自×年×月×日　至×年×月×日	自×年×月×日　至×年×月×日
Ⅰ　営業活動によるキャッシュ・フロー	Ⅰ　営業活動によるキャッシュ・フロー
営　　業　　収　　入　　　××	税金等調整前当期純利益　　×××
原材料又は商品の仕入支出　△×××	減　価　償　却　費　　××
人　件　費　支　出　△×××	の　れ　ん　償　却　額　　××
その他の営業支出　△×××	貸倒引当金の増加額　　××
小　　　計　　　××	受取利息及び受取配当金　△×××
利息及び配当金の受取額　　××	支　　払　　利　　息　　××
利　息　の　支　払　額　△×××	為　　替　　差　　損　　××
損害賠償金の支払額　△×××	持分法による投資利益　△×××
法　人　税　等　の　支　払　額　△×××	有形固定資産売却益　△×××
営業活動によるキャッシュ・フロー　　××	損　害　賠　償　損　失　　××
Ⅱ　投資活動によるキャッシュ・フロー	売　上　債　権　の　増　加　額　△×××
有価証券の取得による支出　△×××	棚　卸　資　産　の　減　少　額　　××
有価証券の売却による収入　　××	仕　入　債　務　の　減　少　額　△×××
有形固定資産の取得による支出　△×××	小　　　計　　　××
有形固定資産の売却による収入　　××	利息及び配当金の受取額　　××
投資有価証券の取得による支出　△×××	利　息　の　支　払　額　△×××
投資有価証券の売却による収入　　××	損害賠償金の支払額　△×××
貸　付　け　に　よ　る　支　出　△×××	法　人　税　等　の　支　払　額　△×××
貸付金の回収による収入　　××	営業活動によるキャッシュ・フロー　　××
投資活動によるキャッシュ・フロー　　××	Ⅱ　投資活動によるキャッシュ・フロー
Ⅲ　財務活動によるキャッシュ・フロー	（直接法と同じ記載となる）
短　期　借　入　れ　に　よ　る　収　入　　××	投資活動によるキャッシュ・フロー　　××
短期借入金の返済による支出　△×××	Ⅲ　財務活動によるキャッシュ・フロー
長　期　借　入　れ　に　よ　る　収　入　　××	（直接法と同じ記載となる）
長期借入金の返済による支出　△×××	財務活動によるキャッシュ・フロー　　××
社　債　の　発　行　に　よ　る　収　入　　××	Ⅳ　現金及び現金同等物に係る換算差額　　××
社　債　の　償　還　に　よ　る　支　出　△×××	Ⅴ　現金及び現金同等物の増加額　　××
株　式　の　発　行　に　よ　る　収　入　　××	Ⅵ　現金及び現金同等物の期首残高　　××
自己株式の取得による支出　△×××	Ⅶ　現金及び現金同等物の期末残高　　××
配　当　金　の　支　払　額　△×××	
非支配株主への配当金の支払額　△×××	
財務活動によるキャッシュ・フロー　　××	
Ⅳ　現金及び現金同等物に係る換算差額　　××	
Ⅴ　現金及び現金同等物の増加額　　××	
Ⅵ　現金及び現金同等物の期首残高　　××	
Ⅶ　現金及び現金同等物の期末残高　　××	

❸ 連結キャッシュ・フロー計算書等の作成基準　　　　理論

「連結キャッシュ・フロー計算書等の作成基準」

連結キャッシュ・フロー計算書作成基準

第一　作成目的

　　連結キャッシュ・フロー計算書は，企業集団の一会計期間におけるキャッシュ・フローの状況を報告するために作成するものである。

第二　作成基準

一　資金の範囲

　　連結キャッシュ・フロー計算書が対象とする資金の範囲は，現金及び現金同等物とする。

1．現金とは，手許現金及び要求払預金をいう。（注1）

2．現金同等物とは，容易に換金可能であり，かつ，価値の変動について僅少なリスクしか負わない短期投資をいう。（注2）

二　表示区分

1．連結キャッシュ・フロー計算書には，「営業活動によるキャッシュ・フロー」，「投資活動によるキャッシュ・フロー」及び「財務活動によるキャッシュ・フロー」の区分を設けなければならない。

　① 「営業活動によるキャッシュ・フロー」の区分には，営業損益計算の対象となった取引のほか，投資活動及び財務活動以外の取引によるキャッシュ・フローを記載する。（注3）

　② 「投資活動によるキャッシュ・フロー」の区分には，固定資産の取得及び売却，現金同等物に含まれない短期投資の取得及び売却等によるキャッシュ・フローを記載する。（注4）

　③ 「財務活動によるキャッシュ・フロー」の区分には，資金の調達及び返済によるキャッシュ・フローを記載する。（注5）

2．法人税等（住民税及び利益に関連する金額を課税標準とする事業税を含む。）に係るキャッシュ・フローは，「営業活動によるキャッシュ・フロー」の区分に記載する。

3．利息及び配当金に係るキャッシュ・フローは，次のいずれかの方法により記載する。

　① 受取利息，受取配当金及び支払利息は「営業活動によるキャッシュ・フロー」の区分に記載し，支払配当金は「財務活動によるキャッシュ・フロー」の区分に記載する方法（注6）

　② 受取利息及び受取配当金は「投資活動によるキャッシュ・フロー」の区分に記載し，支払利息及び支払配当金は「財務活動によるキャッシュ・フロー」の区分に記載する方法

4．連結範囲の変動を伴う子会社株式の取得又は売却に係るキャッシュ・フローは，「投資活動によるキャッシュ・フロー」の区分に独立の項目として記載する。この場合，新たに連結子会社となった会社の現金及び現金同等物の額は株式の取得による支出額から控除し，連結子会社でなくなった会社の現金及び現金同等物の額は株式の売却による収入額から控除して記載するものとする。

営業の譲受け又は譲渡に係るキャッシュ・フローについても,「投資活動によるキャッシュ・フロー」の区分に,同様に計算した額をもって,独立の項目として記載するものとする。

三　連結会社相互間のキャッシュ・フロー

連結キャッシュ・フロー計算書の作成に当たっては,連結会社相互間のキャッシュ・フローは相殺消去しなければならない。

四　在外子会社のキャッシュ・フロー

在外子会社における外貨によるキャッシュ・フローは,「外貨建取引等会計処理基準」における収益及び費用の換算方法に準じて換算する。

第三　表示方法（注7）

一　「営業活動によるキャッシュ・フロー」の表示方法

「営業活動によるキャッシュ・フロー」は,次のいずれかの方法により表示しなければならない。

1．主要な取引ごとにキャッシュ・フローを総額表示する方法（以下,「直接法」という。）

2．税金等調整前当期純利益に非資金損益項目,営業活動に係る資産及び負債の増減,「投資活動によるキャッシュ・フロー」及び「財務活動によるキャッシュ・フロー」の区分に含まれる損益項目を加減して表示する方法（以下,「間接法」という。）

二　「投資活動によるキャッシュ・フロー」及び「財務活動によるキャッシュ・フロー」の表示方法

「投資活動によるキャッシュ・フロー」及び「財務活動によるキャッシュ・フロー」は,主要な取引ごとにキャッシュ・フローを総額表示しなければならない。（注8）

三　現金及び現金同等物に係る換算差額の表示方法

現金及び現金同等物に係る換算差額は,他と区別して表示する。

第四　注記事項

連結キャッシュ・フロー計算書については,次の事項を注記しなければならない。

1．資金の範囲に含めた現金及び現金同等物の内容並びにその期末残高の連結貸借対照表科目別の内訳

2．資金の範囲を変更した場合には,その旨,その理由及び影響額

3(1)　株式の取得又は売却により新たに連結子会社となった会社の資産・負債又は連結子会社でなくなった会社の資産・負債に重要性がある場合には,当該資産・負債の主な内訳

(2)　営業の譲受け又は譲渡により増減した資産・負債に重要性がある場合には,当該資産・負債の主な内訳

4．重要な非資金取引（注9）

5．各表示区分の記載内容を変更した場合には,その内容

キャッシュ・フロー計算書作成基準

個別ベースのキャッシュ・フロー計算書は,連結キャッシュ・フロー計算書に準じて作成するものとする。

中間連結キャッシュ・フロー計算書作成基準

中間連結キャッシュ・フロー計算書は，連結キャッシュ・フロー計算書に準じて作成する
ものとする。ただし，中間会計期間に係るキャッシュ・フローの状況に関する利害関係者の
判断を誤らせない限り，集約して記載することができる。

中間キャッシュ・フロー計算書作成基準

中間キャッシュ・フロー計算書は，中間連結キャッシュ・フロー計算書に準じて作成する
ものとする。

（注1）要求払預金について

要求払預金には，例えば，当座預金，普通預金，通知預金が含まれる。

（注2）現金同等物について

現金同等物には，例えば，取得日から満期日又は償還日までの期間が3か月以内の短期
投資である定期預金，譲渡性預金，コマーシャル・ペーパー，売戻し条件付現先，公社債
投資信託が含まれる。

（注3）「営業活動によるキャッシュ・フロー」の区分について

「営業活動によるキャッシュ・フロー」の区分には，例えば，次のようなものが記載さ
れる。

(1) 商品及び役務の販売による収入
(2) 商品及び役務の購入による支出
(3) 従業員及び役員に対する報酬の支出
(4) 災害による保険金収入
(5) 損害賠償金の支払

（注4）「投資活動によるキャッシュ・フロー」の区分について

「投資活動によるキャッシュ・フロー」の区分には，例えば，次のようなものが記載さ
れる。

(1) 有形固定資産及び無形固定資産の取得による支出
(2) 有形固定資産及び無形固定資産の売却による収入
(3) 有価証券（現金同等物を除く。）及び投資有価証券の取得による支出
(4) 有価証券（現金同等物を除く。）及び投資有価証券の売却による収入
(5) 貸付けによる支出
(6) 貸付金の回収による収入

（注5）「財務活動によるキャッシュ・フロー」の区分について

「財務活動によるキャッシュ・フロー」の区分には，例えば，次のようなものが記載さ
れる。

(1) 株式の発行による収入
(2) 自己株式の取得による支出
(3) 配当金の支払
(4) 社債の発行及び借入れによる収入
(5) 社債の償還及び借入金の返済による支出

（注6）利息の表示について

利息の受取額及び支払額は，総額で表示するものとする。

（注7）連結キャッシュ・フロー計算書の様式について

（省略）

（注8）純額表示について

期間が短く，かつ，回転が速い項目に係るキャッシュ・フローについては，純額で表示することができる。

（注9）重要な非資金取引について

連結キャッシュ・フロー計算書に注記すべき重要な非資金取引には，例えば，次のようなものがある。

1　転換社債の転換

2　ファイナンス・リースによる資産の取得

3　株式の発行による資産の取得又は合併

4　現物出資による株式の取得又は資産の交換

理論問題としてのポイントは，次のとおりである。

1. 資金の範囲

資　　金 （キャッシュ）	現　　金	手許現金
		要求払預金
	現金同等物	容易に換金可能で，かつ，価値変動のリスクが僅少な短期の投資

2. 表示区分

Ⅰ　営業活動によるキャッシュ・フロー
Ⅱ　投資活動によるキャッシュ・フロー
Ⅲ　財務活動によるキャッシュ・フロー
Ⅳ　現金及び現金同等物に係る換算差額

3. 利息および配当金に係るキャッシュ・フローの表示区分

利息および配当金に係るキャッシュ・フローの表示区分には，以下の2つの方法があり，継続適用することを条件に選択適用が認められている。

(1) 第1法

損益の算定に含まれる受取利息，受取配当金および支払利息は，「営業活動によるキャッシュ・フロー」の区分に記載し，損益の算定に含まれない支払配当金は，「財務活動によるキャッシュ・フロー」の区分に記載する。

(2) **第2法**

投資活動の成果である受取利息および受取配当金は，「投資活動によるキャッシュ・フロー」の区分に記載し，財務活動上のコストである支払利息および支払配当金は，「財務活動によるキャッシュ・フロー」の区分に記載する。

	第 1 法	第 2 法
利息の受取額	営業活動によるCF	投資活動によるCF
配当金の受取額		
利息の支払額		財務活動によるCF
配当金の支払額	財務活動によるCF	

4．子会社株式の取得または売却に係るキャッシュ・フロー

(1) 連結範囲の変動を伴う子会社株式の取得による支出（新たに連結子会社となる場合）および子会社株式の売却による収入（子会社でなくなる場合）は，「投資活動によるキャッシュ・フロー」の区分に独立した項目として記載する。

(注) 連結キャッシュ・フロー計算書においては，新たに連結子会社となった会社の現金及び現金同等物は，子会社株式の取得による支出から控除し，連結子会社でなくなった会社の現金及び現金同等物は，子会社株式の売却による収入から控除して記載する。

(2) 連結範囲の変動を伴わない子会社株式の取得による支出および子会社株式の売却による収入は，連結キャッシュ・フロー計算書においては，非支配株主との取引として「財務活動によるキャッシュ・フロー」の区分に記載する。

(注) 平成25年の連結基準の改正により，連結範囲の変動を伴わない子会社株式の追加取得または一部売却による親会社の持分変動による差額は，非支配株主との取引と考え，連結財務諸表上，資本剰余金として処理されることになったため，連結キャッシュ・フロー計算書においても連結範囲の変動を伴わない子会社株式の取得による支出および子会社株式の売却による収入は，「財務活動によるキャッシュ・フロー」の区分に記載することとなった。

	個別キャッシュ・フロー計算書	連結キャッシュ・フロー計算書
連結範囲の変動を伴う場合	投資活動によるCF	投資活動によるCF
連結範囲の変動を伴わない場合		財務活動によるCF

5．キャッシュ・フローの純額表示について

期間が短く，かつ，回転が速い項目に係るキャッシュ・フローについては，純額で表示することができる。

6．注記事項

キャッシュ・フロー計算書には，「資金の範囲に含めた現金及び現金同等物の内容ならびにその期末残高の貸借対照表科目別の内訳」，「重要な非資金取引」などを注記しなければならない。

付　　録

日商簿記で使う算数と数学

1. 分数

(1) 加算（たしざん）・減算（ひきざん）

① 分母が同じ分数同士のときは，分子同士をそのまま加算・減算する。

（例1）

────── そのまま加算

$$\frac{3}{7} + \frac{2}{7} = \frac{3+2}{7} = \frac{5}{7}$$

（例2）

────── そのまま減算

$$\frac{3}{7} - \frac{2}{7} = \frac{3-2}{7} = \frac{1}{7}$$

② 分母が違う分数同士のときは，分母の数を揃えてから分子同士を加算・減算する。

（例）

$$\frac{1}{3} + \frac{1}{2} = \frac{1\times 2}{3\times 2} + \frac{1\times 3}{2\times 3}$$

分母を6に揃える（通分）ためにそれぞれ2と3を掛ける。
なお，分数の分母と分子に同じ数を掛けても，分数の大きさは変わらない。

$$= \frac{2}{6} + \frac{3}{6} = \frac{5}{6}$$

(2) 乗算（かけざん）

分母同士の乗算は，分母同士，分子同士を掛ける。

（例）

$$\frac{1}{3} \times \frac{2}{5} = \frac{1\times 2}{3\times 5} = \frac{2}{15}$$

(3) 除算（わりざん）

除算は，割る数の逆数（分子と分母を入れ替えた分数）を掛ける。

（例）

────── 分子と分母を入れ替えて掛ける。

$$\frac{1}{3} \div \frac{2}{5} = \frac{1}{3} \times \frac{5}{2} = \frac{1\times 5}{3\times 2} = \frac{5}{6}$$

2. 歩合と百分率

割合を表す単位として，歩合（ぶあい）や百分率（ひゃくぶんりつ）などがある。

(1) 歩合

通常，試合の勝率などを「○割（わり）○分（ぶ）○厘（りん）」のように表すが，これを歩合という。

「割」は分数で10分の1（小数で0.1），「分」は100分の1（0.01），「厘」は1,000分の1（0.001）を表す。

具体的には，試合の勝率で「5割4分1厘」を小数で表すと0.541となる。

(2) 百分率

百分率とは，％（パーセント）のことをいい，もとになるものを100等分した場合の割合を表したものをいう。

たとえば，空気中に含まれる窒素の割合はおよそ78％だが，これは，もとになる空気を100等分したうちのおよそ78の割合が窒素であることを表す。空気を1としたとき，窒素の割合を小数で表すと，およそ0.78となる。

(3) 小数，分数，歩合，百分率の関係

小数，分数，歩合，百分率を表にすると以下のようになる。

小　数	0.1	0.25	0.5
分　数	$\dfrac{1}{10}=\dfrac{10}{100}$	$\dfrac{1}{4}=\dfrac{25}{100}$	$\dfrac{1}{2}=\dfrac{5}{10}=\dfrac{50}{100}$
歩　合	1割	2割5分	5割
百分率	10%	25%	50%

3. 一次方程式

一次方程式は次のように解く。

(1) 「25x−50＝75」を解く。

① 左辺の「−50」を右辺に移項する。このとき，符号の「−」は「＋」に変わる。

$$25x \boxed{-50} = 75$$

左辺から右辺へ移項

$$25x = 75 \boxed{+50}$$

右辺を計算

$$25x = 125$$

①は，次のようにも計算できます。

$$25x - 50 = 75$$

両辺に50を加算

$$25x - 50 \boxed{+50} = 75 \boxed{+50}$$

$$25x = 125$$

② 両辺を25で割って，xを求める。

両辺を25で割る

$$25x \boxed{÷25} = 125 \boxed{÷25}$$

$$x = 5 \quad \cdots \text{(答)}$$

(2) 「4−x＝3(2−x)」を解く。

① 右辺のカッコ（　）をはずす。

それぞれの項に掛ける。

$$4 - x = \boxed{3}(2-x)$$

$$4 - x = \boxed{3} \times 2 - \boxed{3} \times x$$

$$4 - x = 6 - 3x$$

② 右辺の−3xを左辺に移項する。

$$4 - x \boxed{+3x} = 6$$

$$4 + 2x = 6$$

③ 左辺の4を右辺に移項する。

$$2x = 6 \boxed{-4}$$

$$2x = 2$$

④ 両辺を2で割って，xを求める。

$$2x \boxed{÷2} = 2 \boxed{÷2}$$

$$x = 1 \quad \cdots \text{(答)}$$

さくいん･･････ Index

参考文献

「連結財務諸表の実務」（朝日監査法人，アーサーアンダーセン　中央経済社）

「新版財務会計論」（新井清光　中央経済社）

「上級簿記」（新井清光　中央経済社）

「現代会計学」（新井清光　中央経済社）

「Ｑ＆Ａ金融商品会計」（伊藤真，花田重典，荻原正佳　税務経理協会）

「デリバティブの会計実務」（荻茂生，川本修司　中央経済社）

「財務会計概論」（加古宜士　中央経済社）

「新版Ｑ＆Ａ金融商品会計の実務」（監査法人トーマツ　清文社）

「財務会計」（広瀬義州　中央経済社）

「連結会計入門」（広瀬義州　中央経済社）

「株式会社会計」（桜井久勝　税務経理協会）

「財務会計論」（森川八洲男　税務経理協会）

「仕訳実務便覧1000」（東陽監査法人　洋光）

「簿記Ｉ，Ⅱ，Ⅲ」（武田隆二　税務経理協会）

「財務諸表論」（武田隆二　中央経済社）

「決算実務ハンドブック」（嶌村剛雄　中央経済社）

「合併・分割・株式交換等の実務」（澤田眞史，東京北斗監査法人　清文社）

「企業会計」（中央経済社）

「JICPAジャーナル」（日本公認会計士協会）

MEMO

MEMO

よくわかる簿記シリーズ

ごうかく
合格テキスト　日商簿記1級商業簿記・会計学Ⅲ　Ver. 18. 0

2002年3月20日　初　版　第1刷発行
2024年1月30日　第21版　第1刷発行

　　　　　　　編　著　者　　Ｔ　Ａ　Ｃ　株　式　会　社
　　　　　　　　　　　　　　　　　　　（簿記検定講座）
　　　　　　　発　行　者　　多　　田　　敏　　男
　　　　　　　発　行　所　　ＴＡＣ株式会社　出版事業部
　　　　　　　　　　　　　　　　　　　　（ＴＡＣ出版）

　　　　　　　　　　　　　　〒101－8383
　　　　　　　　　　　　　　東京都千代田区神田三崎町3－2－18
　　　　　　　　　　　　　　電 話 03（5276）9492（営業）
　　　　　　　　　　　　　　FAX 03（5276）9674
　　　　　　　　　　　　　　https://shuppan. tac-school. co. jp

　　　　　　　組　　　版　　朝日メディアインターナショナル株式会社
　　　　　　　印　　　刷　　株式会社　ワ　　コ　　ー
　　　　　　　製　　　本　　株式会社　常　川　製　本

© TAC 2024　　　　Printed in Japan　　　　ISBN 978－4－300－10661－7
　　　　　　　　　　　　　　　　　　　　　　N.D.C. 336

簿記検定講座のご案内

選べる学習メディアでご自身に合うスタイルでご受講ください!

通学講座

| 3級コース | 3・2級コース | 2級コース | 1級コース | 1級上級・アドバンスコース |

教室講座 通って学ぶ

定期的な日程で通学する学習スタイル。常に講師と接することができるという教室講座の最大のメリットがありますので、疑問点はその日のうちに解決できます。また、勉強仲間との情報交換も積極的に行えるのが特徴です。

ビデオブース講座 通って学ぶ 予約制

ご自身のスケジュールに合わせて、TACのビデオブースで学習するスタイル。日程を自由に設定できるため、忙しい社会人に人気の講座です。

直前期教室出席制度
直前期以降、教室受講に振り替えることができます。

無料体験入学

ご自身の目で、耳で体験し納得してご入学いただくために、無料体験入学をご用意しました。

無料講座説明会

もっとTACのことを知りたいという方は、無料講座説明会にご参加ください。

無 料
予約不要※

※ビデオブース講座の無料体験入学は要予約。
　無料講座説明会は一部校舎では要予約。

通信講座

| 3級コース | 3・2級コース | 2級コース | 1級コース | 1級上級・アドバンスコース |

Web通信講座 スマホやタブレットにも対応 見て学ぶ

教室講座の生講義をブロードバンドを利用し動画で配信します。ご自身のペースに合わせて、24時間いつでも何度でも繰り返し受講することができます。また、講義動画はダウンロードして2週間視聴可能です。有効期間内は何度でもダウンロード可能です。
※Web通信講座の配信期間は、お申込コースの目標月の翌月末までです。

TAC WEB SCHOOL ホームページ
URL https://portal.tac-school.co.jp/
※お申込み前に、左記のサイトにて必ず動作環境をご確認ください。

DVD通信講座 見て学ぶ

講義を収録したデジタル映像をご自宅にお届けします。講義の臨場感をクリアな画像でご自宅にて再現することができます。

※DVD-Rメディア対応のDVDプレーヤーでのみ受講が可能です。
　パソコンやゲーム機での動作保証はいたしておりません。

Webでも無料配信中! スマホ タブレット パソコン

「**TAC動画チャンネル**」

● **講座説明会** ※収録内容の変更のため、配信されない期間が生じる場合がございます。
● **1回目の講義（前半分）が視聴できます**

資料通信講座（1級のみ）

テキスト・添削問題を中心として学習します。

詳しくは、TACホームページ
「TAC動画チャンネル」をクリック!

| TAC動画チャンネル　簿記 | 検索 |

コースの詳細は、簿記検定講座パンフレット・TACホームページをご覧ください。

パンフレットの
ご請求・お問い合わせは、
TACカスタマーセンターまで

通話無料 0120-509-117
ゴウカク　イイナ

| 受付時間 | 月～金 9:30～19:00
土・日・祝 9:30～18:00 |
※携帯電話からもご利用になれます。

TAC簿記検定講座
ホームページ

| TAC 簿記 | 検索 |

簿記検定講座

お手持ちの教材がそのまま使用可能!
【テキストなしコース】のご案内

TAC簿記検定講座のカリキュラムは市販の教材を使用しておりますので、こちらのテキストを使ってそのまま受講することができます。独学では分かりにくかった論点や本試験対策も、TAC講師の詳しい解説で理解度も120%UP! 本試験合格に必要なアウトプット力が身につきます。独学との差を体感してください。

左記の各メディアが
【テキストなしコース】で
お得に受講可能!

こんな人にオススメ!

● テキストにした書き込みをそのまま活かしたい!

● これ以上テキストを増やしたくない!

● とにかく受講料を安く抑えたい!

※お申込前に必ずお手持ちのバージョンをご確認ください。場合によっては最新のものに買い直していただくことがございます。詳細はお問い合わせください。

お手持ちの教材をフル活用!!

合格テキスト

合格トレーニング

会計業界への就職・転職支援サービス

TPB

TACの100%出資子会社であるTACプロフェッションバンク（TPB）は、会計・税務分野に特化した転職エージェントです。勉強された知識とご希望に合ったお仕事を一緒に探しませんか？ 相談だけでも大歓迎です！ どうぞお気軽にご利用ください。

人材コンサルタントが無料でサポート

Step1 相談受付
完全予約制です。HPからご登録いただくか、各オフィスまでお電話ください。

Step2 面談
ご経験やご希望をお聞かせください。あなたの将来について一緒に考えましょう。

Step3 情報提供
ご希望に適うお仕事があれば、その場でご紹介します。強制はいたしませんのでご安心ください。

正社員で働く

- 安定した収入を得たい
- キャリアプランについて相談したい
- 面接日程や入社時期などの調整をしてほしい
- 今就職すべきか、勉強を優先すべきか迷っている
- 職場の雰囲気など、求人票でわからない情報がほしい

TACキャリアエージェント

https://tacnavi.com/

派遣で働く（関東のみ）

- 勉強を優先して働きたい
- 将来のために実務経験を積んでおきたい
- まずは色々な職場や職種を経験したい
- 家庭との両立を第一に考えたい
- 就業環境を確認してから正社員で働きたい

TACの経理・会計派遣

https://tacnavi.com/haken/

※ご経験やご希望内容によってはご支援が難しい場合がございます。予めご了承ください。　※面談時間は原則お一人様30分とさせていただきます。

自分のペースでじっくりチョイス

正社員・アルバイトで働く

- 自分の好きなタイミングで就職活動をしたい
- どんな求人案件があるのか見たい
- 企業からのスカウトを待ちたい
- WEB上で応募管理をしたい

Webで

TACキャリアナビ

https://tacnavi.com/kyujin/

就職・転職・派遣就労の強制は一切いたしません。会計業界への就職・転職を希望される方への無料支援サービスです。どうぞお気軽にお問い合わせください。

 TACプロフェッションバンク

東京オフィス
〒101-0051
東京都千代田区神田神保町1-103
東京パークタワー 2F
TEL.03-3518-6775

大阪オフィス
〒530-0013
大阪府大阪市北区茶屋町6-20
吉田茶屋町ビル 5F
TEL.06-6371-5851

名古屋 登録会場
〒453-0014
愛知県名古屋市中村区則武 1-1-7
NEWNO 名古屋駅西 8F
TEL.0120-757-655

10860572

■ 有料職業紹介事業 許可番号13-ユ-010678　■ 一般労働者派遣事業 許可番号（派）13-010932

2022年4月現在

TAC出版 書籍のご案内

TAC出版では、資格の学校TAC各講座の定評ある執筆陣による資格試験の参考書をはじめ、資格取得者の開業法や仕事術、実務書、ビジネス書、一般書などを発行しています！

TAC出版の書籍
*一部書籍は、早稲田経営出版のブランドにて刊行しております。

資格・検定試験の受験対策書籍

- ❂日商簿記検定
- ❂建設業経理士
- ❂全経簿記上級
- ❂税 理 士
- ❂公認会計士
- ❂社会保険労務士
- ❂中小企業診断士
- ❂証券アナリスト

- ❂ファイナンシャルプランナー(FP)
- ❂証券外務員
- ❂貸金業務取扱主任者
- ❂不動産鑑定士
- ❂宅地建物取引士
- ❂賃貸不動産経営管理士
- ❂マンション管理士
- ❂管理業務主任者

- ❂司法書士
- ❂行政書士
- ❂司法試験
- ❂弁理士
- ❂公務員試験(大卒程度・高卒者)
- ❂情報処理試験
- ❂介護福祉士
- ❂ケアマネジャー
- ❂社会福祉士 ほか

実務書・ビジネス書

- ❂会計実務、税法、税務、経理
- ❂総務、労務、人事
- ❂ビジネススキル、マナー、就職、自己啓発
- ❂資格取得者の開業法、仕事術、営業術
- ❂翻訳ビジネス書

一般書・エンタメ書

- ❂ファッション
- ❂エッセイ、レシピ
- ❂スポーツ
- ❂旅行ガイド (おとな旅プレミアム/ハルカナ)
- ❂翻訳小説

日商簿記検定試験対策書籍のご案内

TAC出版の日商簿記検定試験対策書籍は、学習の各段階に対応していますので、あなたの
ステップに応じて、合格に向けてご活用ください!

3タイプのインプット教材

① 簿記を専門的な知識にしていきたい方向け

● **満点合格を目指し
次の級への土台を築く**

「合格テキスト」

「合格トレーニング」

● 大判のB5判、3級〜1級累計300万部超の、信頼の定番テキスト&トレーニング!
TACの教室でも使用している公式テキストです。3級のみオールカラー。
● 出題論点はすべて網羅しているので、簿記をきちんと学んでいきたい方にぴったりです!
◆3級 □2級 商簿、2級 工簿 ■1級 商・会 各3点、1級 工・原 各3点

② スタンダードにメリハリつけて学びたい方向け

● **教室講義のような
わかりやすさでしっかり学べる**

「簿記の教科書」

「簿記の問題集」

滝澤 ななみ 著

● A5判、4色オールカラーのテキスト(2級・3級のみ)&模擬試験つき問題集!
● 豊富な図解と実例つきのわかりやすい説明で、もうモヤモヤしない!!
◆3級 □2級 商簿、2級 工簿 ■1級 商・会 各3点、1級 工・原 各3点

DVDの併用で、
さらに理解が
深まります!

『簿記の教科書DVD』
● 「簿記の教科書」3、2級の準拠DVD。
わかりやすい解説で、合格力が短時間
で身につきます!
◆3級 □2級 商簿、2級 工簿

③ 気軽に始めて、早く全体像をつかみたい方向け

● **初学者でも楽しく続けられる!**

「スッキリわかる」

テキスト／問題集一体型

滝澤 ななみ 著 (1級は商・会のみ)

● 小型のA5判によるテキスト／問題集一体型。これ一冊でOKの、
圧倒的に人気の教材です。
● 豊富なイラストとわかりやすいレイアウト! かわいいキャラの
「ゴエモン」と一緒に楽しく学べます。
◆3級 □2級 商簿、2級 工簿 ■1級 商・会 4点、1級 工・原 4点

シリーズ待望の問題集が誕生!

「スッキリとける本試験予想問題集」

滝澤 ななみ 監修 TAC出版開発グループ 編著

● 本試験タイプの予想問題9回分を掲載
◆3級 □2級

DVDの併用で、
さらに理解が
深まります!

『スッキリわかる 講義DVD』
● 「スッキリわかる」3、2級の準拠DVD。
超短時間でも要点はのがさず解説。
3級10時間、2級14時間+10時間で合
格へひとっとび。
◆3級 □2級 商簿、2級 工簿

コンセプト問題集

● 得点力をつける!
『みんなが欲しかった! やさしすぎる解き方の本』

B5判　滝澤 ななみ 著

● 授業で解き方を教わっているような新感覚問題集。再受験にも有効。
◆3級　□2級

本試験対策問題集

● 本試験タイプの 問題集
『合格するための 本試験問題集』
（1級は過去問題集）
B5判

● 12回分（1級は14回分）の問題を収載。ていねいな「解答への道」、各問対策が充実。
◆3級　□2級　■1級

● 知識のヌケを なくす!
『まるっと 完全予想問題集』
（1級は網羅型完全予想問題集）
A4判

● オリジナル予想問題（3級10回分、2級12回分、1級8回分）で本試験の重要出題パターンを網羅。
● 実力養成にも直前の本試験対策にも有効。
◆3級　□2級　■1級

直前予想

● 『○年度試験をあてる TAC予想模試 ＋解き方テキスト』
（1級は第○回をあてるTAC直前予想模試）

A4判

● TAC講師陣による4回分の予想問題で最終仕上げ。
● 2級・3級は、第1部解き方テキスト編、第2部予想模試編の2部構成。
● 年3回（1級は年2回）、各試験に向けて発行します。
◆3級　□2級　■1級

あなたに合った合格メソッドをもう一冊!

 『究極の仕訳集』
B6変型判
● 悩む仕訳をスッキリ整理。ハンディサイズ、一問一答式で基本の仕訳を一気に覚える。
◆3級　□2級

 『究極の計算と仕訳集』
B6変型判　境 浩一朗 著
● 1級商会で覚えるべき計算と仕訳がすべてつまった1冊!
■1級 商・会

 『究極の会計学理論集』
B6変型判
● 会計学の理論問題を論点別に整理、手軽なサイズが便利です。
■1級 商・会、全経上級

 『カンタン電卓操作術』
A5変型判　TAC電卓研究会 編
● 実践的な電卓の操作方法について、丁寧に説明します!

：ネット試験の演習ができる模擬試験プログラムつき（2級・3級）

：スマホで使える仕訳Webアプリつき（2級・3級）

・2023年8月現在　・刊行内容、表紙等は変更することがあります　・とくに記述がある商品以外は、TAC簿記検定講座編です

書籍の正誤に関するご確認とお問合せについて

書籍の記載内容に誤りではないかと思われる箇所がございましたら、以下の手順にてご確認とお問合せをしてくださいますよう、お願い申し上げます。

なお、正誤のお問合せ以外の書籍内容に関する解説および受験指導などは、一切行っておりません。
そのようなお問合せにつきましては、お答えいたしかねますので、あらかじめご了承ください。

1 「Cyber Book Store」にて正誤表を確認する

TAC出版書籍販売サイト「Cyber Book Store」の
トップページ内「正誤表」コーナーにて、正誤表をご確認ください。

CYBER TAC出版書籍販売サイト
BOOK STORE

URL:https://bookstore.tac-school.co.jp/

2 ①の正誤表がない、あるいは正誤表に該当箇所の記載がない
⇒ 下記①、②のどちらかの方法で文書にて問合せをする

★ご注意ください★

お電話でのお問合せは、お受けいたしません。
①、②のどちらの方法でも、お問合せの際には、「お名前」とともに、
「対象の書籍名（○級・第○回対策も含む）およびその版数（第○版・○○年度版など）」
「お問合せ該当箇所の頁数と行数」
「誤りと思われる記載」
「正しいとお考えになる記載とその根拠」
を明記してください。
なお、回答までに１週間前後を要する場合もございます。あらかじめご了承ください。

① ウェブページ「Cyber Book Store」内の「お問合せフォーム」より問合せをする

【お問合せフォームアドレス】

https://bookstore.tac-school.co.jp/inquiry/

② メールにより問合せをする

【メール宛先　TAC出版】

syuppan-h@tac-school.co.jp

※土日祝日はお問合せ対応をおこなっておりません。
※正誤のお問合せ対応は、該当書籍の改訂版刊行月末日までといたします。

乱丁・落丁による交換は、該当書籍の改訂版刊行月末日までといたします。なお、書籍の在庫状況等により、お受けできない場合もございます。
また、各種本試験の実施の延期、中止を理由とした本書の返品はお受けいたしません。返金もいたしかねますので、あらかじめご了承くださいますようお願い申し上げます。

(2022年7月現在)